獻給

阮雄長老

與

阮劉燕華師母

系統神學叢書

Christ, Holy Spirit, Redemption

基督、聖靈與救贖

基督教要義導覽

陳若愚 著

▼

系統神學叢書

基督、聖靈與救贖：基督教要義導覽

作者
陳若愚 Lawrence Y. Chan

責任編輯
梁冠霆

裝幀設計
奇文雲海．設計顧問

■

出版／發行
基道出版社
香港沙田火炭坳背灣街26號富騰工業中心1011室
LOGOS PUBLISHERS
Unit 1011, Fo Tan Ind. Centre, 26 Au Pui Wan St., Shatin, Hong Kong
電話：(852) 2687-0331　傳真：(852) 2687-0281
網址：http://www.logos.com.hk

承印
海洋印務有限公司

●

7/2010 初版
Cat. No. LP248
ISBN: 978-962-457-400-5

刷次	10	9	8	7	6	5	4	3	2	1
年份	2019	2018	2017	2016	2015	2014	2013	2012	2011	2010

序言

基督、聖靈與救贖，是基督教信仰的核心。本書嘗試透過聖經、歷史，以及當代教會處境，探討三一上帝藉著基督和聖靈所帶給我們「末世」的救恩。我們會從六個不同的角度，探討這重要的神學課題。

首先，就是有關耶穌基督的位格的討論。耶穌基督是「完全的上帝、完全的人、聯合為一個位格」這歷代教會的信仰，是過去二千年一直爭論不休的問題。其中所牽涉的，是基督神性的本體、人性的真實，和祂作為「神—人」彌賽亞的救贖工作。基督的位格，與祂所成就的救恩，是不可分割的。（第一章）

此外，十架救贖論，乃自中世紀及宗教改革以來，影響教會信仰的核心課題。究竟耶穌在十架上的死，對個人、羣體、宇宙帶來怎樣的客觀的救贖？還是只是一種道德的影響？聖經中多元的十架救贖道理，和歷史神學的不同詮釋，是否說明「真理是相對的」，還是帶來一種心靈的釋放，叫我們驚歎上帝啟示的豐富、十架的智慧與大能，驅使我們依靠十架、活在十架的清影中，並一生仰望那受死、復活、升天，和將要再來的救主基督？（第二章）

如果基督的十架與復活是不可分割的救贖歷史事件，為何歷代正統的神學往往只重視前者而忽略了後者？究竟耶穌的復活在舊約中有否清楚的預言？復活事件在護教工作上有何重要性？復活的救贖大能對今日信徒領受救恩有何意義？基督的升天又如何彰顯祂作為君王、先知、祭司的職分，如何影響我們今天的生活、事奉和世界觀？（第三章）

救恩在歷史中的完成是一回事，在人的生命中的實施又是另一回事，二者的連結點是上帝福音的呼召和人信心的回應。究竟「信耶穌」是怎樣的事情？得救的信心又是甚麼？人是否「一次得救」，就「永遠得救」？信徒是否有「背道」的可能？決志信主與一生跟隨基督有何關係？一個人如何與主聯合？而這聯合又是否等於信徒失去了自我？（第四章）

除此以外，大凡涉及上帝的主權和人的自由、上帝的預定抑人的自決等問題，常會帶來激烈的辯論，而神學家又總有許多不同的立場。究竟何謂自由意志？如何確定聖經的看法？在眾多理論中，我們又當有何立場？這些問題牽涉神人關係、人的自主、責任，以及日常生活中的抉擇。我們如何了解不同的看法，明白這些問題的複雜性和統一性，又懂得回到上帝的話語去尋找出路？（第五章）

最後，要了解聖靈是誰、祂與人、與世界的關係是怎樣的，最好是從救恩歷史入手：舊約時代、耶穌一生、五旬節和新約教會時代。要明白聖靈在救恩中的角色，要首先明白祂與復活基督的關係。要經歷聖靈，須始於每日與住在我們心中的聖靈同行，靠祂過順服的生活、在生命中感受愛的澆灌（羅五5）。了解聖靈神學，能豐富我們的生命、使我們的事奉有力，並強化我們的信心、愛心和盼望。（第六章）

本書與《系統神學：基督教教義精要（上冊）》（天道，2001；簡稱《上冊》）一樣，乃基於我過去在神學院課堂內講授的內容寫成，行文也是盡量簡潔，每一章亦附有「討論問題」及「參考書目」，方便讀者進一步研究和進行討論複習。此外，本書的第一、二章是《上冊》七、八章的修訂本。

在此，我要謝謝基道出版社編輯同工和委員的努力協助，使本書得以面世；家人的鼓勵支持，使本書得以完成，我衷心感謝他們；最後，我要稱頌三一真神——父、子、聖靈——祂不單賜我這豐盛的救恩，並且呼召我參與這榮耀的新約福音職事。願榮耀歸給祂，直到永遠，阿們！

陳若愚

於美國加州美福神學院

二○○九年九月

目錄

圖表目錄

1

耶穌基督的位格

一　基督論：現代神學動向

基督的位格與工作，是基督教神學的中心。聖經記載，自從亞當犯罪以後，全人類和整個宇宙都在罪的轄制之下（羅三23，八19～23），惟有藉賴聖子耶穌基督的救贖才能得到改變更新（弗一9～10；西一19～22）；因此，基督論在基督教神學中，有極重要的地位。

有關耶穌基督的位格，歷代都有爭辯。福音書記載，有一次，耶穌在往凱撒利亞腓立比的村莊的路上，問門徒說：「人說我是誰？」他們說：「有人說是施洗約翰；有人說是以利亞；又有人說是先知裏的一位。」耶穌進一步問他們說：「你們說我是誰？」（可八27～29）這不單是門徒要回答的問題，也是每一個尋求救恩真道的人，都必須回答的重要問題。至於耶穌的救贖工作，特別是祂的受死和復活，在耶穌被釘十架之後，連祂的門徒也不明白（路二十四 13 ～ 25），直到復活的主向他們顯現，賜下聖靈，開了他們的心眼，賜予他們能力傳講復活信息，眾人才恍然大悟，原來這被釘在十架上的耶穌，「上帝已經立他為主，為基督了」（徒二 22 ～ 36）。

初期教會有關基督的討論和爭辯，主要集中在祂的神性和人性，並二者的關係上。大公教會的幾個重要會議和信經（尼西亞〔Nicaea，325 年〕、君士坦丁堡〔Constantinople，381 年〕及迦克墩〔Chalcedon，451 年〕），都是探討這重要的課題。迦克墩信經更被稱為正統信仰「古典基督論」（classical Christology）的標準。[1]

古典基督論在中世紀時期，一直是大公教會的信仰立場，歷數百年沒有改變。重要的神學家如安瑟倫（St. Anselm，1033 ～ 1109 年）、阿奎那（Thomas Aquinas，1225 ～ 1274 年）等，皆以〈迦克墩信經〉為基礎，去建立其基督論及救贖論。到了宗教改革時期，主要神學家如馬丁．路德（Martin Luther，1483 ～ 1546 年）和加爾文（John Calvin，1509 ～ 1564 年）等人，大致上仍是站在古典基督論的立場上。當然，他們也有些創見，包括：路德強調，我們應多探討基督的救贖工作，不要過分強調形而上的臆測；而加爾文在他的《基督教要義》（*Institutes of the Christian Religion*）中，則提出了基督的三重職分：先知、祭司、君王，成為日後改革宗基督論的一個重要

1　參 John Macquarrie, *Jesus Christ in Modern Thought*（London : SCM Press, 1990）, 147 ～ 172；John Norman D. Kelly, *Early Christian Doctrines*（New York: Harper and Row, 1960）, 280 ～ 343。

路向。[2] 這些都是建設性的思想，然而，大致來說，古典基督論的信仰立場，從五世紀一直到十六世紀，都沒有受到很大的挑戰。

到了十七世紀「啟蒙運動時期」(the Enlightenment)，古典基督論開始受到人本主義、理性主義、自由神學(liberal theology)等的置疑。英國學者麥奎利(John Macquarrie)，在他的《當代思潮中的基督論》(*Jesus Christ in Modern Thought*)中，清楚簡明分析了自康德(Immanuel Kant，1724～1804年)以來，一些重要的、與古典基督論有別的神學觀點，其中包括康德的「理性主義基督論」(rationalistic Christology)、士來馬赫(Friedrich D. E. Schleiermacher，1768～1834年)的「人文主義基督論」(humanistic Christology)、黑格爾(George W. F. Hegel，1770～1831年)的「唯心主義基督論」(idealist Christology)、祁克果(Søren Kierkegaard，1813～1885年)的「實存主義基督論」(existential Christology)、多馬修(Gottfried Thomasius，1802～1875年)的「倒空基督論」(kenotic Christology)、立敕爾(Albrecht Ritschl，1822～1889年)的「實證主義基督論」(positivist Christology)等。[3] 這些源於啟蒙時代人本主義的理論，大大衝擊教會一直持守的古典基督論，也挑戰福音派教會再思它對基督和救恩的神學立場。

二十世紀當代神學在基督論的探討上，有三個重要的課題：

2　參 Robert Letham, *The Work of Christ* (Downers Grove, IL: IVP, 1993)。

3　參 Macquarrie, *Jesus Christ in Modern Thought*, 175～268。

1 歷史中的耶穌與信仰中的基督

究竟這二者有何關係？今天我們所信奉的基督，是否就是那在二千年前降生於馬槽、活在巴勒斯坦的耶穌？我們又如何尋得那真正歷史中的耶穌？

A. 歷史中的耶穌的追尋

德國神學家史懷哲（Albert Schweitzer，1875～1965 年）於一九○六年，出版了他的《歷史耶穌的探求》（*The Quest of the Historical Jesus*），企圖找尋那真正歷史中耶穌的面貌。

史懷哲首先撮要並批判了十八、十九世紀歐洲新約學者們對「歷史耶穌」的研究成果。從來馬魯斯（Hermann S. Reimarus，1694 ～ 1768 年）直到伍瑞德（William Wrede，1859～1906 年），這些自由主義的學者們，站在「聖經批判」及「反超自然主義」（anti-supernaturalism）的立場上，研究耶穌生平得出的結論是：歷史中的耶穌只是一個普通的人，不是甚麼上帝的兒子，也沒有行過甚麼神蹟（他們大都認為神蹟是不可能的），他只是一個品格高尚的道德教師。

伍瑞德更認為，福音書並非一些歷史著作，乃是神學的詮釋，因此我們很難從其中找到很多可靠的歷史資料。伍瑞德的論點與後來的布特曼（Rudolph Bultmann，1884～1976 年）的立場相同。布特曼認為，現代人對歷史中耶穌所知的極少，只有零星的話語和模糊的印象；但不要緊，我們雖沒有可靠的「耶穌」史實，卻有豐富的「基督」信仰。布特曼認為現代人仍可以運用信心，來信靠這位「基督」，過一個有意義、真實的人生（an authentic life）!

二十世紀德國自由主義大師哈納克（Adolf von Harnack，1851～1930 年），對耶穌的形像，與史懷哲所引述的十八、十九世紀學者們對耶穌的形像，是非常接近的。對他來說，耶穌只是一個凡人，祂不會行神蹟，但祂是一位偉大的教師，教導人天國將臨、天父的慈愛、人的靈魂的價值，和人的本分：行公義，愛人如己等。

在敍述評論了十八、十九世紀歐洲學者們對耶穌的「追尋」後，史懷哲表示，他一方面同意學者們的歷史批判方法，看耶穌為一個沒有神性、缺乏超自然力量的凡人；另一方面，他卻不同意他們看耶穌只是一位道德教師。史懷哲認為，耶穌一生事工，受到期望上帝國立刻降臨的思想，就是猶太天啟文學（apocalyptic literature）的影響。史懷哲從新約中，看見一個期待末日的天國快將降臨的耶穌，並估計祂自己的死，將促成這天國之來到。然而，史懷哲認為，耶穌估計錯了，因為耶穌死後，天國並沒有降臨。當然，這是一個令人失望的結論，因為史懷哲所找到的耶穌，只是一個自欺的「先知」，與十九世紀自由主義學者的所找到的「教師」耶穌，同樣只是人，不是上帝；因此是「換湯不換藥」的論點，況且這結論也明顯的缺乏歷史根據！

B.「歷史中的耶穌」與「聖經中的基督」的分別

德國神學家客勒爾（Martin Kahler，1835～1921 年）認為，要從福音書去探求「歷史中的耶穌」是沒有意義的，因為福音書寫作的目的，並非要為我們提供有關歷史中的耶穌的資料。客勒爾指出，「歷史中的耶穌」(historical Jesus)和「聖經中的基督」(biblical Christ)是有分別的。按自由主義學者的觀點，前者只是一位平凡的歷史人物、帶著小數門徒、卻沒有影響力的道德教師；但後者卻是一位復活、升天、使徒所傳講、對後世大有影響的「主基督」。其實前者是屬於「一般歷史」(*historie*)，而後者則是屬於「超然歷史」(*geschichte*)。福音書從來都不是為了建構一個「一般歷史」的耶穌，乃是要帶出那超然的基督。客勒爾認為，教會應注重認識這位「信仰中的基督」，而不應去臆測福音書背後那「歷史中的耶穌」。

將 *historie* 和 *geschichte* 作清楚劃分，大大影響了二十世紀的神學思想。新正統派(Neo-Orthodoxy)神學家巴特(Karl Barth，1886～1968年)和卜仁納(Emil Brunner，1889～1966年)，以及實存主義新約學者布特曼等，都假設了這個劃分，看重「超然歷史」中的基督。而布特曼更對「一般歷史」中耶穌的追尋，視作毫無意義的活動。[4]

C. 二十世紀發展

布特曼認為，「歷史中的耶穌」是怎樣的一個人，對我們今日的信仰沒大關係，因為今天的人，只要對使徒所「宣講的基督」有信心，便能活出真正的信仰。對布特曼來說，拿撒勒人耶穌與信仰中的基督，二者沒有必然的連繫！

布特曼的學生蓋士曼(Ernst Kasemann，1906～1998年)卻

4 參 Martin Kähler, *The So-Called Historical Jesus and the Historic-Biblical Christ*, trans. Carl E. Braaten (Philadelphia, PA: Fortress Press, 1964)。

不同意。他認為我們今日對耶穌的信心，是建立在歷史中耶穌的身分與工作，不然就是空洞的。因此，他主張開始一個新的「歷史中的耶穌」的追尋（a new quest of the historical Jesus）。這新的追尋假設福音書中含有對歷史中的耶穌的可靠資料。有分於這新的追尋的學者包括詹姆斯·羅賓遜（James M. Robinson）、耶利米亞（Joachim Jeremias）、多特（Charles H. Dodd）、曼信（Thomas W. Manson），以及泰萊（Vincent Taylor）等。

福音派新約學者馬歇爾（I. Howard Marshall）為這歷史中耶穌的「追尋」作了一個頗中肯的評論：福音書不是「耶穌生平」；而當中許多事件的歷史性，至今仍無法證明；「福音書」基本上是聖靈對歷史中的耶穌之神學意義的一些詮釋。然而，我們可以確定，福音書所記載的歷史傳統，都有可靠的歷史基礎，並非虛言；因此，聖經學者有責任找出並評估這些作品的歷史根源。對馬歇爾來說，歷史中耶穌的追尋，是一個至今仍在不斷進行、也是應該進行的工作。馬歇爾這番話，反映了當代福音派新約學者們的一般看法。[5]

2 基督道成肉身是「神話故事」？

二十世紀的基督論，受了自由神學「反超自然主義」的影響，加上將歷史與信仰分割，以及實存主義哲學思潮的復興，遂對基督道成肉身產生「神話詮釋」（mythological interpretation）。

---

5 Sinclair B. Ferguson and David F. Wright, eds., *New Dictionary of Theology* (Leicester: IVP, 1988), 305～306.

所謂「神話」乃指古代有關神的故事，用以表達人的宗教經驗和信仰。這些「神話」，通常源於一些古代文化或宗教傳統（如希臘文化、猶太教、諾斯底主義〔Gnosticism〕等）用作表達一些有關神的真理和信仰。

A. 布特曼的「非神話化」工作

二十世紀新約學者布特曼認為，新約許多有關基督的說法，如：基督的先存（pre-existence）、永恆聖子、道成肉身、童女生子、神蹟奇事、復活、升天、再來等，只是一種「神話」的表達，不能以字面解釋，需要藉著「非神話化」（demythologization）的重新詮釋，才能找出其現代意義。

將神話的外殼除掉後，還剩下甚麼呢？福音派學者麥里奧（Donald Macleod）認為，這種極端的懷疑主義，帶來一個結果，就是有關耶穌的生平和人格，差不多是全不可知的。[6] 奇怪的是，在另一方面，布特曼又要求現代人用信心去投靠這位使徒所宣講的「信息」（*kerygma*）；但這「信息」的歷史基礎在哪裏？這「信息」的事實根據又在哪裏？這是頗令人費解的！

「信心的抉擇」是布特曼的信息。但沒有基督耶穌的歷史事實，這抉擇是空洞的。布特曼要求聽道的人悔改和愛人，卻又不斷的否定歷史中的耶穌，否定神蹟和超自然的領域，是荒謬和可笑的！他表面上跟隨使徒的宣講，實質上卻是否定使徒所傳的福音，包括耶穌在歷史中的受死、復活、升天、賜下聖

6 Donald Macleod, *The Person of Christ* (Downers Grove, IL: IVP, 1998), 110 ~ 115.

靈等事件，以及人信靠這歷史中的基督的必要（參徒二 14～39）。一個空洞的「宣講」，與一些文化大革命中「紅衛兵」所喊的口號，有甚麼分別呢？[7]

B. 希克的基督論

英國宗教哲學家希克（John Hick），拒絕接受〈尼西亞信經〉和〈迦克墩信經〉的基督論。他所主編的《上帝成肉身的神話》（*The Myth of God Incarnate*，1977 年），承接布特曼的學說，以基督的道成肉身，為一神話故事——一個毫無歷史根據的宗教故事，用以引發聽者信心的回應。

希克認為，道成肉身的神話故事，是初期教會信徒高舉耶穌的方法，他們將耶穌抬高到與上帝同等的地位，而〈尼西亞信經〉中「同質」（*homoousios*）一詞，就是教會要把歷史中的耶穌，與上帝等同的方法。希克認為，這種表達是毫無意義的，因為要相信一位「神人」是荒謬的，就像人硬把一個方形與一個圓形等同一樣可笑！

也許，希克和他的同僚，必須正視他們那些「反超自然主義」的前設（presuppositions），有否規限了他們的思想空間。問題並不是「上帝」和「人」能否共存於一個個體，問題是，一位無所不能的創造主，是否有自由、有能力去穿上按自己形像造的「人」的樣式？祂又能否為人成為貧窮？能否經歷人間的痛苦和死亡？假若祂不能作這些事，那祂是否真的是上帝？還有，

7　參 Rudolph Bultmann, *The New Testament and Mythology*（Philadelphia, PA: Gortress Press, 1984）。

若耶穌的身體復活是一件歷史事實，祂的「道成肉身」是否一定不可能發生？[8]

3 基督的位格與工作

近現代神學在「基督論」的探討中，亦涉及第三個課題：基督的位格和工作，二者有何關係？二者孰先孰後？

初期教會的教父，在他們的著作中，往往把二者連在一起來講，並沒有分割。其後在中世紀時期，經院神學往往將基督的位格（神性、人性、二者之合一）和工作（職分與救贖行動）分開；結果是，有關基督的位格的探討，往往與救恩和信徒生活脱節。到了十九、二十世紀，西方哲學及神學，自德國哲學大師康德開始，便有「反本體論」（anti-ontological）的傾向。[9] 康德認為，我們不能知道每一件事物的「物自身」（*Ding an sich*），只可以看見事物的「現象」（phenomena），或是事物所產生的影響。他的論點影響十九世紀歐洲神學，其中德國自由主義神學家立敕爾，雖然確定基督論與救贖論二者關係密切，卻認為，教義的作用，並非提供本體的判斷（例如：耶穌的神性與人性），乃是要提供價值的判斷，也不是要探討基督的「本體」（ontology），而是「救恩」的功能；這類「反本體論」的思想潮流影響著近現代歐美神學，直到今天。

---

8 參 Donald Macleod, *The Person of Christ*（Downers Grove, IL: IVP, 1998）, 235 ～ 238。

9 參 Gerrit C. Berkouwer, *The Person of Christ*, trans. John Vriend（Grand Rapids, MI: Eerdmans, 1973）, 101 ～ 105。

有「反本體論」傾向的神學家喜歡引用德國改教家墨蘭頓（Philipp Melanchthon，1497～1560年）的話，去支持這一類的觀點。墨蘭頓曾說：「確認基督就是確認祂帶給我們的好處，而不是好像有些人所教導的，去看見祂的本性或是祂那道成肉身的樣式。」（"To acknowledge Christ is to acknowledge his benefits, not, as is sometimes taught, to behold his nature or the modes of his incarnation"）墨蘭頓這番話，其實是針對經院主義（scholasticism）只重視形而上學，卻輕忽了救恩論的偏差。他基本上不是反對分辨基督的位格與工作，更不是反本體論。

當代新正統主義神學家卜仁納也引用墨蘭頓的話，來支持他自己先處理基督的工作，然後才引申到基督的位格，並且將後者建立在前者之上。我們認為這是本末倒置的做法。瑞士新約學者庫爾曼（Oscar Cullmann），也跟隨這反本體論的路線，提倡一個功能基督論（functional Christology）。[10]

其實，新約聖經一方面分別基督的位格與工作，另一方面也肯定二者有不可分割的關係。耶穌的身分與作為其實是同樣重要和互相緊扣的：不認識祂是上帝，也不能明白祂的工作；同樣地，不了解耶穌的作為，也不能了解祂的身分（太十三54～57）。保羅確定耶穌是上帝，然後述說祂的降卑與高升（腓二5～11），耶穌的神性使祂的救贖工作有永恆的價值。新約基督論並沒有一面倒的偏重基督的工作，乃是全面地兼顧祂的位格與工作。

10 參庫爾曼：《新約基督論》，胡文鴻譯（香港：道聲，1965）。

初期教會十分重視基督的位格和神人二性，其中一個很重要的目的，乃是要持守救恩信息的純正。若基督不是完全的上帝和完全的人，祂就不能為人類成就有效的救恩。改教者也強調基督的工作與祂的位格二者關係密切；加爾文看聖餐為人與主相通，領受基督身體和血的聖禮，而不是一種「非位格性」（impersonal）的神祕契合。[11]

總的來說，歷代正統教會皆肯定基督位格和工作的重要性，二者可以分辨，但不可分割，而基督工作的效能，取決於祂的位格與身分。一方面，我們可以從基督的位格或工作開始，探討基督論和救贖論；另一方面，我們也必須確定，基督的所是（本體）決定祂救恩工作的效能（功能），而這次序是不能倒置的。[12]

二　聖經中的基督論

1 從「救恩歷史」的角度看基督

二十世紀聖經神學中一個重要的進路，就是「救恩歷史」的進路（學者包括庫爾曼、霍志恆〔Geerhardus Vos〕、理德博〔Herman Ridderbos〕、賴德〔George Ladd〕，以及葛理齊〔Richard Gaffin Jr.〕等）。這些學者主張從「天國」進程的角度，詮釋耶穌基督的身分與工作，而新約教會也是這天國進程的一部分。

---

11 Gerrit C. Berkouwer, *The Work of Christ*, trans. Cornelius Lambregtse（Grand Rapids, MI: Eerdmans, 1965）, 109.

12 參 Letham, *The Work of Christ*, 24～32。

這「天國」就是耶穌基督、那天國的王（彌賽亞）所帶來的一個國度，有現在、也有未來；有拯救、也有審判。從這個「救恩歷史」的角度看耶穌，明顯地祂是那蒙天父差遣的彌賽亞君王；這樣的基督論是動態而非靜態的，是歷史性而非永恆觀念性的。當然，新約聖經肯定，基督也是那永恆的聖子，一位超自然人物。十九世紀自由主義神學所描繪的「道德教師」，和二十世紀初「社會福音」（social gospel）所帶出的「社會改革者」，皆未能忠實地反映基督的神性，和祂彌賽亞—天國君王的身分。

2 馬可福音中「彌賽亞的祕密」?

針對馬可福音中強調耶穌的人性，和祂在地上生活時的局限（可六 5～6，十三 32，十五 31），再加上福音書多次記載，耶穌禁止門徒宣揚祂的彌賽亞（Messiah）身分等現象，伍瑞德於一九〇一年出版了《福音書中彌賽亞的祕密》（*The Messianic Secret in the Gospel*），強調耶穌從來沒有確定自己是彌賽亞，也不准人宣傳祂是彌賽亞！而信眾在耶穌復活前，也從未覺得耶穌是他們所期待的彌賽亞君王（參一 25、34、44，三 12，五 43，七 36，八 26、30 等）。他因此否定耶穌的彌賽亞自覺（Messianic self-consciousness）。

福音派學者韋爾斯（David F. Wells）認為，這論點未能合理地解釋，馬可福音中所載，有人公開承認耶穌是彌賽亞的事件（例如：可十四 3～9，十五 39）；[13] 此外，假若我們了解當時猶

13 David F. Wells, *The Person of Christ*（Westchester, IL: Crossway Books, 1984）, 27～28.

太人對「彌賽亞」的看法（是一位政治的解放者）與耶穌的「彌賽亞」自覺（是一位受苦的僕人）的分別時，便會明白，為何耶穌吩咐人不要公開祂的身分了。另一方面，耶穌在地上的工作，是有其時間的進度，因此，基督當日在表露其彌賽亞身分這事上，是不會操之過急的。

霍志恆所著的《耶穌的自我啟示》（*The Self-Disclosure of Jesus*）一書，對伍瑞德和其他學者的論點，有詳細的分析、討論、並作了有力的回應。總的來說，我們不能因為看見馬可福音書中某一些現象，便斷章取義地認為耶穌沒有彌賽亞的自覺，並因此下結論說祂不是彌賽亞。這樣立論是不公允的。況且，持這種論點的學者往往是「反超自然主義者」。他們的立論顯然缺乏說服力。

韋爾斯簡要而中肯地，綜合了新約中基督論的四個要點：[14]

1. 耶穌是那道成肉身的聖子，祂在地上出現，實現了彌賽亞的國度。
2. 耶穌是一位屬天的人物，祂不單是在創世以先存在，也與耶和華上帝平等、同享榮耀。
3. 道成肉身的聖子，其神性光彩的表現也許有所約制，但其神性的本質卻絕沒有減少。
4. 耶穌不單與人一樣，有人性的表現，祂更有完全的人性。祂雖是上帝，卻也是人，在福音書和書信中所表現的，是

14 Wells, *The Person of Christ*, 66.

一個完整、協調、而沒有內部矛盾的位格。

以上四點，點出了新約基督論的重要元素。總的來說，新約的基督論並非只有「功能」而缺乏「本體」，乃是二者兼顧、互相緊扣；新約聖經結合了基督的位格與工作，為日後教會的基督論和救贖論奠定了穩固的基礎。

3 基督的稱號

了解新約聖經中耶穌基督的稱號，能幫助我們對基督的身分有更深的了解，然而，這些稱號必須與其他資料配合，方能全面地確立基督的身分。庫爾曼在他的《新約基督論》（*The Christology of The New Testament*）中，將耶穌的稱號分為四大類：（1）有關祂地上工作的；（2）有關祂未來工作的；（3）有關祂今日工作的；（4）有關祂在創世前的。

細心了解庫爾曼所闡釋耶穌的稱號，便會發覺，他的分類相當勉強，欠缺說服力，但他的研究為讀者提供了豐富的參考資料。

以下是一些記載於福音書中，較為重要的基督稱號：[15]

A. 基督

基督的稱號相等於「彌賽亞」，亦即「受膏者」（anointed）。

---

15 參 Geerhardus Vos, *The Self-Disclosure of Jesus*（Grand Rapids, MI: Eerdmans, 1954）, 105 ～ 272；Wells, *The Person of Christ*, 67 ～ 81；George E. Ladd, *A Theology of the New Testament*（Grand Rapids, MI: Eerdmans, 1974）, 135 ～ 172。

在舊約中，先知、祭司、君王等皆上帝所膏立的聖職人員，在以色列神權社會中佔重要地位。舊約聖經中直接提及彌賽亞君王的經文不多（例如：撒上二 10；詩二 2；但九 26），也有較清楚指向一位未來君王預言彌賽亞的經文（撒下七 12～17；賽九 6～7，十一 1～5；亞九 9～10 等）。

福音書中記載猶太人期望一位大衛的子孫，一位大能的領袖，會幫助他們推翻羅馬政權，這是他們的「彌賽亞」盼望（路三 15；約四 29，六 15）。他們想擁立耶穌為這樣的領袖，但被耶穌所拒絕，因此有許多人退去（約六 66）。為了避免被誤會為推翻羅馬政權的「彌賽亞」，耶穌不想這稱號在自己身上被使用（但也不是沒有，如馬可福音八章 27 至 29 節）。復活後，耶穌的彌賽亞使命和身分得到重新詮釋後，這稱號才更多被使用（可十四 61～62）。

總的來說，「基督」的稱號不是耶穌常用的一個自稱，但當人稱他為「基督」時，他並沒有否認或拒絕（太十六 17；可十一 10，十四 62），因祂深知自己是父所差來的彌賽亞君王，實現了舊約的應許，但卻不是猶太人所期待的政治領袖。

B. 人子

這是耶穌常用的自稱。「人子」這稱號除了主自己使用外，其他人沒有使用過，而初期教會（參使徒行傳及十二書信）也沒有用這名字來稱呼耶穌。

舊約聖經經常用「人子」來代表「人」。但以理書七章 13 至 14 節中的異象是耶穌自稱「人子」的舊約背景。這裏的「人子」

不單是一個「人」，也是眾聖徒的代表人物，祂為受苦的聖民伸冤，並且從天上為他們帶來上帝的國度與權柄（但七 13～22）。賴德因此認為，這但以理異象中的「人子」，是一位末世屬天的「彌賽亞」人物，把上帝的國度帶給在地上受苦的眾聖徒。[16] 符類福音書（synoptic gospels）中「人子」稱號的經文，大致可分為三類：

1. 在地上服事人的「人子」（可二 10；太十一 19；路十九 10 等）
2. 經歷苦難與死亡的「人子」（可八 31；太十七 12；路十八 31～33 等）
3. 末日榮耀中的「人子」（可十三 16，十四 62；太十三 41，十九 28；路十二 18，十七 24，二十一 36 等）

耶穌在地上從不自稱為「彌賽亞」（這稱號容易被猶太人誤解），卻自稱為「人子」，因為後者除了是一位高升榮耀的人物外，也是一位受苦的僕人，藉著受苦受死，帶來榮耀的國度。

作為上帝子民的代表人物（representative），符類福音書中的「人子」，與保羅書信中的「末後亞當」有異曲同工之妙。

C. 上帝的兒子

這個名稱用在耶穌的身上有兩個可能的意義：

---

16 Ladd, *A Theology of the New Testament*, 148.

1. 指耶穌那彌賽亞的身分，那大衛的子孫、上帝的兒子（撒下七 14）。
2. 指三一上帝的第二位：聖子（羅八 3；加四 4；來四 14），祂是上帝，有上帝的本性。

「上帝的兒子」表達了耶穌乃父上帝所愛的兒子（可一 11），祂不是在受洗時才成為上帝的兒子，乃是從永恆便是；祂是上帝的兒子，因此可以從父領受啟示的權柄（太十一 25～27），而由於祂是兒子，因此可以直接而完全的「知道父」，這是父將啟示使命交予子的基礎；邏輯上，「上帝的兒子」的身分，應該是在「彌賽亞使命」以先的（參可十二 1～12）。

法利賽人認為，彌賽亞必須是大衛的子孫（Son of David）；耶穌卻告訴他們，彌賽亞不單是大衛的子孫，祂也必須是上帝的兒子（Son of God），是大衛的「主」（可十二 35～37）。

約翰福音一方面以耶穌基督為那屬天、與父同尊同榮、為父所愛的「上帝的兒子」（約一 14、18，三 16、18，二十 31，五 20，十 17）；另一方面也指出，「子」服在「父」的權柄之下（五 19～20，十四 10、24、28，十五 10），後者與耶穌的救贖使命有關。

總的來說，「上帝的兒子」表達了耶穌那獨特、屬天、與父平等、為父所愛的身分。這稱號不單是耶穌的自我了解，也是初期教會使徒和信眾對耶穌的了解。

D. 救主

在福音書中，「拯救」這動詞表達了醫治的行動，而醫治的最終目的是「脫離死亡，進入生命」（可三 4；路六 9）。但為甚麼人需要醫治？最終極原因是因為人的「罪」。

「醫治」包括醫病、趕鬼（徒十 38）、平靜風浪（太八 25）脫離被淹之危險（十四 30）、脫離十架（二十七 49）。

在新約聖經中，「得救」的涵義乃進入並承受生命（太七 13～14，十 22，十九 25，二十四 13；可十三 13；雅一 12；啟二 10），而這救恩是包括過去（弗二 5）、現在（林前一 18）和未來（羅五 9；腓三 21）。耶穌基督作為「救主」的身分，展示了祂全面的使命。

結論是：除了上述的稱號以外，耶穌基督還有其他稱號，其中包括：「道」（約一 1 ～ 18）；「主」（徒二 36；林前十六 22；腓二 11）；「先知」（太二十一 11；可六 4；約六 14；徒二 30）；大祭司（來四 14～15，八 1，九 11）等。

這些稱號表達了耶穌基督的位格和工作，確立了耶穌多重的身分和使命。了解這些稱號，幫助我們認識耶穌是誰（如：永恆上帝的兒子、榮耀末世的人子），和祂被差到世間的使命為何。耶穌的位格和工作，二者緊扣相連，不可分割。

三　古典基督論：爭辯與發展

從初期教會到宗教改革及改革後，教會一直在掙扎了解基督的神性與人性，和二者在一個位格中的相互關係。這段時期被稱為「古典基督論」時期。在探討及辯論基督的神人二性這問題，初期教會尤為激烈。

1 早期異端

A. 伊便尼派

伊便尼派（Ebionitism）是一個早期猶太人的教派，以耶穌為一普通的人，生於約瑟及馬利亞的家庭，只是有聖靈的內住。此派認為神人聯合是不可能的事，而敬拜耶穌等於拜偶像。這個學說當然不被正統教會所接納。

B. 幻影說

幻影說（docetism）是一個早期的神學傾向，這傾向看基督只有神性，而祂的人性只是一種幻覺，因為祂沒有真正的身體或人性；此派認為基督的受苦和死亡並不是真實的。這論點對二世紀的諾斯底主義者頗具吸引力，但對正統教會的影響則不大，因為新約聖經明顯的以耶穌為真正有血有肉的人（路二十四36～42；約壹四2～3，五5～8）。

2 亞流主義與〈尼西亞信經〉

亞流（Arius）乃北非亞歷山太教會的一位長老，他否認基督的神性，因此在尼西亞會議中，亞流主義（Arianism）被判為異端。

亞流認為，上帝既是永恆而獨一的，在祂以外沒有能與祂平等的，因為一切在祂以外的個體都是在祂以下和祂所創造的，連聖子耶穌也不例外。因此，耶穌比上帝低，也是受造的。亞流認為聖子不是永恆，乃是有開始的，因為祂是從父的意志出來的受造之物。[17]

亞流認為自己是維護聖經中的一神觀（參申六 4），他看聖子與上帝有特別密切的關係，但絕不能與上帝平等，也不可能與父上帝同享神性本質（參箴八 22；約十四 28）。亞流選擇一個「從屬的基督論」（subordinationist Christology）。

針對亞流主義，三二五年的〈尼西亞信經〉如此宣告：[18]

> 我信……獨一主耶穌基督，上帝獨生子，在萬世以前為父所生（begotten），出於神而為神，出於光而為光，出於真神而為真神，受生而非被造，與父一體（of the same substance with the Father），萬物都是藉著祂造的……

這信經肯定耶穌完全的神性。表達「一體」的希臘字是 *homoousios* ——指同一本質，就是與父上帝同樣有神性之意；希臘文另一個字 *homoiousios* 意思就不一樣了，它不是指「同質」，而是「相類似」！*Homoousios* 一方面是要指出亞流主義的錯謬，另一方面也確定了基督的尊榮與神性，表達了教會的信念——聖子乃完全的上帝、終極的道；[19] 聖子也與創造

17 Berkouwer, *The Person of Christ*, 60 ～ 61.

18 湯清編譯：《歷代基督教信條》（香港：基督教文藝，1989），頁 20。

19 John Norman D. Kelly, *Early Christian Creeds* (New York: Longman Inc., 1986), 242 ～ 254.

主完全的認同：「萬物都是藉著祂造的」。多倫斯（Thomas F. Torrance）在他的《三一的信仰》（*The Trinitarian Faith*）中認為，*homoousios* 一詞表達出：「在基督裏，上帝（萬物的創造源頭）成為人，與我們同在，使我們藉著聖子、在聖靈中，可以進到父的面前……」[20]

多倫斯進一步分別「一體」中的「體」（*ousia*）與「三位」中的「位」（*hypostasis*）；前者指存有中的內聚意義，而後者則指存有中的外顯意義。[21] 作為一體（one *ousia*），父、子、靈是同質的，而作為三個位格（three *hypostases*），祂們是彼此相連的。

多倫斯又闡釋了 *homoousios* 一詞的福音性意義。[22] 他同意教父亞他拿修（Athanasius，293～373 年）的論點，提出基督神性三方面重要的意義：

1. 若基督不是上帝，祂作為上帝的啟示便全然失去，因為沒有任何一個受造物，能以傳遞對上帝真正的認識。若基督不是上帝，人對上帝便會一無所知，人會活在黑暗中。
2. 若基督不是上帝，祂為人類所帶來的救恩便完全失效，因為惟獨上帝能拯救人，也惟有上帝藉基督所顯出的愛，能以產生真正拯救的果效。若基督不是上帝，我們相信祂便是最愚蠢的事。

---

20 Thomas F. Torrance, *The Trinitarian Faith* (Edinburgh: T. & T. Clark Press, 1981), 130.

21 Torrance, *The Trinitarian Faith*, 131.

22 Torrance, *The Trinitarian Faith*, 132～145.

3. 若基督不是上帝，基督徒敬拜基督，向祂禱告，便是拜偶像！〈尼西亞信經〉確定基督是完全的人，更是完全的上帝。

3 亞波里拿留主義與〈君士坦丁堡信經〉

老底嘉主教亞波里拿留（Apollinaris，310～390 年），極力維護基督的神性，卻不幸走向另一個極端——否定了基督完全的人性，因而在君士坦丁堡會議中被定為異端。

當亞波里拿留思想「道成了肉身」（約一 14）的真理、並考慮到基督的位格的統一性時，作了一個結論：神性的「道」沒有可能與一個完全的人性相結合，否則會變成一個第三類別的異形。若「道」與完全的人性結合，「道」將承受了人性中的可變性和罪性，這是不可思議的。亞波里拿留認為，基督是神性的「道」，因此是不變的，只可與部分人性結合。[23]

起初，亞波里拿留持「二元論」的人觀，耶穌的「道」取代了一般人的靈魂，與一個身體結合（如後頁的圖一A）。

亞波里拿留認為，基督的「道」是那主動、推動的原理，而祂的「人性」（身體），只是一個被動的工具而已。

其後，亞波里拿留轉持「三元論」人觀，以耶穌的「道」取代了一般人的「靈」，與「魂」和「體」結合（如後頁的圖一B）。

無論是二元或三元的基督論，亞波里拿留都堅持，「道」是耶穌成就救恩的惟一主角。結果是：基督的人性與一般人不同，只是一個被動的工具。可以這樣說，亞波里拿留的基督只

23 Berkouwer, *The Person of Christ*, 64～65.

有完全的神性，卻沒有完全的人性，所以祂不是一個完整的人。

圖一：亞波里拿留的基督論

（A）二元基督論

一般人的結構（二元論）

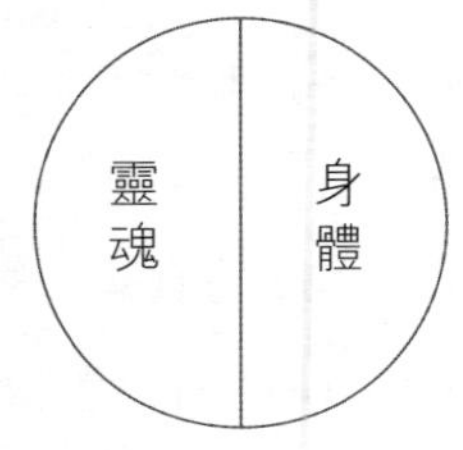

亞波里拿留看耶穌（前期）

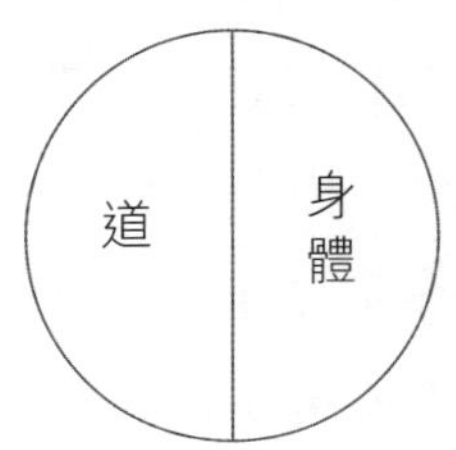

（B）三元基督論

一般人的結構（三元論）

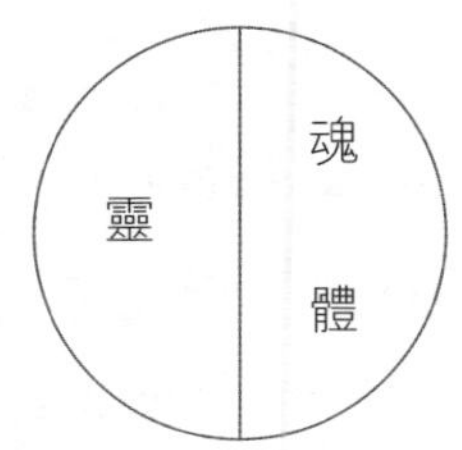

亞波里拿留看耶穌（後期）

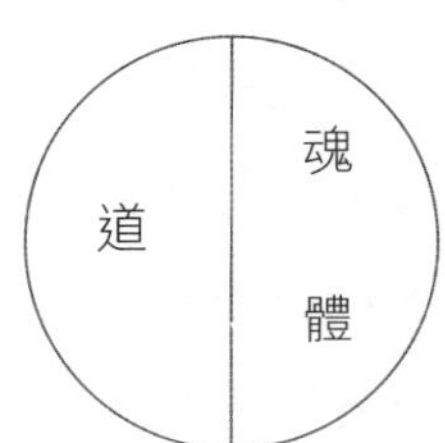

教會於三八一年的君士坦丁堡會議中，確定基督有完全的人性，凡事與一般人一樣，惟獨不犯罪。這個會議亦定案亞波里拿留主義（Apollinarianism）為異端。〈君士坦丁堡信經〉如此說：[24]

---

24 湯清編譯：《歷代基督教信條》，頁20。

我信獨一主耶穌基督……

祂為要拯救我們世人，從天降臨，因著聖靈，並童女馬利亞成肉身，而為人；在本丟彼拉多手下，為我們釘於十架上，受難，埋葬；照聖經第三天復活……

其中關鍵的句子是「因著聖靈，並童女馬利亞成肉身，而為人」。雖然凱利（John Kelly）認為，這句話不一定是特為反對亞波里拿留主義而寫的，[25] 但無論如何，信經表達了正統教會的信仰，而這信仰是與亞波里拿留主義背道而馳的。早於會議前，三位對會議和信經極有影響力的加帕多家教父（Cappadocian Fathers），已曾警告亞波里拿留，說他的神學未能對基督完全的人性有合理的交代。

4 初期教會兩大學派之比較

初期教會在基督位格上的爭辯，源於兩個不同的釋經和神學傳統。亞歷山太學派（the Alexandrian School）以亞歷山太市為中心，提倡「道－肉」（Word-flesh）的基督論；而安提阿學派（the Antiochene School）則以安提阿市為中心，提倡一個「道－人」（Word-man）的基督論。兩大學派的特色對比如下：[26]

25 Kelly, *Early Christian Creeds*, 336 ～ 337.

26 參 Wells, *The Person of Christ*, 100 ～ 109；Roger E. Olson, *The Story of Christian Theology*（Downers Grove, IL: IVP, 1999）, 201 ～ 221。

亞歷山太學派	安提阿學派
釋經方法	
以寓意或靈意解經法為主，從聖經的字句和歷史記載，找尋其「更高的」屬靈的意義。	強調字面及歷史釋經法，除非經文本身有比喻的形式，否則不會著眼其寓意或靈意（如：雅歌）。
救恩論	
較形而上。	較道德性。
目標及過程：人的神聖化（deification）。	目標及過程：一個道德倫理成就（moral ethical accomplishment）。
途徑：藉基督的人性與神性結合，使其人性可達致神聖化，「上帝成為人，以致人可以成為上帝」；基督的神性不受人性所限制和左右；反而其人性會受神性的更新改變。	途徑：透過基督主動的人性、意志和行動，為人類成就了救恩。
基督論	
道—肉。	道—人。
基督的人性是被動和非人格的，是神性（道）的工具而已。這人性沒有獨立的意識與意志。在基督身上「道」取代了「靈魂」。因此，基督的人性只是一個沒有靈魂的人性（a soulless humanity）。	基督的人格是主動的和完整的。祂的神人二性皆完整，又是分開和獨立的。

透過綜合比較，所得出的結論是：亞歷山太學派的「道—肉」基督論，可以引致否定基督是一個真正的歷史人物，以及耶

穌的成長。此派學者認為，救恩是藉賴「道」而成就，而非那有限和會犯錯的人。他們更認為，耶穌不單不犯罪，也不可能犯罪，因為祂的神性遮蓋了祂的人性。

安提阿學派的「道—人」基督論，看重基督的整全人性，祂的人性是獨立的（其神性亦然）；由於基督是人，所以祂才有資格拯救人類。然而這一派也有其危險性，其一是將神人二性分得太開，變成了兩個位格；其二是重視人性而貶低其神性。兩個位格的危險成了涅斯多留的絆腳石。

君士坦丁堡會議將亞波里拿留主義定性為異端，這是安提阿學派的一大勝利。其實，加帕多家教父之一的拿先斯的貴格利（Gregory of Nazianzus），是同情亞歷山太學派的進路的，但他卻不同意亞波里拿留的極端看法；[27] 他說：

> 任何人信靠一位沒有理智的耶穌，他是真的喪失理智，不配領受救恩。因為祂（基督）若沒有成為整全的人，祂也不能醫治整全的人；若祂那整全的人性與神性結合，這整全的人也會蒙拯救⋯⋯若亞當整個人性墮落，這墮落的人性必須與基督的整個人性聯合，方能全然得救。

會議之後，正統教會都同意基督有整全的人性。亞歷山太學派經此一役，又要等待機會再重振聲威。

27 Olson, *The Story of Christian Theology*, 208.

5 第五世紀的爭辯與〈迦克墩信經〉

A. 涅斯多留與區利羅之論爭

涅斯多留是一位安提阿的教會領袖，他在四二八年成為君士坦丁堡的主教，在他上任的講道中，他反對稱馬利亞為「上帝的母親」（*Theotokos*；God-bearer）。涅斯多留認為，亞歷山太學派的人喜歡稱馬利亞為「上帝的母親」，是用詞不當，因為這詞容易推論到馬利亞所生的耶穌，不是完全的人，所以有亞波里拿留異端的影子；此外，涅斯多留更認為，神性既是不變、完全的，因此是不能出生或死亡的；涅斯多留寧可稱馬利亞為「基督的母親」（*Christotokos*；Christ-bearer）。

涅斯多留對 *Theotokos* 一詞的批判，一方面是要打擊亞歷山太學派，另一方面也要確定耶穌的神性與人性兩者都是完整的；他認為，基督的人性（*physis*）必須與他那人的位格（*prosopon*）連起，因為位格是人性的中心。

反對涅斯多留的人卻認為，他有危險看耶穌是上帝和人兩個不同的位格——永恆的神子與有限的人耶穌。問題是：涅斯多留如何看二性相連？涅斯多留認為耶穌的神性與人性有一種結連（conjunction），就像婚姻中夫婦二人的結連一樣，是兩個獨立個體的契合、意志的結連。

亞歷山太的主教區利羅（Cyril of Alexandria，約 370 ～ 444 年），對涅斯多留的立論大不以為然，區利羅認為涅斯多留的基督論有「嗣子論」（adoptionism）的危險，因為涅斯多留將神人二性分得太開，變成了兩個獨立的位格，因而破壞了基督位格的統一性。

區利羅強調，神人二性有位格上的聯合（hypostatic union），而非如涅斯多留所說，只是一種意志的連結。區利羅認為，耶穌基督的位格是那永恆的神子，祂降卑，透過馬利亞穿上人的身體；因此，區利羅認為耶穌是那「神—人聯合」的一性，所以在區利羅的基督論中，「屬性相通」（communication of attributes），便是很合理的構思了。所謂「屬性相通」，就是神性可以有人性的特徵，而人性也可以有神性的特徵；比方說，根據「屬性相通」的原理，耶穌作為人，有上帝一切的榮耀、尊貴與能力；而耶穌作為神子，也同時有人的一切軟弱、會受苦、會死亡。

涅斯多留認為，區利羅將神人二性互相混淆，而後者則認為前者將神人二性變成兩個獨立的位格來看。在雙方的眼中，對方都有嚴重的錯誤！

B. 以弗所會議

這個會議（431 年）判涅斯多留和他的基督論為異端。歷史學家認為，涅斯多留被定罪，部分是因為教會內部黨派之爭。

這個會議有一個簡單的信仰宣言：「基督是那獨一父的永恆兒子，又是童女馬利亞的兒子，在時間中生而成肉身；因此馬利亞可被稱為上帝的母親。」

結果是涅斯多留被定罪、又隨即被放逐。在這會議中，區利羅也放棄了他原初所持的「神人聯合一性說」。這個會議肯定了神人二性的分別，但否定了二性可以分開（變成兩個位格）。

C. 歐迪奇及迦克墩會議

歐迪奇（Eutyches，380 ～ 456 年）是一位亞歷山太學派的領袖，在君士坦丁堡任長老及修道院院長，倡「基督一性說」（monophysitism）。他認為，基督在神人聯合前是二性，而在聯合後則成為一性，因此，他不接受基督與人是「同質」（consubstantial）的論點。安提阿學派的人批判歐迪奇的論點，說他違反了〈尼西亞信經〉所表達的正統信仰。

歐迪奇的立場的錯誤是，他看基督有人性，但這人性卻是被其神性所淹蓋和吞沒了。四五一年的迦克墩會議，有五百一十八位主教和官員參加，再次確定正統的基督論，也處理了兩大學派的論爭。[28]〈迦克墩信經〉這樣說：[29]

> 我們跟隨教父，同心合意教人宣認同一位子，我們的主耶穌基督，是神性完全人性亦完全者；祂真是上帝，也真是人，具有理性的靈魂，也具有身體；按神性說，祂與父同體，按人性說，祂與我們同體，在凡事上與我們一樣，祇是沒有罪；按神性說，在萬世之先，為父所生，按人性說，在晚近時日，為求拯救我們，由上帝之母，童女馬利亞所生；是同一基督，是子，是主，是獨生的，具有二性，不相混亂，不相交換，不能分開，不能離散；二性的區別不因聯合而

28 參 Olson, *The Story of Christian Theology*, 222 ～ 235。

29 湯清編譯：《歷代基督教信條》，頁 24 ～ 25；Philip Schaff, *The Creeds of Christendom*, vol. 2（Grand Rapids, MI: Baker, 1993）, 62 ～ 65。

> 消失，各性的特點反得以保存，會合於一個位格，一個實質之內，而並非分離成為兩個位格，卻是同一位子，獨生的，道上帝，主耶穌基督；正如眾先知論到祂自始所宣講的，主耶穌基督自己所教訓我們的，諸聖教父的信經所傳給我們的。

這信經表達了正統教會「神—人」基督的看法，它並不是企圖解釋這奧祕，乃是表達和保護這奧祕。它的信息包括：

1. **確定了安提阿學派所言**：基督有真正完全的人性，也有神性；但它也指出極端安提阿學派可能產生的錯謬：神人二性是兩個獨立的位格。
2. **確定了亞歷山太學派所言**：基督是一個位格，是上帝的兒子；但也指出極端亞歷山太學派可能產生的錯誤：神—人二性被其神性所蓋，變成了一性。
3. **表達了基督神人二性的四個規範**：不相混亂、不相交換、不能分開、不能離散。前二點針對歐迪奇主義（Eutychianism）的基督一性說，而後二者則針對涅斯多留主義將神人二性分開，成了兩個位格的論點。

〈迦克墩信經〉保持基督道成肉身的奧祕，但為這奧祕提供思想上的規範，避免教會和信徒落在兩面的錯謬中。教會不應偏左或偏右，乃是要認信基督為真正的上帝、真正的人，兩性而聯合為一個位格。在初期教會的基督論發展中，迦克敦是一個里程碑。然而，柏寇偉（Gerrit C. Berkouwer）不認為這信經是教會基督論的終點，因為惟有上帝的話（聖經）才是我們信仰的最終歸依。這信經的反面宣告，並非暗示教會不必再求進步，其實這信經也有其正面的信息，也為未來的基督論的神學發展，立下穩固根基。[30]

四　基督的神性及其意義

1 新約聖經的見證

新約聖經作者們，異口同聲的以耶穌基督為至高上帝。

A. 教會稱頌見證基督的榮耀

- **約一 1～3、14**：「道」就是上帝；「道」是造物主；「道」成了肉身。
- **約一 18**：在父懷裏的「獨生子」（或「獨生上帝」）將上帝啟示出來。
- **約二十 28**：多馬的敬拜與驚歎：「我的主！我的上帝！」
- **約九 5**：保羅認信耶穌為「在萬有之上，永遠可稱頌的上帝」。
- **多二 13**：信徒等候至大的上帝、救主耶穌基督的榮耀顯現。
- **賽九 6**：那稱為「以馬內利」的君王，是「全能的上帝」。

30 參 Berkouwer, *The Person of Christ*, 85～97。

B. 聖子耶穌與聖父的關係密切

- **約十 15**：子與父彼此認識。
- **約五 20～23**：「父愛子，將自己所作的一切指給他看……」子賜人生命（像父一樣），父將審判的事全交予子，人應尊敬子，如同尊敬父一樣。
- **約三 35**：「父愛子，已將萬有交在他手裏。」
- **約十 30～33，十七 11、21～23**：父與子合而為一；子是上帝。

C. 耶穌基督的先存

- **約三 13，六 32～33、42**：耶穌是那從天上降下來的生命之糧。
- **約八 58**：耶穌說：「還沒有亞伯拉罕就有了我。」（"before Abraham was, I am"）耶穌是那先存、永恆的上帝。
- **約十七 5**：耶穌與父在創世之前已同享榮耀。

D. 耶穌的「我是」宣告

約翰福音記載了不少耶穌的「我是」宣告，這些自我宣告，不單表達了耶穌的多重身分（特別與人的救贖有關），也表達了祂的神性本質。耶穌是「牧人」（十章）、「葡萄樹」（十五章）、「世上的光」（九章）、「道路、真理、生命」（十四章）、「生命的糧」（六章）、「復活與生命」（十一章）等，表達了祂與人的關係。

此外，當耶穌說：「你們若不信『我是』，必要死在罪中」（約八 24），祂的話與舊約中耶和華的自我宣告相類，就如出埃及記三章 14 節中記載耶和華說：「我是自有永有的」（“ I am that I am”）；申命記三十二章 39 節中記載：「你們如今要知道：我，惟有我是上帝；在我以外並無別神」。上帝是那「我是」，就是那超越時空、永遠存在、掌握生死的上帝，而耶穌將自己放在這樣的自稱，顯然以自己為上帝。雖然因此面對猶太人的強烈攻擊，祂也沒有退縮。

E. 教會傳揚基督，並要求人相信祂

- **約三 16，六 29，八 24，十六 9**：信靠耶穌的重大意義。
- **太十一 28～29**：耶穌呼召人到祂面前來得安息、學祂的樣式。
- **太二十八 19**：耶穌頒布大使命，要教會「奉父、子、聖靈的名為他們施洗」。這是教會信仰和生活的基礎，是表達信徒與三一上帝聯合的聖禮。

F. 耶穌自稱為上帝，引發強烈的反對

- **約五 17～18**：猶太人想要殺祂。
- **約十 29～39**：猶太人要拿石頭打祂。

事實上，耶穌宣告自己為上帝（與父平等），最終引致祂被釘十架，是因為猶太人認為祂褻瀆上帝，以自己為上帝。自

稱為上帝是一般猶太人認為最嚴重的罪（參太二十六 59、67，二十七 40～43）。基督在十架上被譏諷，也是因為他曾自稱為上帝。同樣地，耶穌自稱有赦罪的權柄，也是自稱為上帝，因為惟有上帝有權柄赦罪（可二 5～12）。當時的文士批評耶穌，說祂講僭妄的話；然而，耶穌跟著所行的神蹟，證明祂確有赦罪的權柄（賽四十三 25，四十四 22）。

G. 新約書信中對基督的尊崇

新約書信的作者（保羅、約翰、彼得、雅各等）多次尊基督為主、為上帝，確定了初期教會對基督神性的信仰。以下略舉一二：

- **腓二 5～11**：確定基督的先存性，祂就是上帝（有「上帝的形像」），但降卑為人，釘身十架，最後復活、升天，被尊為「主」。
- **林後八 9**：確定基督的先存性——祂本是「富足」的。
- **西一 16～17**：基督乃創造萬有之主。
- **西一 19，二 9**：上帝一切的豐盛，都在基督裏面居住。
- **來一 3～14**：上帝的兒子耶穌基督，是「上帝榮耀所發出的光輝，是上帝本體的真像」，祂托住萬有、洗淨人的罪、並超越一切的天使。

H. 基督的神性與祂的降卑

福音書中明顯的記載，耶穌說：「父是比我大的」（約十四

28），祂的權柄是父所賜的（五 19），祂按父的旨意行事、說話（四 34，五 30，十二 49），這些都是表達了耶穌服在父的權柄之下，祂雖為兒子；還是因為所受的苦難學了順從（來五 8）。

基督的順服是由於祂甘願被差降卑（humiliation），而不是因為祂的身分比父上帝低；祂的降卑是必要的，因為祂是神人之間的中保。祂的降卑絕不影響祂完全的神性，正如祂的高升絕不影響祂完全的人性一樣。[31]

2 十九世紀神學如何看基督的「神性」

十九世紀自由神學之父士來馬赫認為，用「神性」和「人性」來形容基督的位格，是不恰當的；他認為，基督既是人，祂與其他人基本上是一樣的；祂與一般人不同的地方是：基督有上帝的內住，因此，祂的「上帝的自覺」（God-consciousness）是特別強烈的。士來馬赫以「上帝的自覺」來取代傳統教會的「神性」，是「反本體論」和「反超自然主義」的表現。這是自由神學的特色。自十九世紀到二十世紀初，自由神學企圖重新詮釋傳統教義中「基督的神性」，其實就是否定耶穌是上帝。[32]

十九世紀一個甚有影響力的神學論點，就是「倒空基督論」。這一學派願意保留基督的神人二性，但企圖解決神人二性所引起的矛盾；按這一派的看法，若基督是上帝又是人，祂的自覺和行動必會產生不協調，惟一解決的方法是，以基督的

---

31 參 Berkouwer, *The Person of Christ*, 154 ～ 192。

32 Berkouwer, *The Person of Christ*, 22 ～ 27; Benjamin B. Warfield, *The Person and Work of Christ*（Philadelphia, PA: Presbyterian and Reformed , 1970）, 189 ～ 262.

道成肉身為一真正的「倒空」，就是祂將自己某些上帝的屬性(divine attributes)倒空，而這倒空是基於聖子的自我捨棄和自限。一般的「倒空論者」認為，基督所倒空的屬性只是那些「相對的」、與世界有關的屬性，而那些「絕對的」屬性則仍然保留；較為極端的「倒空論者」則構思基督將一切上帝的屬性倒空，只剩下一個人性的基督。

「倒空論者」喜歡引用腓立比書二章 6 至 7 節作為支持。新約學者馮蔭坤認為，腓立比書二章 7 節中的「虛己」(*ekenosen*)，只是一種隱喻(metaphor)，指基督的道成肉身，是毫無保留的捨己利人(參林後八 8)的行動，而祂「虛己」的方式是「取了奴僕的形像，成為人的樣式……」，卻仍保持祂原有的「上帝的形像」(指神性本質，而不是單單看為外表的形狀)；此外，馮蔭坤更指出，此句並沒有指明所「倒空」的是甚麼。[33] 因此，「倒空主義」以這經文作支持，是錯誤的。道成肉身與其說是「倒空」了上帝的屬性，不如說是「穿上」了人的屬性。總的來說，以道成肉身為基督「倒空」了一部分的神性，使祂得以過正常人的生活，不單不是腓立比書二章 6 至 7 節的教導，也與聖經一貫的教導相違。

3 基督神性的意義

在信仰上，我們要肯定耶穌基督是完全的上帝，在祂道成肉身的每一個階段，祂都是上帝。「亞流主義」以耶穌為被造

33 馮蔭坤：《腓立比書註釋》(香港：天道，1987)，頁 230～249。

之物，是比上帝低一等的存有，這是錯誤的。現代異端「耶和華見證人」否定耶穌是上帝，也犯了同樣的錯誤。「嗣子論」看耶穌原本是人，但在人生某一個時間，被收納為上帝的兒子，也有違聖經真理。當代實存主義神學家田立克（Paul Tillich）的基督論，就有嗣子論的影子。「倒空主義」看耶穌道成肉身時，是「倒空」了祂部分上帝的屬性，是篤信聖經啓示者應避免的錯謬。

在「啟示」這課題上，我們要知道，「耶穌是上帝」是上帝對人自我啟示的先決條件。耶穌曾對腓力說：「人看見了我，就是看見了父」（約十四 9）。若耶穌不是上帝，祂就不能向人傳遞對上帝真正的認識，因為沒有任何受造之物可以作這事。若沒有上帝的自我啟示，人便無法認識上帝，[34] 對上帝的愛和救贖當然也一無所知了。

從救恩的效能來看，「耶穌是上帝」是救恩有效的先決條件。只有上帝有能力赦罪、醫治、救贖、使人復和；若耶穌不是上帝，祂便不能有效的拯救人，因為耶穌的位格（神性）與工作（救贖）是不可分割的。[35] 相反的，若祂是上帝，祂便有上帝的權柄，去拯救凡信靠祂的人。

從救恩的深度來看，「耶穌是上帝」顯出天父賜下獨生子那無比的大愛，也顯出聖子降卑的拯救大恩。此外，由於祂是上帝，聖子在十架代贖的死，有無限的價值。誠如莫特曼（Jürgen Moltmann）所言，在十字架上的耶穌，是那「被釘的上帝」（the

34 Torrance, *The Trinitarian Faith*, 133 ~ 134.

35 Torrance, *The Trinitarian Faith*, 137 ~ 145.

crucified God）。[36]

若耶穌是上帝，敬拜祂、事奉祂、順服祂、尊崇祂，便是最恰當不過的行動了。若祂不是上帝，我們敬拜祂，便是拜偶像了。

五　基督的人性及其意義

基督的神性固然重要，基督的人性也不可忽略。華人福音派教會，傾向堅信前者而輕忽後者，不自覺地落入亞波里拿留主義和幻影主義的錯謬中。新約聖經清楚確定耶穌基督有真正和完全的人性，與我們一樣。以下是一些聖經支持和神學討論：

1 新約聖經的見證[37]

A. 耶穌的出生

新約聖經記載，耶穌由馬利亞所生，在母親體內懷胎，然後在伯利恆出生（太一 18～25；路一 26～二 14）。雖然馬利亞是從聖靈感孕，但耶穌出生的過程與一般人無異。降生的耶穌有人的身體、有人的生命。從猶太人的家譜來看，耶穌是猶太人，是亞伯拉罕、以撒、雅各的後裔（太一 1～17）。

---

36 Jürgen Moltmann, *The Crucified God: The Cross of Christ as the Foundation and Criticism of Christian Theology*, trans. R. A. Wilson and John Bowden（London: SCM Press, 1974）.

37 參 Berkouwer, *The Person of Christ*, 195 ～ 223；Millard Erickson, *Christian Theology*（Grand Rapids, MI: Baker, 1983）, 706 ～ 712。

B. 耶穌的成長

路加記載：「耶穌的智慧和身量，並上帝和人喜愛他的心，都一齊增長。」（路二52）這裏指出，耶穌智慧的增加、上帝和人的喜愛（參二40）、和年齡身量的提升，乃耶穌作為人的正常表現，一個完完全全的人的表現（一80；參撒上二21、26）。[38]希伯來書告訴我們，基督在地上的時候，「因所受的苦難學了順從」（來五8）。這學習的過程也是基督作為人的成長過程。

C. 耶穌有人的需要

這包括他會疲倦（約四6）、飢餓（太四2）、口渴（約十九28），祂與門徒也需要到曠野地方去歇一歇（可六31），在面對十架時也需要門徒與祂一起禱告（太二十六40～41）。

D. 耶穌有人的感情

新約記載了不少耶穌在不同處境中，表達了人豐富的感情：喜樂（約十五11，十七13；來十二2）；忿怒（可三3，十14）；憂傷（太二十六37～38）；詫異（可六6；路七9）；悲哀憂愁（約十一33～35）；慈愛憐憫（太九36；可十21；約十一3）。[39]這一切的感情表達都顯明，耶穌是一個完全的人。

---

38 Raymond E. Brown, *The Birth of the Messiah*（New York: Doubleday, 1979）, 494～495.

39 參 Warfield, "The Emotional life of our Lord," in *The Person and Work of Christ*, 93～145。

E. 耶穌受苦受死

耶穌在地上最大的敵人是罪惡與死亡。祂在客西馬尼園中的掙扎，不是由於祂怕死；若是這樣，祂比歷代的殉道者都不如；祂也不是怕受皮肉之苦，當然這些痛苦都不是好受的；耶穌在十架前的掙扎，是由於祂要面對為人類贖罪所要承擔的、與父分離的死亡，這是祂感到最難承受的，也是祂三次求父把這杯撤去的原因。至高上帝的兒子，竟然要服在罪和死的權勢下，這是耶穌極大的掙扎。福音書詳細記載耶穌所受的苦和十架的咒詛，而祂的大聲哀哭和禱求（來五 7），也正是祂人性的表現。耶穌的受苦與受死是真實的，因為祂是人。為了背負世人的罪，耶穌必須死，因為罪的工價乃是死（羅六 23）。祂最終的順服，也是令人欽佩和驚訝的。

F. 復活前後的耶穌有人的身體

福音書記載，復活後的主耶穌，仍然帶著身體，是門徒可以摸到的（太二十八 7、9；路二十四 36 ～ 40），並且祂會吃喝（路二十四 41 ～ 42），也仍有手上的釘痕，以及受傷的肋旁（約二十 26 ～ 29）。可見那被釘十架前與復活後的耶穌，是同一位有血有肉的人。初期教會以「認耶穌是道成了肉身來的」的靈，才是出於上帝的靈（約壹四 2），若不然，就是那敵基督者的靈（四 3）。可見，基督「道成肉身」，是教會重要的信仰基石（約一 14；提前三 16；來十 5）。

G. 耶穌的敬虔生活

耶穌不單經常的在會堂聚集（路四 16），祂也經常的向父上帝祈禱（可一 35；路六 12，九 28，十 21，二十二 39～44 等）。耶穌作為人，常常的依靠天父，得著引導、加力、被保守勝過惡者。若不是完全的人，祂根本不需要作這些事。

H. 耶穌的知識有限制

聖經記載耶穌常有超乎常人的知識。祂看出拿但業的為人（約一 47～48），明白敵人和朋友的心思（路六 8，九 47），知道萬人的心（約二 25）。耶穌曉得撒瑪利亞婦人的私生活（四 18）、祂知道拉撒路已死（十一 14）、猶大會賣祂（太二十六 25）、彼得會否認祂（二十六 34），也預知將要臨到祂自己的一切事（約十八 4）。

然而，聖經也記載有些事情是耶穌不知的。比方說，耶穌問害癲癇病孩子的父親：「他得這病有多少日子呢？」（可九 21）顯然耶穌是不知道的；還有，論到祂自己再來的日子，馬可記載耶穌說：「但那日子，那時辰，沒有人知道，連天上的使者也不知道，子也不知道，惟有父知道。」（十三 32）天主教神學家阿奎那認為，這經文並不是說，耶穌不「知道」那日子，乃是說，耶穌不「告訴」祂的門徒（徒一 7）。一九一八年羅馬教廷頒布法令，否定耶穌不知道那審判的日子，教廷認為，耶穌的神人二性，既是合一的（hypostatic union），我們就不能想像耶穌的知識是有限制的。柏寇偉認為，阿奎那與天主教教廷的看法，與新約的啟示有衝突，明顯的耶穌說「不知道」，而非「不告訴」。我們同意柏寇偉的看法。其實，耶穌既是一個人，也必然有知識上的限制。[40] 新約學者里爾（William Lane）也認為，「連耶穌也要憑信心生活，並且在事奉中順服上帝與不斷儆醒禱告」。[41]

I. 耶穌常自稱和被稱為「人」

耶穌常自稱和被稱為「人」，不少經文都見證耶穌是「人」(參太四 4；約八 40；徒二 22；羅五 15、17、19；林前十五 21、47 ~ 49；提前一 5 等）。[42]

2 與耶穌的人性有關的問題

A. 耶穌一生有沒有犯過罪？

答案是：當然沒有！

這是新約聖經一致的看法。福音書記載，審判耶穌的彼拉多，查不出祂有何罪（路二十三 13 ~ 22），並稱祂為義人（太二十七 24）；百夫長也是如此稱祂（路二十三 47）；賣主的加略人猶大也承認，他是流了無辜之人的血（太二十七 3 ~ 4）。耶穌在地上生活的時候，從來沒有自覺有罪，並且以此挑戰他的仇敵說：「你們中間誰能指證我有罪呢？」（約八 46）無論是天使、是污鬼、是門徒、是使徒，都異口同聲的見證耶穌是「上帝

---

40 Berkouwer, *The Person of Christ*, 212 ~ 215.

41 William Lane, *The Gospel According to Mark*（Grand Rapids, MI: Eerdmans, 1974）, 482.

42 參 Berkouwer, *The Person of Christ*, 195 ~ 223；Erickson, *Christian Theology*, 706 ~ 712。

的聖僕」（路一 35，四 34；約六 69；徒三 14，四 27、30）。

新約書信提到耶穌，也絕無例外地假設了祂的清白、無罪、與公義（林後五 21；彼前二 22，三 18；約壹三 5；來七 26；雅五 6 等）。

在教會歷史中，歷代基督教會皆確定耶穌的無罪與聖潔，連十九至二十世紀的自由主義神學家也不例外。這是歷代教會對耶穌人格的見證。

當少年的官稱耶穌為「良善的夫子」時，耶穌說「你為甚麼稱我是良善的？除了上帝一位之外，再沒有良善的」（可十 18；路十八 19）。他在此並非否定自己是無罪的，而有可能是間接批判這人對「良善」的表面看法；另一個可能的解釋是：耶穌在此暗示自己就是上帝，因此是值得這人順服和跟從的一位。

此外，耶穌受了施洗約翰的洗禮，也不是承認自己有罪，需要潔淨，乃是要「盡諸般的義」（太三 15），與罪人認同，並為人的罪服在律法之下，受律法的約束及審判。

同樣地，基督藉受苦而「學習順從」（來五 7～8），也不是說耶穌曾經不順從父上帝；乃是說，耶穌每天都在順服的道路上有新的體驗，這是一個真正的人的成長過程。耶穌是人，也經歷了人的成長，雖然祂不是一個罪人。

B. 若耶穌從未犯罪，祂所受的誘惑是真實的嗎？

答案是肯定的，因為：

1. 祂是真真正正的人，有人的正常感應。

2. 祂被稱為「末後的亞當」：起初的亞當受誘惑、犯罪，將人類帶進罪與死亡；末後的亞當受誘惑、得勝，將子民帶進義與生命。若亞當的誘惑是真的，基督的誘惑也不會是假的。
3. 撒但不是弱者，也不是無知的靈。他知道他帶給耶穌的誘惑，有一定的威力。曠野中的三個試探對耶穌都很有吸引力：(1)「石頭變食物」。耶穌餓了四十天，經文記載「他就餓了」，極度需要食物，這可能會使祂忘記，父上帝會供應祂；(2)「從殿頂跳下」。當時耶穌也許想從父上帝那裏得一可見的神蹟，作為保證，肯定上帝一生會保護祂，完成天父交託的使命。「得保證」對耶穌是一個相當吸引的意念；(3)「萬國的榮華」。耶穌不是為統治萬有而來的嗎？現在這權柄只要向魔鬼屈膝下拜便垂手可得，何樂而不為？
4. 在客西馬尼園中，耶穌的禱告和反應也顯示，逃避十架是一個真正的誘惑。耶穌三次禱告，求天父把這杯撤去——祂有很大的掙扎，又三次求天父的旨意成就。福音書記載天使加添祂的力量(路二十四 43)，又說祂的汗珠如大血點滴在地上(二十四 44)。若試探不真，又何須如此強烈地爭戰和需要天使的加力？
5. 「得勝誘惑」也不會減低誘惑的真實性。得勝與犯罪是人對誘惑的不同反應而已，對誘惑的真實性沒有影響。按主觀感受方面說，一個人面對誘惑而堅持不犯罪，誘惑所帶來的張力會一直加強；當一個人犯罪、向誘惑低頭時，張力便立刻消失。由於基督的得勝，是至死不向誘惑低頭的結果，因此祂所受的心理壓力，反而較一般人所受的更大！

可見，基督不犯罪，不單不會減低誘惑的真實性，反使誘惑所帶來的張力和心理壓力，比一般人（那些向試探低頭的人）來得更真實、更大。[43]

C. 耶穌雖受誘惑、不犯罪、但祂有犯罪的可能嗎？

答：有沒有可能，要視乎「可能」的定義。

從基督完全的人性來看，祂是有「可能」犯罪的。這是理論上的「可能」。有一些福音派信徒認為，基督既有神性，就沒有可能犯罪。這是亞歷山太學派「道—肉」的基督論，是把基督的神性遮蓋了祂人性的看法，有亞波里拿留異端的影子。若耶穌對門徒曾說：「你想，我不能求我父現在為我差遣十二營多天使來嗎？」（太二十六 53）並且祂在客西馬尼園中有如此激烈的掙扎，再加上祂稱為「末後的亞當」這身分，在理論上（hypothetically），耶穌在地上的日子（受試探的日子），應該是有可能犯罪的。

從彌賽亞使命的角度看，祂「不可能」犯罪：基督蒙父差遣，承擔彌賽亞的使命。主動方面，祂是樂意走十架道路的（約十 18）；被動方面，祂不能不走上十架。換句話說，從使命的角度看，祂不能逃避十架，祂不能不順服父上帝，祂不可能犯罪。這「不可能」可分為兩方面：（1）祂是好牧人，祂對世人的憐愛，使祂不能犯罪，不能放棄這救贖的使命；（2）父上帝的旨意必須成就。復活後，基督向門徒說：「基督這樣受害，又進

43 參吳羅瑜、許志賢編：《耶穌與現代人》（香港：中國神學研究院，1993），頁 51 ～ 52。

入他的榮耀，豈不是應當的嗎？」（路二十四 26）再者，較早前門徒砍掉大祭司僕人的耳朵時，耶穌說：「你想，我不能求我父現在為我差遣十二營多天使來嗎？若是這樣，經上所說，事情必須如此的話怎麼應驗呢？」（太二十六 53 ～ 54）這「必須」是一個「神聖的必然」（divine necessity）。父的救贖旨意不能被破壞，舊約聖經的話不能不應驗，因此，從使命的角度來看，耶穌不可能犯罪；這是一個「救贖歷史性」（redemptive-historical）的「不可能」。

從「實存」（existential）的角度看，祂也「不可能」犯罪：作為一個完全的人，基督有正常人的需要（例如：食慾、求生慾、性慾等），故祂能感受到這些慾念所產生的壓力，如在飢餓中自己變食物之壓力（太四 1 ～ 4），特別是當有外界刺激時，這壓力更大。雅各書描述一個人犯罪的過程是：「私慾既懷了胎，就生出罪來；罪既長成，就生出死來。」（雅一 15）私慾（即扭曲了的需要：如貪心、淫念、謊言動機等），經過思想、意志的抉擇，最後產生罪行，引致死亡。耶穌有沒有「私慾」? 由於祂乃聖靈所生（路一 35），我們有理由相信，祂天生沒有「私慾」! 此外，當耶穌遇到試探引誘時，由於得到聖靈的幫助（特別在受洗、聖靈居住在祂身上以後），在思想上，基督不容許試探停留，而在意志上，祂堅決委身於上帝的國度；因此，基督不犯罪，祂也「不會」犯罪。這樣看來，從「實存」的角度來看，基督是「不可能」犯罪的。試探的壓力雖大，祂卻誓不低頭。

總的來說，從救贖使命和實存的角度來看，基督皆不可能犯罪；故此，祂在「理論上」犯罪的「可能性」，在實際上已經是不重要了。[44]

3 基督人性的意義

基督是一個真正的、完全的人，不單有血有肉，也有人的靈魂，是一個整全的人。作為人，祂有資格作我們的大祭司，為我們獻上贖罪祭（來五 1～3）。此外，由於祂聖潔無瑕，祂是最完美的祭物，為人贖罪，成就完全的救贖（七 26～28）。

作為神人之間的中保，祂有資格代表人獻祭與上帝。此外，耶穌作為人，曾凡事受過試探，與我們一樣，因此祂能完全體恤我們的軟弱；然而，由於祂勝過了一切的試探，因此祂能帶領我們得勝，使我們可以坦然無懼的，來到上帝施恩寶座前，為要得憐恤，蒙恩惠，作隨時的幫助（來四 14～16）。

基督作為「末後的亞當」，是那真正的人，是人性的典範。信徒蒙救贖，並不是回到亞當未犯罪前（清白）的光景，乃是要進到基督復活後的榮耀（參本書第三章）。基督才是那真正人性的典範。另一方面，因為祂是那真正的人，基督代表我們活出真人的樣式，祂也成了我們的榜樣。

有關「在基督裏」（in Christ）的意義，有三點需要注意：

1. 基督的一生都是救贖性的，從祂的出生、到成長、到受苦、被釘、復活，基督一生所經歷的，都對我們有救贖的意義。由於祂活了一生，祂能把我們這些「在祂裏面」的

44 引自吳羅瑜、許志賢編：《耶穌與現代人》，頁 55～56。

人，獻呈在父上帝面前，而祂的義也成為我們的義，使我們可以被父上帝悅納。

2. 基督成為人，使我們的人性可以在祂裏面蒙救贖，正如加帕多家教父們所言：「那未經歷過的，也不得蒙救贖。」（"the unassumed is the unredeemed"）基督成為真正而聖潔無罪的人，使我們的人性可以得更新、改變，回轉歸向上帝。[45]

3. 由於基督是人，所以我們的敬拜、禱告、事奉、都得以在祂裏面，達到父上帝的面前。我們藉基督，透過聖靈，可以不斷的與父上帝契通結連，這是何等大的權利！我們「在基督裏」敬拜，因此一切如此的敬拜皆蒙悅納；我們「在基督裏」禱告，而如此禱告必蒙垂聽，包括那些「說不出來的歎息」（羅八 26～27）；我們「在基督裏」的事奉，也是如此的成為有效的事奉。

耶穌在出生之後，就穿上完全的人性，一直到永恆。這告訴我們，有血有肉的人性，在上帝永恆的國度中是有分的。一切貶低身體和人性的二元論，和一切以「人性」等於「罪性」的論點，皆與聖經信仰背道而馳。因為在新天新地中，信徒與耶穌皆是真正的人，卻是沒有罪。

45 參 James B. Torrance, "The Vicarious Humanity of Christ," in *The Incarnation*, ed. T. F. Torrance（Edinburgh: The Handsel Press, 1981）, 127～147。

六　基督神人二性「位格上的聯合」

上文所提〈迦克墩信經〉宣告，基督神人二性（*physeis*），聯合於一個位格（*hypostasis*），從此神學家們（特別是亞歷山太學派便稱這聯合為「位格上的聯合」。

希臘文 *hypostasis* 一詞，早期教父（例如：俄利根〔Origen，約 185～254 年〕、加帕多家教父等）常用來表達聖父、聖子、聖靈的三個「位格」或「本質」，在四五一年迦克墩用了這詞之後，它就成了神學的專有名詞，用以表達基督神人二性的合一位格。[46]

1 何謂「位格上的聯合」？

A. 基督完全的人性和完全的神性

上帝的兒子，穿上完全的人性，有人的身體，為女子所生，人可見祂、與祂接觸交往。祂有人的性情、感情、意志，並且在智慧上成長，也在某些事上「不知」。祂是一個真實的人，而非一個幻象；祂曾受試探，卻從不犯罪。另一方面，基督也有完全的神性：祂是全知、全能、永恆的上帝。〈迦克墩信經〉宣告：「按神性說，祂與父同體（consubstantial with the Father）；按人性說，與我們同體（consubstantial with us）。」

B. 基督的神人二性「聯合而不相混亂」

基督的神性是無限的、但祂的人性卻是有限的，在一個位

46 參「*Hypostasis*」，載《當代神學辭典》，上冊，楊牧谷編（台北：校園，1997），頁 567～583。

格中聯合，二性保持各自特性、不相混亂，也不會混合起來，變成了第三類「新的混合體」。換句話説，基督那無限的神性，不會變成有限的人性，反之亦然。

C. 基督的神人的屬性「聯合而不相交換」

基督有上帝的一切屬性（例如：全知、全能、全聖），這些屬性永遠不會改變，不會與人的屬性交換。而祂人性中的一切屬性（例如：有限、非全能、非完美等），也不會改變，不會與上帝的屬性互相交換。

D. 基督神人二性聯合於一個位格之中

神人二性「不能分開、不能離散」（迦克墩）是一個深不可測的奧祕，不容易去描述，我們只能讚歎上帝的奇妙。也許這種神人二性本質上的聯合，可以從反面去了解：（1）它不單單是上帝的本性居住在一個人裏面，好像聖靈居於聖徒裏面的情況。基督神人二性的聯合，應不止於此；（2）它不單單是一個道德上或感情上的「聯合」。它應是更深入的聯合；（3）它不單單是一個暫時和易變的「聯合」。它應是永恆而不變的聯合。作為聖子神人二性、一個位格的聯合，它超越人所能經驗的一切人與人、人與上帝的關係。[47]

---

47 參 Charles Hodge, *Systematic Theology*, vol. 2（Grand Rapids, MI: Eerdmans, 1970）, 387～392；Erickson, *Christian Theology*, 723～738。

2「位格上的聯合」的後果和意義[48]

A. 屬性的相通

作為神人二性的位格（或稱「神人」〔*theanthopos*〕），基督同時有上帝和人的屬性；因此，當我們描述祂的神性和人性的特徵時，這些特徵也是祂整個位格（神人）的特徵。比方說，基督是有限的、也是無限的；祂是全知的、也是有所不知的；祂與父上帝平等、也同時是低於父上帝的；祂降生於時空、也是從永恆就存在的；祂創造萬有、也同時是有被造的身體。

聖經中「屬性相通」（communion of attributes）的例子出現於下列四類經文：

1. 「述詞」（predicate）描述整個位格（神人），而非單指其神性或人性；例如：基督被稱為救主、主、君王、先知、祭司、牧者；基督降卑、作教會之首、高升、將會再來審判世界；基督成為我們的智慧、公義、聖潔、救贖等。
2. 「主詞」（subject）是位格，而「述詞」是神性；例如：「在亞伯拉罕之先，我就是」（約八58；筆者譯）；「未有世界以先，我同你所有的榮耀」（十七5）；「你起初立了地的根基；天也是你手所造的」（詩一〇二25）。
3. 「主詞」是位格，而「述詞」是人性；例如：「我渴了」（約十九28）；「我心裏甚是憂傷，幾乎要死」（太二十六38）；「耶穌哭了」（約十一35）；耶穌走路、吃飯、睡覺、被人

48 參 Hodge, *Systematic Theology*, vol. 2, 392～397。

看見、被人捉拿等。「你們就當……牧養上帝的教會，就是他〔上帝〕用自己的血所買來的」（徒二十 28）；「榮耀的主釘在十架上了」（林前二 8）。

4. 主詞是神性，而述詞是位格（神人）；例如：「子〔神性〕也要自己服那叫萬物服他〔神人〕的」（林前十五 28）；「父是比我〔神人基督〕大的」（約十四 28）；「父怎樣在自己有生命，就賜給他兒子〔神人〕也照樣在自己有生命」（約五 26）。

從以上例子可見，聖經的作者在論及基督的位格時，都可自然的描述祂的人性或神性。他們稱祂為主，為上帝的兒子，然後在同一句話中，描述祂作為上帝、或作為人、或作為神人（位格）的任何行動或意識。希伯來書一章 1 至 3 節中就有一連串的例子，描述神人基督屬性相通的各種情況。

B. 基督的行動

聖經中論及耶穌的思想、行動和意志，是一個位格的思想、行動和意志。聖經中記載耶穌提到自己，或是作者提到祂，都是以單數（singular）稱之。例如：（1）提到耶穌的神性和人性，卻指一個主體（subject）的行動，而非多個（約一 14；加四 4；提前三 16）；（2）論及耶穌的工作和職分，並非單指祂的人性或神性，乃指祂整個位格（神人；弗二 16 ～ 18；約壹一 1 ～ 2，四 2、14 ～ 15，五 5）；（3）以耶穌神性的稱號（上帝的愛子），來敘述祂作為一個位格（神人）的活動（西一 13 ～ 14）。

以上的例子表明新約聖經在論及耶穌的行動或工作時，都是指一個位格（神人），而非多個位格。人與神人基督之關係，是與一個位格的上帝相連、相交，而不是與兩個位格交往。

C. 基督神人二性聯合為一個位格對我們的意義

1. 由於祂是上帝，又是人，祂可以成為上帝與人溝通的橋梁和中保。從來沒有人看見上帝，只有在父懷裏的獨生子（上帝）將祂表明出來（約一 18）。耶穌是上帝自己最清楚、直接的啟示，也是在歷史中救贖啟示的高峯。
2. 作為完全的人，我們可以親眼見祂、親耳聽祂、親手摸過（約壹一 1）；但作為完全的上帝，祂是我們敬拜的對象，我們可以愛祂、服事祂、將自己獻上給祂；這在祂降卑之日子已是如此（路五 8，九 28～32，十九 37～40）。
3. 作為神人，基督是完美的救主，因祂兼有上帝永恆的價值和與人認同的人性（參安瑟倫的「滿足論」〔見本書頁 92〕及希伯來書四章 14 節至五章 10 節）。此外，作為全知、全能、全在的上帝，祂能拯救我們到底，引導我們走過人生的曠野路。
4. 基督是賜生命之主——作為永恆生命之道（約一 1～4；約壹一 1），祂將生命賜予人及一切生靈；作為死而復活的人（末後亞當），祂將信靠祂的人，藉祂那榮耀的人性，帶進天國，得享永恆的生命（約三 3～8；林前十五 35～57）。
5. 作為得勝的神人，基督不單完全彰顯上帝的榮美，也成了在祂裏面的「新人類」人性的完美典範，不單超越人在罪中的痛苦與黑暗，也超越了亞當在受試驗時期的清白（innocence）。今天與主聯合的人，不單享受聖靈的重生，更有得勝的把握，並且歡歡喜喜盼望上帝的榮耀，就是那身體復活的永恆生命（羅五 1～5；林前十五 20～23）。

討論問題

1. 現代神學有關基督論的研究，有三個重要的發展，試簡單描述、分析和評論之。
2. 基督的位格和工作二者應有的關係為何？近現代神學對此有何偏差？試分析評論之。
3. 福音書中記載耶穌禁止門徒宣傳祂的彌賽亞身分，是否因為耶穌不以自己為彌賽亞？
4. 基督自稱為「人子」，這是甚麼身分？這稱號與「上帝的兒子」的稱號有何異同之處？
4. 「救主」這稱號表達了耶穌哪方面的工作？試闡釋之。
5. 「亞流主義」基於甚麼原因否認耶穌是上帝？〈尼西亞信經〉如何回應這異端？
6. *homoousios* 一詞與 *homoiousios* 有何分別？其涵義為何？它帶出了甚麼福音性意義？
7. 亞波里拿留主義如何看基督的人性？你同意嗎？為甚麼？今天教會中仍有類似的看法嗎？試舉例說明之。
8. 簡單比較亞歷山太學派及安提阿學派之不同的基督論。你喜歡哪一派的看法？為甚麼？
9. 涅斯多留與歐迪奇的基督論有何分別？〈迦克墩信經〉如何回應他倆的不同立論？
10. 請提出你認為是最有力支持耶穌基督是上帝的新約見證，並引經文說明之。
11. 「倒空基督論」的立論和基礎為何？你認為這論點可信嗎？為

甚麼？

12. 基督的神性有何聖經根據？對我們今天的信仰及生活，有何重要的意義？試分享之。
13. 基督的人性與我們的人性有何異同？試簡述及討論之。
14. 基督完全的人性，對我們今日的生活、事奉、敬拜、禱告、盼望、生命成長，有何具體意義？
15. 基督是上帝又是人，祂所受的誘惑是否真實？祂有沒有可能犯罪？
16. 何謂基督「位格上的聯合」？這聯合帶來甚麼後果？對我們又有甚麼重要的應用？

參考書目

Berkouwer, G. C. *The Person of Christ*. Translated by John Vriend. Grand Rapids, MI: Eerdmans, 1973.

Brown, Raymond E. *The Birth of the Messiah*. New York: Doubleday, 1979.

Bultmann, Rudolph. *The New Testament and Mythology*. Philadelphia, PA: Gortress Press, 1984.

________. *Theology of the New Testament*. New York: Charles Scribner's Sons, 1951.

Erickson, Millard. *Christian Theology*. Vol. 2. Grand Rapids, MI: Baker, 1984.

Ferguson, S. B., and D. F. Wright, eds. *New Dictionary of Theology*, Leicester: IVP, 1988.

Hick, John, ed. *The Myth of God Incarnate*. London: SCM Press, 1985.

Hodge, Charles. *Systematic Theology*. Vol. 2. Grand Rapids, MI: Eerdmans, 1970.

Kahler, Martin. *The So-Called Historical Jesus and the Historic-Biblical Christ*. Philadelphia, PA: Fortress Press, 1964.

Kelly, J. N. D. *Early Christian Creeds*. New York: Longman Inc., 1986.

________. *Early Christian Doctrines*. New York: Harper & Row, 1960.

Ladd, George E. *A Theology of the New Testament*. Grand Rapids, MI: Eerdmans , 1974.

Lane, William. *The Gospel According to Mark*（NICNT）. Grand Rapids, MI: Eerdmans, 1974.

Letham , Robert. *The Work of Christ*. Downers Grove, IL: IVP, 1993.

Macleod, Donald. *The Person of Christ*. Downers Grove, IL: IVP, 1998.

McGrath, Alister E. *Christian Theology: An Introduction*. Oxford: Basil Blackwell Inc.,1994.

Moltmann, Jürgen. *The Crucified God*. Translated by R. A.Wilson and John Bowden. London: SCM Press,1974.

Olson, Roger E. *The Story of Christian Theology*. Downers Grove, IL: IVP, 1999.

Schaff, Philip. *The Creeds of Christendom*.Vol. 2. Grand Rapids, MI: Baker, 1993.

Torrance, T. F., ed. *The Incarnation*. Edinburgh: The Handsel Press, 1981.

________. *The Trinitarian Faith*. Edinburgh: T. T. Clark Press, 1981.

Vos, Geerhardus. *The Self-Disclosure of Jesus*. Nutley, NJ: Presbyterian and Reformed, 1953.

Warfield, B. B. *The Person and Work of Christ*. Philadelphia, PA: Presbyterian and Reformed, 1970.

Wells, David F. *The Person of Christ*. Westchester, IL: Crossway Books, 1984.

吳羅瑜、許志賢編：《耶穌與現代人》。香港：中國神學研究院，1993。

庫爾曼：《新約基督論》。胡文鴻譯。香港：道聲，1965。

馮蔭坤：《腓立比書註釋》。香港：天道，1987。

湯清編譯：《歷代基督教信條》。香港：基督教文藝，1989。

2

十架——基督的降卑與救贖

新約聖經記載，聖子耶穌基督降生為人，被釘十架，成就救恩，向人類展示了上帝救贖的美意；新約有關基督的啟示，皆從救恩歷史的角度去看。首先，基督的道成肉身和救贖工作，是舊約時代彌賽亞應許之實現；其次，基督的出生、受洗、被釘、復活、升天、再來，本身就是救恩歷史的核心。正如第一章所說，基督的一生都是救贖性的，祂降生為人，就是要為我們帶來全人和全面的救贖。

這救恩歷史的核心，包括了一個降卑和一個高升的過程，其關鍵是在基督的受死與復活（林前十五1～4），因為十架是基督降卑的低點，而復活則是祂高升的起點。因此，說基督的受死與復活是祂救贖工作的中心，並不為過。當然，這中心事件必須在基督的全面工作（從出生至再來），和整個救恩歷史的脈絡中，才能看得清楚、看得正確（見後頁的圖二）。

圖二：救恩歷史發展圖

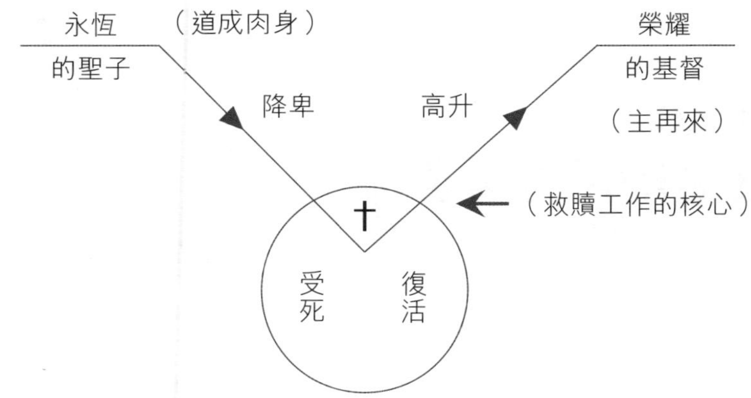

一　童女生子：基督降卑的起點

1 童女生子可信嗎？

對自十九世紀始的自由主義神學家來說，童女生子（virgin birth）當然不可信，因為它違反了一般的常理，也「不合乎科學」。這論點只反映了自由神學反超自然主義的傾向，並不能否定童女生子的可能性。其實，「童女生子」的可信性，並不在乎它是否違反某些人所認為的「常理」，而是它在歷史中有沒有發生，和它為何發生。

有一些聖經學者對福音書中基督降生的記載（特別是馬太福音一至二章及路加福音一至二章），採取懷疑的態度。他們認為，路加福音一章5節至二章52節，以及馬太福音一章18節至二章23節等經文，都不是福音書的原有部分，而是後來加上去的，因此其對歷史性和可靠性有保留。著名新約學者梅欽（John G. Machen）在他的著述《基督為童女所生》（*The Virgin*

Birth of Christ）中，為這兩段降生經文辯護，確定其歷史性和可靠性。[1] 在詳細考慮了自由派學者對路加福音一章 5 節至二章 52 節的攻擊後，梅欽總結說：「所有攻擊路加福音一至二章的可靠性的主論，以這段經文中童女生子的記載為後添的說法，都明顯地失敗了。」[2]

作為一個新約學者，梅欽所搜集的證據是充足的。他的研究帶出了三個結論：[3]

1. 馬太和路加福音書中有關基督降生的記載，並非後人加添的，乃是這兩卷書的原有部分。
2. 這兩個記載（特別是路加福音的記載），在形式和內容上，明顯的帶有猶太基督教和巴勒斯坦的色彩。
3. 這兩段記載在其原來的文獻中，確有童女生子的記述。

另一些基督教學者認為，我們不能接受童女生子的教義，因為這教義假設了天主教的一個信仰：聖母無原罪。他們認為，相信童女生子，源於相信馬利亞無原罪，若我們不能接受後者，也應不相信前者。然而，我們卻認為，「童女生子」的信仰，與「聖母無原罪」的教義，二者沒有必然的關係。

二十世紀初的「宗教歷史學」（history of religion）學派的聖經學者，部分會將童女生子與異教和外邦一些神話故事連起

1 John G. Machen, *The Virgin Birth of Christ*（Grand Rapids, MI: Baker, 1977）, 44 ~ 187.

2 Machen, *The Virgin Birth of Christ*, 168.

3 Machen, *The Virgin Birth of Christ*, 188.

來。經過仔細分析，我們也會發覺，「童女生子」與異教神話中的一些故事，有很大的差異。

此外，近代一些聖經學者如巴克萊（William Barclay），對「童女生子」這教義也有保留。巴克萊認為，新約中常稱約瑟為耶穌的父親，顯然耶穌有地上的生父；此外，除了馬太和路加兩三處記載外，其他書卷並未提及「童女生子」這事。巴克萊又說：

> 也許，新約中有關耶穌降生的故事一些可愛詩歌形式，主要帶出一件事，就是耶穌雖有地上的生父（約瑟），祂的出生是十分獨特和不尋常的，因有聖靈的工作。在這事上我們可以自己作決定……[4]

從釋經的角度來看，福音書中有關「童女生子」的記載明顯地不是詩歌體裁，因此以其為詩歌形式去了解，是不公平的。巴克萊其他論點，我們會在下面稍作回應。

2 卜仁納的反對

新正統派學者卜仁納；在他的神學著作中，[5] 極力反對

---

4 William Barclay, *The Gospel of Luke*（Philadelphia, PA: Westminster Press, 1975）, 6～7.

5 Emil Brunner, *The Mediator*, trans. Olive Wyon（Philadelphia, PA: Westminster Press, 1947）, 322 ～ 327; Emil Brunner, *The Christian Doctrine of Creation and Redemption: Dogmatics*, vol. 2, trans. Olive Wyon（Philadelphia, PA: Westminster Press, 1952）, 350～356.

將「童女生子」當作一件歷史事件來看，也反對以此為教會的教義。

卜仁納反對的理由如下：

1. 「童女生子」的記載不可靠：只有馬太、路加記載此事，而保羅與約翰的作品皆未有提及。因此，卜仁納懷疑「童女生子」是否福音信息的一部分。卜仁納更認為保羅在羅馬書一章 3 節提到耶穌乃「大衞後裔生的」，而約翰福音一章 45 節及六章 42 節又以祂為「約瑟的兒子」，似乎與馬太、路加「童女生子」的記載有矛盾。
2. 「童女生子」真正的信息為何？卜仁納認為，「童女生子」真正信息是上帝的兒子成為人，並非是上帝的兒子為童貞女所生。在《中保》(*The Mediator*) 一書中，卜仁納更進一步說，若我們接受童貞女生子這事，我們是在企圖解釋上帝的奧祕；他認為「童女生子」的教義，是企圖將上帝的工作（神蹟）理性化，是人「小信」的表現；他認為真正的信心，應是驚歎讚美上帝奧祕的工作，而非企圖用理性解釋之。
3. 「童女生子」的教義有損正統基督教信仰：(1) 會引致「亞流主義」，過分強調耶穌的人性而低貶其神性；(2) 會引致對「人類藉性行為生養後代」這事作負面之評估，間接帶來禁慾主義，輕視上帝的創造。

我們對以上卜仁納的反對有以下的回應：

1. 保羅與約翰沒有提及「童女生子」，不一定表示他們反對這教義；羅馬書一章 3 節也不一定與「童女生子」的記載有矛盾。約翰福音一章 45 節及六章 42 節說耶穌是「約瑟的兒子」，只是將耶穌納入「大衛的家」的方式，不表示約瑟是耶穌的生父。[6]
2. 若「童女生子」是聖經啟示的一部分，我們就應該加以了解研究，不應逃避，也不應指控接受這教義的人為「小信」（參申二十九 29）。
3. 所謂「害處」，只是卜仁納從壞處推論的結果，這些所謂「害處」皆非接受「童女生子」信仰的必然後果！

3「童女生子」的今日意義

1. 接受「童女生子」與否，與一個人的得救有直接關係嗎？答案是：可能有，可能沒有，端視乎他的「不接受」，會否負面影響他對基督的信靠（羅十 9 ~ 13）。
2. 接受「童女生子」與否，可能反映一個人對超自然事物的態度。惟有相信超自然事物的人，才會接受童女生子。信心與「童女生子」教義二者不單不相矛盾，反而是互相配合的（回應卜仁納）。
3. 新約聖經的權威問題：「童女生子」的經文，乃新約啟示不可分割的一部分；人若故意否定這些經文，也是對新約聖

---

6 Thomas F. Torrance, ed., *The Incarnation* (Edinburgh: The Handsel Press, 1981), 88.

經整體投了不信任的一票，就相當嚴重了。

4. 「童女生子」的信仰，告訴我們，聖子道成肉身「何時」發生、「如何」發生。
5. 「童女生子」與基督的聖潔有關。我們雖不同意奧古斯丁（St. Augustine）對「人類藉兩性生養是有罪的」這立論，我們卻可以肯定，基督「藉聖靈感孕」，與祂被稱為「聖者」有關（路一 35）。
6. 「童女生子」使我們可以確定，耶穌有真正完全的人性，而惟有一個真正的人（不是幻象），才可以拯救罪人。正因為基督藉人性與人認同，祂能拯救和聖化在基督裏的人，這是道成肉身的重要意義。
7. 「童女生子」帶出聖靈與聖子之密切關係，而這關係在基督出生之前已經開始了。聖靈乃生命之靈，因此基督藉聖靈感孕而生，叫我們生發盼望，就是人可以透過基督得生命，而宇宙也可以透過祂得著更新，因為聖靈乃生命更新之靈。[7]
8. 「童女生子」顯出上帝的超越和恩典。祂藉一神蹟性的創造行動，親自進入受造人類的歷史，成就祂恩典的救贖。
9. 「童女生子」的神蹟，與空墳墓的神蹟不可分割。二者皆為基督奧祕的標記，一同見證基督與墮落人性之連繫與分別。童女生子一方面顯示祂降卑之開始（終於十架）；另一方面，也顯示祂新生命之開始（終於復活）。

7　參 Jürgen Moltmann, *The Way of Jesus Christ*, trans. Margaret Kohl（London: SCM Press, 1990）, 82～87。

10. 「童女生子」乃基督神人二性聯合之奧祕的一部分，人不能完全測透。[8]

二　十架救贖：聖經的啟示

基督的十架是人類歷史的轉捩點，是上帝救恩的核心和標誌。使徒保羅曾對哥林多信徒說：「我曾定了主意，在你們中間不知道別的，只知耶穌基督並他釘十字架。」(林前二2)

保羅在此並非要對比他在雅典的較哲理性的傳道方式(徒十七16～34)和在哥林多較簡單的十架信息(林前一18～25)，若是如此理解，我們將犯了兩個錯誤：(1)將雅典的傳道工作錯解為一種失敗；(2)看保羅在此是宣告一個新的傳道策略。其實他在哥林多只是繼續他一貫的宗旨，就是傳講以基督十架復活為中心的福音(徒十三26～42，十七30～31，十八1～8；加三1)。他在此的宣告，是針對哥林多的辯士和修辭學者的「智慧」，代之以上帝的智慧和聖靈的大能(林前二3～5)。此外，「不知道別的」並非說，保羅將一切其他知識都全放棄了，乃是指他在哥林多人當中、專心傳講這大能的福音，幫助他們棄掉「人的智慧」。[9] 當然，這「不知別的」也不能解作：只講十架，不講復活、升天、再來等等。這會是一個可笑的推

8 參 Machen, *The Virgin Birth of Christ*, 380～397；Torrance, *The Incarnation*, 94～104。

9 參 Gordon Fee, *The First Epistle to the Corinthians* (Grand Rapids, MI: Eerdmans, 1987), 88～97。

論，因為基督的死，與其他救贖事件，特別是祂的復活，是分不開的（參十五 3～4）。[10]

十字架是基督道成肉身、降卑的最低點，也是祂順服天父、獻上自己的最高表現。歷代正統教會，從使徒到教父時代、中世紀、宗教改革、近現代福音派教會，都十分重視十架救贖論（atonement）。讓我們先探討聖經對十架救恩的教導。

1 十架是基督的順服

「順服」是描述基督在十架上所成就的救贖工作的一個概括名詞。基督的順服乃是要解決亞當的不順服、為人類所帶來的苦況（創三章；羅五 19）。基督來世的目的，是要遵行父的旨意（約六 38，十 17～18），「存心順服，以致於死，且死在十字架上」（腓二 8）。基督在地上的順服，一方面是在一生中，滿足一切律法的要求；另一方面，是在十架上，為人類承擔一切因罪而來的刑罰（滿足律法公義的刑罰）。

首先，基督的一生都活在律法的要求中。祂出生後第八天受割禮、按律法要求被獻與上帝（出十三 1、11～13；路二 21～24）、並順從父母（路二 51）。在祂三十歲出來傳道之前，祂接受施洗約翰的洗禮，為要盡諸般的義（太三 15），順服上帝的旨意，與上帝的子民認同。祂一生不斷的「學習順服」（來五 8～9），是一個不斷實現順服父上帝的人生。

當十架的苦難臨近之際，基督在掙扎中仍選擇順服天父的

10 另參 Charles E. Hill and Frank A. James III, eds., *The Glory of the Atonement: Essays in Honor of Roger R. Nicole* (Downers Grove, IL: IVP, 2004), 140～145。

意思，被釘十架，完成救贖。十字架是基督一生順服的高峯，也是祂承擔罪的刑罰至崇高的行動。這完全的順服，使祂成為世人永遠得救的根源（來五 9）。[11]

2 十架是基督的獻祭

基督十架是獻祭（sacrifice）的行動，這是新約聖經一貫的教導，[12] 而新約作者們對獻祭的看法則源於舊約聖經。舊約的獻祭基本上是為了除去罪和罪所帶來的刑罰，這是由於上帝是聖潔的，所以人的罪自然帶來上帝的不悅與審判。但舊約的獻祭只是那真正獻祭的影兒，直等到基督來到，一次過在十架上獻上那完全有效的祭，把罪除掉（來九 11～14、23～28）。基督的受死，就像那舊約時代被殺的公羊，在被獻上為祭時，大祭司兩手按在羊頭上，承認以色列人的罪，把這些罪都歸在羊的頭上；如此，基督也成了「上帝的羔羊」（利十六 20～22；約一 29）。

基督的十架，作為獻上的祭，當中明顯地有「罪的歸算」（imputation）和「代替」（substitution）的意義。基督在十架上的獻上，與摩西律法中贖罪祭的獻上，模式一樣，效能卻大有分別，因為後者必須重複的作，而基督作為永恆、完全的祭牲，只一次過被獻上，便成就了救恩，擔當多人的罪（來九 14、26、28），更為我們開了一條又新又活的路，可以到父面前來敬

---

11 John Murray, *Redemption Accomplished and Applied* (Grand Rapids, MI: Eerdmans, 1975), 19～24.

12 David N. Freedman, ed., *The Anchor Bible Dictionary*, vol. 5 (New York: Doubledary, 1992), 886～891.

拜和生活（十 19 ～ 24）。[13]

華菲德（Benjamin B. Warfield）在他的〈基督——我們的獻祭〉一文中，[14] 介紹了二十世紀初幾種「非贖罪性」（non-sacrificial）的獻祭觀，其中包括：

A.「象徵」理論

這觀點認為，獻祭乃是一些象徵的禮儀，藉這些儀式，敬拜者表達他的宗教感情、期望或需要，例如：對上帝的悔罪，依靠、順服等。

B.「禮物」理論

這些理論認為，獻祭的目的乃是向神明獻上禮物，使上帝喜悅，或使上帝不會因人的過失而懲罰人。

C.「契通」理論

這些理論看獻祭是敬拜者與上帝互相契通的方法，而這契通是藉著一同坐席而達成的，為要討上帝的喜悅。這樣的與上帝一同吃喝的做法，在中國民間宗教（例如：拜神、祭祖等）也很常見。此外，與上帝坐席也表達了與上帝聯合、或「享受上帝」的宗教意義。

我們對這些理論的評價是：它們都不足以解釋聖經中的「獻

13 Murray, *Redemption Accomplished and Applied*, 24 ～ 29.

14 Benjamin B. Warfield, *The Person and Work of Christ* (Philadelphia, PA: Presbyterian and Reformed, 1970), 391 ～ 426.

祭」。不錯，「象徵」、「禮物」、「契通」等，在聖經的獻祭中都有它們的地位；然而，這些理論本身，並不足以表達舊約中的獻祭，以及新約中的基督獻祭，因為這些聖經中的獻祭，皆與「贖罪」有關。換句話說，若不解決罪的問題，人是無法向上帝敬拜、送禮物，以及與上帝契通的。就如華菲德所說：「基督藉著死亡、獻祭贖罪，不單是基督教信仰體系的一部分，這教義本身就是基督教信仰，它將基督教與其他宗教區分出來。」[15]

可見，基督的獻祭與贖罪有不可分割之關係。基督的死，不單使祂成為祭物，也使祂成為祭司——將自己獻上。基督一次過將自己獻上，成為贖罪祭（expiation），並且繼續在父上帝的右邊，作我們的大祭司，為我們代求（來七 25～28）。

3 十架是挽回祭

A.「挽回祭」的意思

基督在十架上死，作為一個獻祭，其中的一個意義是作「挽回祭」（propitiation）。「挽回祭」在舊約中是在上帝面前遮蓋罪的意思（利四 35，十 17，十六 30），而這遮蓋的果效是潔淨與赦免。換句話來說，罪帶來上帝的不悅與忿怒，而由於上帝是聖潔的，因此需要這個「遮蓋」。在新約中，這罪的遮蓋是基於十架——基督挽回上帝的怒氣，使上帝可以接納人到祂面前來。[16]

---

15 Warfield, *The Person and Work of Christ*, 425.

16 Murray, *Redemption Accomplished and Applied*, 29～33.

B. 對「挽回祭」的反對

英國新約學者多特認為，「挽回祭」(propitiation) 在新約中應譯作「贖罪祭」(expiation)，因為前者假設了一位容易發脾氣的上帝，一位輕易發怒和會刑罰人的上帝，與聖經中的上帝觀有出入。多特因此認為，「贖罪祭」的譯法會較為適合。

福音派新約學者莫禮士 (Leon Morris)，不贊成多特的意見。莫禮士認為，在舊約中，「上帝的忿怒」出現超過五百八十次，有超過二十個字表達這意思。而上帝的忿怒與人發脾氣很不同，因為是出自聖潔公義的上帝，也是由於人的罪而產生的「義怒」。在新約中，上帝的忿怒也是真實的，是出自聖潔的上帝對人的罪所產生的不悅。[17] 這樣看來，「挽回祭」作為平息上帝怒氣的意思，本身並沒有與聖經所啓示的上帝觀，有任何矛盾。

C. 新約「挽回祭」一詞之用法

(i) 羅馬書三章 25 節

在這裏，保羅說，上帝設立耶穌作「挽回祭」(*hilasterion*)，是憑著耶穌的血，藉著人的信，要顯明上帝的義。有人將這詞譯作「贖罪祭」(expiation)。莫禮士認為，單從羅馬書三章 25 節，也許很難判別譯作「贖罪祭」是錯的，但若從羅馬書一章 18 節至三章 26 節較廣闊的前文後理看來，保羅多次提到上帝的忿怒和審判（一 18、24～32，二 3、5、8、12、16，三 19～

17 Leon Morris, *The Apostolic Preaching of the Cross* (Grand Rapids, MI: Eerdmans, 1972), 129～136, 161～166.

26），在羅馬書一至三章的脈絡中，譯作「挽回祭」似乎是更適當，因為它比「贖罪祭」更能回應因罪而帶來上帝的忿怒和審判。

(ii) 希伯來書二章 17 節

論到基督的人性，作者說：「所以，他凡事該與他的弟兄相同，為要在上帝的事上成為慈悲忠信的大祭司，為百姓的罪獻上『挽回祭』(*hilaskomai*)。」雖然這裏沒有明顯的提到上帝的忿怒，但基督的「慈悲」反映出上帝對罪的審判，而基督的獻祭是要「在上帝的事上」為大祭司，這些都暗示，「挽回祭」(即平息上帝的忿怒)是合宜的翻譯。

(iii) 約翰一書二章 2 節、四章 10 節

這兩處經文都用 *hilasmos* 這詞，而經文內容皆支持其譯作「挽回祭」，而非「贖罪祭」。

約翰一書二章 1 節說我們在父那裏有一位「中保」(即：辯護律師)，顯然我們在上帝面前需要基督作我們的辯護律師，因為我們的罪使上帝不悅。因此，「挽回祭」是更恰當的翻譯。在四章 10 節中，上帝的愛和「挽回祭」(平息上帝的忿怒)被放在一起，顯出「愛」與「忿怒」二者並存於上帝，並且上帝的忿怒得以平息，完全是出於上帝。「挽回祭」的譯法不單合理，也能突出上帝的愛和主動，也是經文的自然意思；若譯作「贖罪祭」便太平淡了。[18]

---

18 參 Morris, *The Apostolic Preaching of the Cross*, 161 ～ 185。

D. 結論

1. 「挽回祭」顯示上帝因人的罪發怒，而祂的忿怒與慈愛是可以並存的，因為上帝的忿怒不像人的發脾氣，而上帝的愛也不是那種沒有公義的、縱容人犯罪的溺愛！
2. 「挽回祭」解答了一個問題：為何罪需要被「贖」（why should sin be expiated?）。答案是：因為罪引發上帝的忿怒，而這問題必須得到解決。
3. 「挽回祭」的觀念含有「代替」的意思。基督的死亡，是要「代替」我們死、承擔罪的刑罰，不然人便要「死」（與上帝隔絕）了！

4 十架是「復和」

A. 神人復和

「復和」（reconciliation）的工作，乃是要解決上帝與人、人與人之間的「疏離」（alienation）或「敵視」（enmity）。這種疏離與敵視似乎是雙方面的：上帝對人，以及人對上帝的。

再看保羅勸人要「與上帝和好」（be reconciled to God；林後五 20），又似乎在說，要人放下對上帝的敵視，與上帝復和，好像在暗示，需要「和好」的主因是人不能放下他對上帝的敵視，因此「復和」的工作是要解決人對上帝的敵視。

但聖經的教導剛好相反。需解決的是上帝對人的敵視。麥銳（John Murray）引用馬太福音五章 23 至 24 節來說明這事。[19]

19 Murray, *Redemption Accomplished and Applied*, 34～37.

主耶穌吩咐獻祭者在獻禮物時，若想起弟兄向他懷怨，應先把禮物留在壇前，先前去和弟兄和好，然後來獻禮物。這裏「與弟兄和好」的問題不在獻禮物者，而在弟兄那裏，因為是弟兄向他懷怨；同樣，「與上帝和好」，問題也先在上帝：由於人犯罪，得罪那聖潔的上帝，因此上帝與人為敵。當我們細讀羅馬書五章 8 至 11 節和哥林多後書五章 18 至 21 節，這個意思就更清楚了。

(i) 羅馬書五章 8 至 11 節

- **10 節**：我們作仇敵的時候，可以藉著上帝兒子的死，得與上帝復和。這是一次過，已完成的工作。是上帝藉基督成就的工作，而不是指我們除去對上帝的敵視。
- **9～10 節**：10 節中的「藉著上帝兒子的死，得與上帝和好」與 9 節中「靠著他的血稱義」平行。「稱義」是一個客觀的法律用詞，而非人主觀的態度，「和好」亦應該是指那客觀的工作，因為二者皆藉耶穌的死成就。
- **11 節**：「藉著我主耶穌基督得與上帝和好」是我們從上帝領受的，是白白的禮物，這禮物就是靠耶穌除去與上帝之疏離，得著上帝悅納的恩典。因此重點也不在於人除去對上帝之敵視，乃在於除去上帝對我們的不悅。這是十架的功用。

(ii) 哥林多後書五章 18 至 21 節

「復和」完全是上帝的工作，而非人的工作。

- **18、19、21 節**：「復和」是一個已經完成的工作，而非一個連續性的工作。
- **21 節**：基督代替的死，是上帝使人與祂復和的途徑。「成為上帝的義」乃指法律上的「稱義」（參 19 節：「不將他們的過犯歸到他們身上」）。
- **20 節**：「求你們與上帝和好」：是上帝呼喚人進入「與上帝和好」的恩典中，而這恩典在基督的十架上已為人預備了。

以上經文告訴我們：「復和」是上帝藉基督的十架所完成的工作，為要解決上帝因人的罪而產生的客觀問題（神人疏離、敵視）。人應有的回應行動是：藉信心接受這恩典，進入「與上帝和好」的關係中。

B. 人與人之間的復和

> 因他使我們和睦，將兩下合而為一，拆毀了中間隔斷的牆；而且以自己的身體廢掉冤仇，就是那記在律法上的規條，為要將兩下藉著自己造成了一個新人，如此便成就了和睦。既在十字架上滅了冤仇，便藉這十字架使兩下歸為一體，與上帝和好了。（弗二 14～16）

以上所指「新人」，乃是猶太人與外邦人，因著十架，得以合而為一，除去過往的隔絕與仇恨，成為一個身體，就是新約的教會。作為「和平之君」（賽九 6～7；彌五 5），基督的死是人與人之間復和的途徑，這「復和」包括不同種族、膚色、階層、性別、以及文化信仰背景的人，將一切仇恨除去，也放下一切律法上的規條（例如：潔與不潔的規則），因為在主裏我們是一個身體（參徒十章、十五章）。基督裏的人不單要與上帝復和，也應彼此合一，因為我們是一個身體（加三 28），所以應竭力保守聖靈所賜合而為一的心（弗四 2～3）。

C. 與世界復和

透過基督的血，上帝不單使人與祂和好，也使萬有都與自己和好（西一 20）。基督的十架有宇宙性的意義。因著罪，宇宙的統一與和諧都受到破壞，因此也需要在基督裏復和，就是說，天地可恢復達致上帝創造時所定的和諧目的（弗一 9～11，三 9～11）。這不是「普救論」（universalism），乃是指宇宙間一切力量，包括那些執政的、掌權的，最終都會服在上帝的管治下，這種順服不是自願、乃是被逼的（參林前十五 28）。最終一切萬物都會服在耶穌的主權之下（腓二 10、11），這是救恩的宇宙性意義，[20] 也是主再來時才得以完全實現的事。[21]

5 十架是「買贖」

「買贖」（ransom）或「救贖」（redemption）的工作，是針對

---

20 Peter O'Brien, *Colossians, Philemon* (Waco, TX: Word Books, 1982) , 56～57.

21 參 Morris, *The Apostolic Preaching of the Cross*, 187～223；Murray, *Redemption Accomplished and Applied*, 33～42；Herman Ridderbos, *Paul: An Outline of his Theology*, trans. John Richard de Witt. (Grand Rapids, MI: Eerdmans, 1975) , 182～204。

人在罪中受綑綁、失去自由的光景。基督的十架，作為人得釋放的代價，是基督捨己的服事（太二十 28；可十 45），這是代贖性（substitutional）的救恩工作。[22]

基督的死，作為「贖價」，使人從罪和律法中得到釋放，茲簡述如下：

A. 從律法中得釋放

人可以藉著基督的十架，脫離律法的咒詛。上帝的律法是上帝對人絕對的要求，這律法有兩個形式：其一是用文字寫下，即摩西的律法；其二是人良心中上帝的標準（羅二 12～16）；人若違背了律法，會受咒詛，但基督既為我們受了咒詛，就買贖我們脫離這咒詛（加三 13），因為凡掛在木頭上都是被咒詛的（三 10）。

保羅論到律法時，提到律法好像一個監牢，將我們看守著，使我們不得自由（加三 23 ～ 24），他用古代監護人（governess）的比喻，形容律法對人完全的控制，以及扼殺人自由的反面功能。他指出，律法使人完全失去自由，直到基督來臨，將人釋放，使他得著兒子的名分（三 26～四 7）。[23]

在論及活在律法以下的人時，保羅又指出，律法引發人犯罪（羅七 7～13），因為律法與罪聯盟，使人犯罪，並結出死亡

22 參 Murray, *Redemption Accomplished and Applied*, 42 ～ 50；Warfield, *The Person and Work of Christ*, 429 ～ 475；Morris, *The Apostolic Preaching of the Cross*, 9 ～ 59。

23 參 Ridderbos, *Paul: An Outline of his Theology*, 149 ～ 153。

的果子。保羅在羅馬書七章14至25節中，繼續描述律法的無能，指出在律法裏的人雖願意行善，卻被那肢體中犯罪的律擄去，使他完全沒有得勝罪惡的能力，只能順服罪的律（25節），人在律法中就是如此失敗，直到領受在基督裏的救恩才得釋放（羅八章）。我們要留意，加拉太書五章16至24節所描述那爭戰中的人，是有得勝可能的人，因為他有聖靈；但羅馬書七章14至25節所描述的人，在與罪的爭戰中，卻是一個被罪擄去，完全無法得勝（見25節的結論）的人。

「從律法中得釋放」並不是說，律法在信徒的生活中，完全沒有地位。在羅馬書八章4節中，保羅說，基督的代贖，有一個目的，就是使「律法的義」成就我們的身上（羅八4）。換句話說，對有聖靈內住的人，律法是上帝對我們的生活指引。當然，舊約律法的應用，必須透過基督耶穌才可以在新約時代實踐。[24] 比方，許多禮儀律法已在基督裏成全，而其他律法也須透過基督所成就的救恩，方能準確的運用。無論如何，基督的一切吩咐，我們都要遵行（太二十八20；約十四21～23），而一切上帝的誡命，雖以「愛上帝」和「愛人如己」為其撮要，卻沒有被廢掉（太五17～48；羅十三8～10）。

B. 從罪中得釋放

基督的十架，作為一種贖價，使人罪得赦免（弗一7）、脫離罪惡（多二14）、使人從罪中得贖（來九15）。這些經文皆指

---

24 參 Christopher Wright, *Living as the People of God* (Leicester: Inter-Varsity, 1983)；中譯：萊特：《認識舊約倫理學》，王仁芬譯（台北：校園，1995）。

向人藉基督的買贖，得脱罪辜。

除了罪辜外，罪的能力也透過基督得以解除。信徒既從罪裏得了釋放，就作了義的奴僕（羅六 18），這是由於祂藉洗禮（信心）與主同死同復活（六 1～10），所以，罪必不能作他的主（14 節）。

「買贖」因此有釋放、得自由，以及得勝的意思。換句話説，基督的死，不是失敗，而是得勝，因為祂藉著死，敗壞那掌死權的，就是魔鬼，並藉此釋放那些一生因怕死而為奴僕的人（來二 14～15）。

6 十架是「稱義」[25]

基督的十架，是上帝使人稱義（justification）的行動。正如保羅説：「上帝使那無罪的，替我們成為罪，好叫我們在他裏面成為上帝的義。」（林後五 21）。

A. 何謂「稱義」?

「稱義」在新約聖經中，乃是指上帝宣告人為義，這個宣告是法律的用詞。換句話説，「稱義」並非指上帝使人變成公義，乃是指上帝宣告一個被控告的人無罪，在聖潔的上帝面前得蒙悦納。有不少聖經支持這説法：

25 參 Morris, *The Apostolic Preaching of the Cross*, 224 ～ 274；Murray, *Redemption Accomplished and Applied*, 117 ～ 131；Ridderbos, *Paul: An Outline of his Theology*, 159 ～ 181。

1. 聖經中有許多經文，清楚指向「宣告為義」這意思（例如：申二十五 1；箴十七 15；路七 29 等）。
2. 有經文將「稱義」與「定罪」作對比（例如：申二十五 1；箴十七 15；羅八 33 ～ 34）。
3. 「稱義」常與「審判」放在一起，二者皆是法律上的宣判（例如：羅八 33 ～ 34）。與稱義平行的「重生」，乃是指上帝藉聖靈更新人的生命的工作（約三 5 ～ 8；多三 5）。二者皆是描述救恩的名詞，卻是從不同的角度去看。兩者互相配合，沒有矛盾。

B. 上帝「稱罪人為義」，祂是否不公義？

一個公義的法官應該稱義人為義、定惡人有罪（申二十五 1），但上帝卻稱罪人為義（羅三 19 ～ 24，四 5），祂是不是一位不義的上帝？答案是否定的，因為在祂宣告罪人為義時，祂已使這罪人成為義（constituted righteous；五 19）。這罪人如何成為義？答案是：他接受了從耶穌基督而來的公義，就是基督那一次過順服上帝的義行（18 ～ 19 節）。因此，當上帝宣告罪人為義時，祂是完全公義的。

C.「稱義」中「義」的本質

宗教改革者路德、加爾文等強調，人接受基督的義的途徑是信心，而上帝將這義賜給人的方式是將基督的義「歸算」（imputed）到信的人身上，是一種外來的義（參創十五 6；羅四 3、5、23 ～ 24；加三 6；雅二 23 等），而非好像天主教傳統教導，是「注入的義」(infused righteousness)。根據上述經文，「歸算」的意思是十分明顯的。而「歸算」的意思，也較「注入」的意思更能顯出救恩的恩典性，因為它不是要求人先有「義」的性情和行為，才得上帝的接納，乃是完全根據基督的義，上帝就按我的本相 (just as I am) 來接納我。

D. 稱義的途徑

一個人得以稱義是藉著信，而非靠好行為 (羅三 21 ～ 26)，而「信」的途徑也就是「恩典」的途徑 (三 24 ～ 26，五 15 ～ 21)，因為「信心」的對象是「基督」，而非「信心」(徒十三 39；林前六 11；加二 17)；更具體的說，人是藉信靠基督的血而得稱為義 (羅三 24，五 9，八 33 ～ 34)；而保羅也稱這「義」是「上帝的義」(一 17，三 21 ～ 22，十 3；腓三 9)。換句話來說，「稱義」是上帝恩典的工作，而非人任何的功德或公義的行為。

E. 稱義的現在與未來 [26]

「稱義」除了是今天我們就可以享受的地位外，也給予我們一個「未來」的遠景，就如保羅所說：「我們靠著聖靈，憑著信心，等候所盼望的義。」(加五 5)。然而，新約聖經中，這「稱義」的「現在」(今天的實現)，是新約作者們較多強調的。

26 Morris, *The Apostolic Preaching of the Cross*, 258.

7 十架是「愛的啟示」

逾越節以前，耶穌知道自己離世歸父的時候到了。他既然愛世間屬自己的人，就愛他們到底。（約十三 1）。

約翰了解耶穌看自己的死，是對信祂的門徒愛的行動，是「愛以致於死」的行動，而這十架愛的行動是透過為門徒洗腳象徵性地表達出來的。[27] 這個意思在約翰福音十五章 13 節中重現，在那裏耶穌對門徒說：「人為朋友捨命，人的愛心沒有比這個大的。」

基督的十架不單是表達了基督的愛（約壹三 16），也表達了父上帝的愛，因為「上帝愛世人，甚至將他的獨生子賜給他們」（約三 16）；「上帝既不愛惜自己的兒子，為我們眾人捨了，豈不也把萬物和他一同白白地賜給我們嗎」（羅八 32）；「不是我們愛上帝，乃是上帝愛我們，差他的兒子為我們的罪作了挽回祭，這就是愛了」（約壹四 10）。聖子捨己的愛，與聖父賜予聖子的愛是一致的。當然，這上帝愛的行動，與上帝公義的行動，在十架的救贖事件中，是結合得天衣無縫的。

十架的愛，不單是行動，也是啟示，就是上帝將自己的心，向人顯明。正如保羅說：

為義人死，是少有的；為仁人死，或者有敢做的。惟

---

27 參 Raymond E. Brown, *The Gospel According to John* (Garden City, NY: Doubleday, 1966), 550, 563。

> 有基督在我們還作罪人的時候為我們死，上帝的愛就在此向我們顯明了。（羅五7～8）

又如約翰說：

> 上帝差他獨生子到世間來，使我們藉著他得生，上帝愛我們的心在此就顯明了。（約壹四9）。

換句話說，上帝對人的愛，若沒有十字架的啟示，人是不可能有如此深刻的認識和體會的。

8 十架的其他意義

以上簡單闡釋十字架救贖工作的主要意義。在新約聖經中，還提到其他方面的，如：

- 十架是「得榮耀」（約七39，十二16、23，十三31～32）。
- 十架是「得勝」（來二14）。
- 十架是「上帝的智慧與能力」（林前一18～二14）。
- 十架是「愛的榜樣」（約十三15，31～34；約壹四9～11）。
- 十架是「上帝公義的顯明」（羅三25～26）。

9 結論

A. 十架救贖的多元意義

聖經中論及基督十架的意義，是豐富而多元化的。這一方面反映了罪所帶來多元的影響，而十架的行動就是要解決罪的問題；另一方面，這多元的描述也反映了救恩的豐富。十架所成就的救恩，是不可單用某一個救恩詞語(例如：復和)來完全涵蓋的，乃是好像一顆鑽石，有多面的光彩。

在十架救贖多元的意義中，「基督的順服」是聖經作者對十架的一個概括性描述，表達了基督的工作，是為了解決首位亞當的不順服所帶來的困境。「獻祭」也是一個廣闊的名詞，表達基督的死是藉代贖來解決罪的問題。「復和」、「挽回祭」、「買贖」、「稱義」等用詞，卻是要更具體地指出十架的獻祭要發揮的不同功效。其他描述十架的救恩用詞，如：「愛的啟示」、「得榮」、「得勝」等，皆是從不同的角度帶出十架的代贖功能(見圖三)。

圖三：基督十架代贖圖表

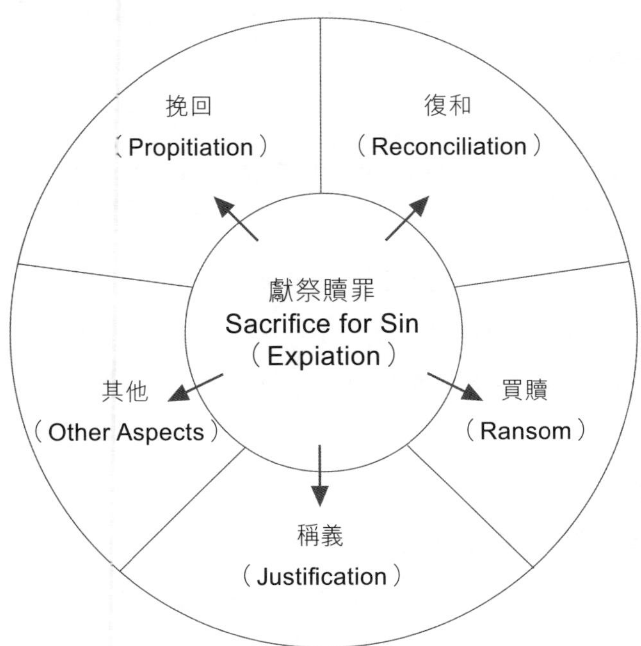

B. 十架救贖工作的客觀性和主觀性

這救贖工作的完成（redemption accomplished）是一個客觀的事實。十架是一件歷史事件；也是永恆聖子的獻上，為父上帝所悅納（藉耶穌的復活高升反映出來；參徒二 32～36；腓二 9～11）。這客觀救贖的基本原理是「代替」（substitution）：基督「為我們的罪死了」（"died on behalf of our sins"），這「代替」的意義，也是新約聖經常常表達的。基督的死若沒有代替性，便不能達致上文所描述的救恩功效了。然而，十架的救贖工作不單是一個客觀的事實，也是一個人可以透過信心領受的救恩，但這主觀的領受，乃是聖靈施行救贖的工作（redemption applied）。而救恩的實施，有過去、現在和未來。當然，也包括了個人、羣體，以及宇宙層面。這些我們在第四章再探討。

C. 十架與復活

十架是彌賽亞（受苦的僕人）一生事奉的高峯、是祂順服的至高表現、也是上帝的愛至深的表達，但這聖子在十架上的救贖工作，必須配合父上帝藉聖靈復活高舉基督，將人帶進生命與榮耀中，方能實現。因為基督不單「代替」（substitute）我們死，祂也「代表」（represent）我們，作我們的元帥，引領我們透過苦難，進入榮耀中（來二 9～10），祂是我們的長兄（羅八 29；來二 11）。祂所走過的路程，我們都要走，而這路程並不止於十架，乃是進入復活的榮耀生命。

三　十架救贖：歷史的發展

聖經對十架救贖工作的詮釋，是基督教救恩觀的基礎；歷代聖徒對十架救贖意義的了解，也帶給我們不少的亮光，幫助我們更明白、更懂得應用此一教義。一方面，歷史神學的亮光，協助我們更明白聖經的啟示；另一方面，聖經的啟示卻是衡量歷代神學思想的準則。

1 初期教會之救贖論

初期教會的神學思想和爭辯，主要集中在基督的神人二性和三一上帝觀上。嚴格來說，初期教會的教父並沒有系統的發展救贖論，而只在他們的著作中，較零碎地提及一些對救恩不同的見解，直到十二世紀安瑟倫寫成他的《上帝為何成為人？》（*Cur Deus Homo*），基督教思想界才開始較全面地探討救贖論的課題。

林榮洪在他的《基督教神發展史（1）：初期教會》一書中，為我們精簡地撮要了教父們的四個救贖觀點：[28]

1. **道德典範**：這觀點看基督的受苦和死亡為信徒之模範，為人效法的對象。比方：基督的殉道成為教會殉道者的模範。按這觀點，十架的價值在於它的教育和道德意義，而

28 林榮洪：《基督教神學發展史（一）：初期教會》（香港：中國神學研究院，1990），頁 203～225。

不是它的代贖意義。

2. **克勝死仇**：這觀點以十架為得勝罪惡、死亡、魔鬼之途徑；基督之死主要是除滅撒但的作為，徹底廢掉死亡與敗壞。近代瑞典神家奧連（Gustaf Aulen）的名著《得勝的基督》（*Christus Victor*；1931 年出版），就是循這觀點詮釋救贖論並以此作為他的「古典理論」的。
3. **聖化不朽**：這是「提升生命」的救贖觀點，是許多教父都有提及的一個救贖觀，而其中最著名的，自然是四世紀的亞他拿修，他認為人被造時並非不朽，但上帝的心意是叫人承受不朽的生命；他更認為，基督道成肉身，成為人，是為了使我們的生命得以聖化。
4. **代贖犧牲**：十架作為代贖犧牲，是聖經中明確的提示。西方教父（如奧古斯丁）看基督之死為一種與上帝之交易、一種贖價，以換取世人之救恩；一些東方教父（如俄利根）則喜歡以十架為上帝與魔鬼鬥智的方式。

以上四種觀點，綜合了教父們最重要的救贖論，反映了救贖意義的多元性。教父們觀點有不少的重疊，而同一位教父往往也有幾個不同的觀點，這些現象都顯示，初期教會教父們對救贖觀缺乏系統性的研究。值得一提的是：教父們都相信，十架是客觀的歷史事實，也帶出主觀的救贖功效，這對後世的神學研究有示範的作用。

2 歷代主要之救贖論

A.「贖價/得勝」論

「贖價」(ransom)救贖論，在教會首一千年中，是非常流行的救贖觀點。東方教父尤其喜歡這論點，其中不少認為，天父將基督交給撒但，作為贖價，而撒但也以為，基督在十字架上已受控制；誰知，由於基督具有神性，祂能以得勝撒但與死亡，「藉著死，敗壞那掌權的，就是魔鬼」，以致人可以從撒但手中得著釋放，重獲自由。其後，上帝蒙騙撒但的意思加了進去，比方：拿先斯的貴格利認為，父上帝以耶穌為魚餌，引撒但上當，而基督那隱藏的神性，使撒但敗退。但漸漸的，許多人對這種構思失去信心，他們懷疑撒但有何資格，接受基督作為贖價；而上帝欺騙撒但的觀念，也似乎是不可想像的。「贖價」救贖論變得問題多多。當然，「贖價」作為十架的工作的一種詮釋，大家都同意是聖經的教導。

北歐神學家奧連的救贖論，以十架為「得勝的贖價」，對當代神學有很大的影響。奧連以基督的受死為一宇宙性的爭戰，帶來上帝的得勝(victory)，使上帝與世界復和。這是一個客觀、宇宙性的救贖工作。奧連認為，這得勝的救贖論是教會的「古典理論」(classical view)，有別於「拉丁理論」(Latin view)及「主觀理論」(subjectivist view)。他看「古典理論」為初期教會教父(特別是愛任紐〔Irenaeus，約130～約200年〕)，和改教者路德的立場；「拉丁理論」則是西方教會在中世紀開始提倡、以滿足法律和公義為十架主要功能的救贖觀；而「主觀理論」則是以人本為基礎的救恩觀。奧連以「古典理論」為教會之正統，為救贖論全面之觀點。

奧連看基督的寶血和代替，是上帝與黑暗勢力的爭戰，而至終上帝得勝了，將人釋放。[29]

奧連的救贖論點，近年受到不少的批判，特別是他的歷史判斷。路德學者阿特侯斯（Paul Althaus）認為，奧連對路德的詮釋是錯誤的，因為路德的作品顯示，路德的救贖論，重點不在「贖價—爭戰—得勝」，乃在「上帝忿怒—罪辜—滿足公義要求」上；後者是主線，而前者是較為次要的。[30] 阿特侯斯的批判是有根據的。里涵（Robert Letham）也有同樣的批評。[31] 里涵還有另外兩點評論：

1. 奧連看十架救贖為完全是上帝的工作，忽略了基督的人性，有「幻影説」的影子。
2. 奧連看救贖為一宇宙性的爭戰、得勝與復和，而「罪」在其中似乎沒有地位；但明顯地，在新約聖經中，「罪」是救贖工作必須解決的問題，奧連在這方面卻完全忽視了。

總的來説，奧連的立論在歷史神學的判斷上是值得商榷的。另一方面，「基督是得勝者」這救贖主題，雖然是新約其中

29 參 Gustav Aulen, *Christus Victor*, trans. A. G. Hebert（New York: McMillan, 1986）；Hugh D. McDonald, *The Atonement of the Death of Christ*（Grand Rapids, MI: Baker, 1985）, 258 ～ 265。

30 Paul Althaus, *The Theology of Martin Luther*, trans. R. C. Schultz（Philadelphia, PA: Fortress, 1966）, 218 ～ 223.

31 Robert Letham, *The Work of Christ*（Downers Grove, IL: IVP, 1993）, 162.

一個重要主題，卻肯定不是奧連所言、是救贖論全面的觀點（a comprehensive view）。

B. 滿足論／代受刑罰論

(i) 安瑟倫

安瑟倫是教會歷史中第一位有系統而全面地闡釋十架「滿足論」（satisfaction theory）的神學家。這救贖論的精義是指出，基督的死，乃是為了滿足上帝公義的要求，就是代替罪人承受刑罰的行動；因此，在宗教改革以後，這論點也被稱為「代受刑罰論」（penal substitution theory）。其實，安瑟倫並不是第一位提出這論點的人，許多教父皆曾提及這一救贖理論，[32] 而教父學者凱利也確定，這論點是初期教會一個重要的救贖論。[33]

在《上帝為何成為人？》一書中，安瑟倫清楚而有條理地說明基督的死，如何代替人類向上帝付上罪的代價。[34] 安瑟倫不贊成用「買贖」（ransom）來解釋十架，因為「買贖」理論以撒但為有資格取得贖價，也容易落入「上帝欺騙撒但」這近乎荒謬的構思。

安瑟倫的論點可撮要如下：

1. 人犯了罪，得罪上帝，虧欠了上帝的榮譽（honor），這個

32 參 Letham, *The Work of Christ*, 163 ～ 164。

33 John N. D. Kelly, *Early Christian Doctrines*（New York: Harper & Row, 1960）, 375 ～ 386.

34 St. Anselm, *Basic Writings*（La Salle, IL: Open Court, 1992）, 191 ～ 302.

虧欠若不得到滿足（satisfaction），人會受到應得的懲罰（punishment）。

2. 上帝不能毫無條件地取消人對祂榮譽的虧欠；若是這樣，上帝會成為不義的上帝，而整個道德秩序也會失去效能。
3. 人沒有能力滿足對上帝榮譽之虧欠，因此需要另一個人代替他滿足此虧欠。
4. 這位代替者必須是上帝又是人。祂必須是上帝，因為世人對上帝的虧欠是廣闊無限的，需要一位有無限價值的上帝來滿足；這代替者也必須是人，因為是人虧欠了上帝。因此，道成肉身的「神人」基督是最合適的人選。
5. 基督的一生，完全聖潔和榮耀天父，滿足了父上帝的榮譽，所以按理來說，祂不必死。然而，為了人類的罪，祂甘心樂意的死在十架上，為要代替人類滿足對上帝榮譽的虧欠。因著基督這自發性的行動，天父便將救恩賞賜予人。

安瑟倫的滿足論為教會帶來一個客觀的贖罪論。基督的死為世人提供了人對上帝榮譽虧欠的滿足 —— 罪的赦免與良心的潔淨。然而，他的救贖論有兩個限制：首先，他的上帝就像一位中世紀的君主，容易感到被得罪又容易發怒；其次，基督的死如何臨到信靠祂的人，卻沒有清楚的交代。但無論如何，他的立論成為其後福音派信仰、代受刑罰論的先導。

（ii）路德與加爾文

宗教改革者路德看基督的死為一個獻祭，祂擔負我們的罪，帶給我們赦罪與復和，[35]為要滿足上帝的公義。路德看上帝的兒子的十架，為一代受刑罰的受苦行動，滿足了上帝律法的要求，為人受了咒詛（加三 13）；祂是那受苦的僕人（賽五十三 5）。路德看基督的十架主要為「代受刑罰」（penal substitution）的行動。

加爾文的看法也相近。加爾文看基督的死為上帝親自代替人承擔罪的刑罰，是上帝愛的表現；基督在十架上死，不單承擔人的罪辜，更承擔人應背負的咒詛；十架滿足了上帝公義的要求，挽回了上帝的忿怒；十架也是基督一生順服的高峯。[36]加爾文認為，〈使徒信經〉中的「降在陰間」，其實是喻指基督十架上，至深經歷了上帝的忿怒，以及陰間的痛苦。[37]

（iii）近現代的福音派信仰

加爾文以後，近現代的福音派信仰，都以「代受刑罰論」為主要的救贖理論。這方面的著作甚多，下列學者是較為顯著的：

- **杜仁田**（Francis Turretin，1623 ～ 1687 年）：瑞士加爾文派神學家。[38]

35 Letham, *The Work of Christ*, 165; McDonald, *The Atonement of the Death of Christ*, 181 ～ 186.

36 Letham, *The Work of Christ*, 165 ～ 166; McDonald, *The Atonement of the Death of Christ*, 187 ～ 192.

37 John Calvin, *Institutes of the Christian Religion*, ed. J. T. McNeill, trans. F. L. Battles（Philadelphia, PA: Westminster Press, 1967）, Book II, Ch.16, Section 10.

38 Francis Turretin, *The Atonement of Christ*, trans. J. R. Willson（Grand Rapids, MI: Baker, 1978）.

- **霍奇**（Charles Hodge，1797 ～ 1878 年）：美國改革宗神學家，任教普林斯頓神學院（Princeton Theological Seminary）三十年。[39]
- **鄧尼**（James Denney，1856 ～ 1917 年）：蘇格蘭神學家。[40]
- **柏克富**（Louis Berkhof，1873 ～ 1957 年）：荷蘭裔美國改革宗神學家。[41]
- **斯托得**（John Stott，1921 ～年）：當代英國聖公會牧師，聖經學者及教授，著名福音派領袖。[42]
- **巴刻**（James I. Packer，1926 ～年）：當代英國改革宗神學家。[43]
- **尼羅哲**（Roger Nicole，1915 ～年）：當代美國著名神學教授。[44]
- **古德恩**（Wayne Grudem，1948 ～年）：當代美國聖經學者及神學作家。[45]

---

39 Charles Hodge, *Systematic Theology*, vol. 2（Grand Rapids, MI: Eerdmans, 1970）, 480 ～ 527.

40 James Denney, *The Death of Christ*（London: Hodder & Stoughton, 1911）.

41 Louis Berkhof, *Systematic Theology*（London: Banner of Truth, 1966）, 373 ～ 383.

42 John Stott, *The Cross of Christ*（Leicester: IVP, 1986）.

43 James I. Packer, "What Did The Cross achieve? The Logic of Penal Substitution,"（Tyndale Lecture）, *Tyndale Bulletin* 25（1974）: 3 ～ 45.

44 Charles E. Hill and Frank A. James III eds. *The Glory of the Atonement: Essays in Honor of Roger R. Nicole*（Downers Grove, IL: IVP, 2004）.

45 Wayne Grudem, *Systematic Theology*（Grand Rapids, MI: Zondervan, 1994）.

（iv）對「代受刑罰論」的批判和辯論

學者里涵指出，在近代神學中，「代受刑罰論」受到嚴厲的批判。他簡單地介紹了這些批判，並作了一些很適切的回應：[46]

■ 無罪的受罰、有罪的得釋？

這個批判直指上帝的公義，認為「代受刑罰論」陷上帝於不義。里涵卻認為，基督代受我們應受的刑罰，本身並無不妥。首先，罪人的罪並沒有受到忽視，乃是在基督身上受到上帝律法上的制裁和應有的懲罰；基督不單是我們的代替（substitute），也是我們的代表（representative），信徒藉著與基督聯合，得著基督代死之好處、還清了罪債、獲得了自由，是公平和公義的。其次，人在亞當裏是「沒有指望、沒有上帝」的（弗二 12），若不是基督，難逃上帝的忿怒與審判，因此，基督的代贖是上帝恩典之供應。

■ 上帝是否喜愛義人受苦？

這個批判指出，上帝看著耶穌受苦，似乎是一位虐待狂者。但里涵卻認為，如此批判似乎不合理。如果我們知道那受苦者是誰，就沒有這樣的想法了。耶穌基督是與父一體的聖子，是聖父的獨生愛子，祂樂意的順服父，為了愛屬祂的人，走上十架道路。這是一幅愛的圖畫。三一上帝中父與子是合為一的，是捨己擔負世人罪孽、慈愛的上帝。

46 Letham, *The Work of Christ*, 136 ~ 139.

■ 救恩豈能從律法角度來看？

這個批判指出，從法律（或律法）的角度看救恩，似乎是冰冷、非位格性，以及商業買賣式的。里涵卻認為，律法在聖經中有崇高地位（詩一篇，十九 7～12 等），律法也是良善的、從上帝而來的（羅三 31，七 12、14 等）。「律法的義」也是基督十架在信徒身上所要成就的（八 4）。此外，里涵還指出，是上帝的愛引發上帝差遣基督來為我們贖罪：上帝的愛是公義的愛，祂的公義也是愛的公義；十架表達上帝要求律法的公義，也同時表達了上帝無比的愛。假若我們看到這一點，感恩是一個人適當的回應，而「代受刑罰」的觀念，也顯得合情合理，而不是冰冷的了。

當代一些神學家對「代受刑罰論」的多方攻擊，間接激發福音派學者的研究著作。其中三位英國學者合力寫了《為我們的過犯被釘》（*Pierced for Our Trangressions: Rediscovering the Glory of Penal Substitution*）一書，[47] 一方面從聖經、神學、牧養、歷史，正面闡釋「代受刑罰論」的重要性和豐富涵義；另一方面，也針對批判者的指控，作了有效的護教，他們極力證明，「代受刑罰」不單合乎聖經教導、適切現代文化，並且絕對沒有鼓吹上帝用暴力解決罪惡問題；這教義不單符合公義原則，更不會使人錯誤認識上帝，並且對基督徒的生活有益無損。這一本適切時代、內容充實的神學護教著作，為「代受刑罰論」作了有力的辯道。

---

47 Steve Jeffery, Mike Ovey and Andrew Sach, *Pierced for Our Transgressions: Rediscovering the Glory of Penal Substitution* (Leicester: IVP, 2007).

總的來說，「代受刑罰」是聖經啟示的一個重要的十架救贖論，也是歷代正統信仰對救恩的一個重要詮釋，近現代學者對它的批判，往往反映了批判者的偏見和錯解。

C.「道德影響」論

一般使徒教父對基督的十架，多從道德的角度去了解。羅馬的革利免（Clement of Rome）、坡旅甲（Polycarp）等人，都以基督的受死為信徒捨己和殉道的榜樣。二世紀的護教士（apologists），為了吸引教外人士，在宣講福音時，也多以基督為教師、為典範，作為主要的信息，對代贖的道理自然就不多提了，而著名的殉道者游斯丁（Justin Martyr）更是其中的典型例子。

中世紀法國神學家阿伯拉德（Peter Abelard，1079 ～ 1142 年），大力批評「買贖論」與「滿足論」，認為基督道成肉身、釘十架的目的，乃是引發人對基督的愛，而非甚麼的代替或代贖。阿伯拉德認為，基督的一生表彰上帝的愛，而最明顯的表達是在十架上；十架的愛引發了人內心愛的回應，使人得以更新與上帝的契通，在上帝面前稱義和復和，而這愛又引發人改過自新，不再犯罪。[48] 阿伯拉德的論點確立了基督十架的道德影響與價值，正確指出十架乃上帝愛的啟示；然而，「道德影響」論（moral influence theory）一面倒的強調十架的主觀意義，忽略那客觀的代贖意義，因此並未能提供足夠的理據，回答十架如何能救人脫

48 McDonald, *The Atonement of the Death of Christ*, 174 ～ 180.

離罪的刑罰和綑綁，因此不可以稱為全面的救贖論。

十九世紀自由主義的救贖觀，與阿伯拉德的理論有相似之處。自由神學之父士來馬赫認為，基督的受苦受死，並非代受刑罰的行動，乃是表達基督對上帝的至高自覺（God-consciousness），這自覺引發信徒心中願意行上帝的旨意。對士來馬赫來說，基督走上十架，不是為人贖罪，而是代表人類進入「離罪—經歷上帝自覺」的宗教體驗，影響人經歷對上帝的自覺，離罪行義，而救恩的意義，就是在此。[49] 這是一個完全主觀的救贖論，因為它完全否定了基督的死有任何客觀的贖罪果效，而只是為信仰羣體帶來敬虔的情操。

十九世紀後期德國的自由神學代表立敕爾，將宗教知識完全界定在價值判斷方面。立敕爾認為，「罪的國度」乃是產生於羣體生活一切試探的總和，人參與這國度是由於無知；立敕爾拒絕一切傳統救贖論的觀念：如公義、滿足、代刑等。對他來說，罪辜不是一種客觀的罪的責任，乃是一種主觀的、人對上帝的疏離感，以及人對上帝旨意的不信，而救贖乃是除去對上帝的不信，進入與上帝契通的經歷中；基督的工作乃是透過祂的生與死，使我們與主聯合，以達致與上帝契通。因此基督是救主，但救恩（即：稱義、赦罪、復和）對立敕爾來說，並不是除罪的客觀過程，乃是一種「受基督的生與死的感化，在宗教羣體中，肯定天國的道德要求，並實踐之」的主觀過程。這與阿伯

49 Friedrich Schleiermacher, *The Christian Faith*, trans. H. R. Mackintosh and J. S. Stewart (New York: Harper & Row, 1963), 476～524; McDonald, *The Atonement of the Death of Christ*, 208～215.

拉德的「道德影響」論有異曲同工之妙，只是阿伯拉德強調上帝的愛，而立敕爾則強調基督的道德生活、人生使命，以及天國意識。因此，我們對阿伯拉德的評論也大致上適用於立敕爾。[50]

D. 管治理論

十七世紀荷蘭神學家與法學家格魯修（Hugo Grotius，1583～1645年）主張，在處理罪的問題上，我們當認識上帝為一宇宙的治理者，祂用法律來維持宇宙及社會中的良好秩序。格魯修認為，懲罰罪惡，目的是為了管治世界；而基督被釘十架，乃是上帝要幫助人明白，犯罪者不能不受刑罰，且以身作則來表明祂是高度的尊重律法者。基督的受死，並非罪的代贖，乃是為了世界的管治，因為上帝放寬了加諸犯罪者的刑罰，又將這放寬了的律法要求加諸基督身上。如此看來，格魯修看十架，只不過是上帝一種智慧的抉擇，是基於功利（utilitarian）原因的行動，而非出自上帝自己公義的屬性。[51]

這理論看上帝為一智慧的統治者，在小心衡量不同的可能性後，決定那最能倡導道德生活的行動。格魯修看上帝與一位十七世紀荷蘭的法學家無異。這理論忽略了上帝的公義本性

---

50 參 Hugh R. Mackintosh, *Types of Modern Theology: Schleiermacher to Barth*（London: Nisbet & Co. Ltd., 1954）, 149～172；McDonald, *The Atonement of the Death of Christ*, 215～220。

51 Letham, *The Work of Christ*, 167～169；McDonald, *The Atonement of the Death of Christ*, 203～207.

與十架的密切關係，也否定了基督在十架上的代受刑罰，是為了滿足上帝公義的屬性要求。在格魯修的構思中，十架的行動本身並沒有必要，只不過是上帝經過考慮後的一種功能性的抉擇。十架成了上帝「武斷」(arbitrary)的行動。格魯修提倡管治理論(governmental theory)，是要以之取代滿足論/代受刑罰論。

E.「認同悔改」論

十九世紀蘇格蘭神學家坎伯爾(John McLeod Campbell，1800～1872年)，在他的著述《贖罪論的本質》(*The Nature of the Atonement*)中指出：(1)在上帝與人的關係中，最基本和最重要的事實，是道成肉身，而不是十字架(「道成肉身」指由降生至受死、復活的整個經歷)；(2)代受刑罰論從法律的角度看救贖，它應被人倫及人際關係的模式所取代。基督受苦的價值不在於其代受刑罰，乃在於其屬靈的影響；(3)贖罪的完成，不是基督代人承受了上帝的義怒，乃是基督站在人的地位，完全順服於上帝而認罪和悔改(repentance)。愛德華滋(Jonathan Edwards)曾說，贖罪所需要的，「要就是相應的刑罰，不然就是相應的悲痛及悔改」，愛德華滋選擇了前者，而坎伯爾則選擇了後者。

此外，贖罪論包括「回顧」及「前瞻」兩方面，前者指基督顯示父上帝對人的愛，祂為我們那些叫父上帝憂傷的罪而悔改，而祂的悔改有救贖的價值；後者則指基督那無盡的愛和至死的順服，為我們帶來罪的釋放、兒子的名分，叫我們活出新生命的樣式。[52]

坎伯爾從教牧的角度看救恩，將救贖論建基於上帝的愛，而非上帝的公義。坎伯爾所提倡的「認同悔改」論（vicarious repentance）的主要經文支持有：

1. **民二十五 10～13**：非尼哈站在以色列民的地位上，與選民認同，承認他們的罪，為選民「贖罪」。
2. **來十 7、9**：耶穌道成肉身，為要遵行神旨，作為神人之間的調停人，成就救恩。

坎伯爾的理論近年在著名學者巴特和多倫斯兄弟（Thomas & James Torrance）的推崇下，再度受到重視和正面的評價。（坎伯爾的理論在他自己的時代被正統教會定性為異端！）我們認為，這理論有它的優點：（1）正視罪是得罪上帝的行為；（2）將基督的救贖工作建基於基督對父上帝及人類的愛，和父上帝對基督及人類的愛上。

然而，作為一個贖罪論，我們認為，「認同悔改」論，要面對以下的問題：

1. 聖經看贖罪的核心是在十架和復活，而非道成肉身。
2. 基督耶穌，一位完全聖潔無罪、又從沒有犯罪意識的人，

52 McDonald, *The Atonement of the Death of Christ*, 221～226；《當代神學辭典》，上冊，楊牧谷編（台北：校園，1997），頁 178～179。

怎能有「悔改」的行動呢？

3. 坎伯爾拒絕一切的「代替」觀念。因此，他從來沒有解釋基督的悔改怎樣成為我們的悔改。

4. 若人類只需要「認同悔改」，基督又何須死在十架，承擔罪的咒詛？但單以愛心的同情，是否能徹底解決聖潔公義的上帝，對罪所發出的義怒？

十九世紀美國自由主義神學家布士內納（Horace Bushnell，1802～1876 年），與坎伯爾一樣，以愛代替公義，作為救贖論的基礎。布士內納於一八六六年，出版了《認同獻祭》（*Vicarious Sacrifice*）一書。布士內納認為，基督的受苦、受死並不是為我們代受刑罰，乃是在愛中與我們認同，為人承擔重擔；祂不是代人受罰，乃是藉愛的同情，與人認同，使人內心與上帝和好，帶來神人之復和。這是一個較主觀，近乎「道德影響」的救贖論。然而，布士內納的理論雖較坎伯爾的理論主觀，他仍強調救贖有其客觀的「認同性」（vicarious nature），只是否認罪與刑罰之間有必然的關係。[53]

3 一些當代神學之救贖論

A. 實存主義的救贖論

二十世紀有兩位神學家，代表了「實存主義」（existentialism）的進路，他們是布特曼和田立克。

53 參 Letham, *The Work of Christ*, 170～171。

德國之新約學者布特曼認為，歷史上的耶穌，對基督教信仰並不重要；新約聖經對救恩的教導是「神話」、透過古代的世界觀來表達那永恆的真理；而這「神話」須藉「非神話化」的過程，才能找到那真正的信息。對布特曼來說，「稱義」乃是從「非真實存有」(inauthentic existence)改變而為「真實存有」(authentic existence)，而「復和」則是上帝使人超越疏離。布特曼認為，基督的救贖工作，在新約中不單是以代受刑罰或獻祭的形像，也以得勝和得釋放的形像來表達；這些形像所要帶出的，是基督的受死與復活對個人和宇宙的意義；最終來說，救恩是人藉信心得以進入「真實存有」，活出人真正的潛能，而「信心」是人每天要作的實存抉擇。對布特曼來說，「基督事件」藉著宣講透過信心、在此刻與主相遇的事件，使人可以過一個真實的人生。布特曼看十架，不是一件客觀的歷史事件，乃是「個人」與「十架形像」相遇的實存事件，使人可以得著自由，過一個信心的生活。

實存神學家田立克的看法也相似。田立克認為，歷史上的耶穌是怎樣的，已不清楚，也不要緊；要緊的是，耶穌是第一位成為「基督」的人，就是第一位勝過「罪」的人，而「罪」對現代人來說，是指「自我疏離」(self-estrangement)的境況。耶穌成為基督，成為「新存有」(the new being)，使人可以跟隨祂。田立克認為，救恩對現代人來說，是被醫治、實現人的潛能之過程，使上帝與人、人與世界、人與自己復和。田立克重新定義了救恩過程的三個階段：(1)重生即參與「新存有」；(2)稱義即接納「新存有」；(3)成聖即被「新存有」所更新。[54]

實存主義的救贖論的最大問題，是將一切歷史事件和客觀事物實存化，以致救恩被約化為一非歷史性、非時間性、完全主觀的個人信心經驗。這樣，「道成肉身」變成非歷史性的事件，而耶穌的死也就失了其實質意義了。另一個問題是，實存主義神學（existential theology）假設聖經中的世界觀、神蹟等皆不合乎現代科學，因此需要「非神話化」（布特曼），而在這過程中，容易將聖經中基督的救贖工作也洗掉了。布特曼與田立克在致力於福音的現代化之同時，顯然犯了一個嚴重的錯誤，就是將福音中超自然的元素完全除掉，也將救恩的贖罪意義完全忽視了，這是得不償失的。

B. 莫特曼：「被釘上帝」的救贖論

德國當代神學家莫特曼，看十架為耶穌被父上帝所棄的歷史事件。然而，若耶穌是上帝，十架也就是「上帝被釘」的事件了。

基督為何被釘？為何被棄？莫特曼認為，聖子被釘被棄乃是與世上受苦、被棄絕的人認同；而聖父讓獨生愛子被釘被棄，自己也受苦，並且也與受苦的人類一同受苦。面對二十世紀多次人類的大災難，如猶太人被屠殺、二次大戰、核子武器的威脅、大飢荒、種族滅絕等，莫特曼有一個清楚的信息：上帝站在受苦者的一邊，與他們認同。不但如此，在十架事件上，「受苦」成了上帝本性的一部分。[55] 莫特曼十架的詮釋突出

54 David F. Wells, *The Search for Salvation*（Leicester: IVP, 1978）, 75～94.

55 Jürgen Moltmann, *The Crucified God: The Cross of Christ as the Foundation and*

上帝與人認同的愛，使人感受到上帝的同情、關懷，他的神學也為拉丁美洲的「解放神學」（liberation theology）提供神學的理據。然而，這樣的救贖論也有它的問題與限制：（1）莫特曼集中處理社會性和集體性的罪，而忽略了個人的罪；他強調人得罪人，而忽略了人得罪上帝；（2）強調上帝站在貧窮人和被遺棄者的一邊，有以偏蓋全的危險；因為富足的人若是虛心的尋求上帝，也是蒙福的（太五 3）；（3）將現今社會的不公平現況「讀進」聖經教義中，容易產生偏差。[56]

C. 解放神學的救贖論

近代解放神學起源於拉丁美洲，包括天主教神學家如古鐵雷斯（Gustavo Gutiérrez）和基督教神學家如博尼諾（José M. Bonino）等人。解放神學的立論有兩個基本前設：（1）神學思想從實踐（praxis）開始，神學乃是對實踐的反省；（2）神學架構中「末世」的盼望是重要的：受了莫特曼「盼望神學」的影響，解放神學家看歷史是開放的，是有新的可能性的，也是屬地的（有別於傳統神學中的「天堂」），包括了如莫特曼所言「人的人性化、人性的社會化、宇宙的和平」等遠景。

解放神學的「救恩」是「人性化」（humanization）的過程，上帝的救贖工作是表現於政治、社會、經濟的解放中。古鐵雷斯認為，上帝的旨意是拯救全人類，因為全人類皆「在基督

Criticism of Christian Theology, trans. R. A. Wilson and John Bowden（London: SCM Press, 1974）, 145 ～ 153.

56 參 Letham, *The Work of Christ*, 173 ～ 174。

裏」，雖然不是人人都知道這事實；「信心」乃是人自覺地向上帝、向人開放，而「歸主」乃是人參與「社會—經濟」解放的開始。解放神學家看基督的救贖工作，目標不在拯救個人，乃在改變及更新社會及政治結構，使上帝國實現於地上。

解放神學認為，基督教救贖論應包括社會、政治、經濟的更新和改變。它的信息為福音派信仰帶來很好的提醒。然而，它最大的問題是忽略/否定個人的得救，將「罪」、「救恩」、「教會」等聖經觀念重新詮釋，令它們面目全非，失去了聖經中原有的意思。[57] 正如福音派學者康恩（Harvie Conn）所言：「救恩變成經濟、政治解放；基督論變成愛鄰舍；末世論變成政治；教會變成人類；而聖禮則變成人性的一體。」[58]

D. 巴特——「道成肉身」的救贖論

瑞士新正統神學家巴特強調，道成肉身是救贖論之基礎：基督藉著道成肉身，與全人類聯合；照樣，祂也藉著十架，為全人類而死，這是上帝的心意，而假若這心意得以成就，全人類將會得救。因此，巴特的「道成肉身」的救贖論有「普救論」的傾向。[59] 另一個令人覺得他有「普救論」傾向的原因是：巴特看基督的贖罪工作是完全客觀的、是一件已成就的歷史事件、

57 Wells, *The Search for Salvation*, 119 ～ 139; Gustavo Gutiérrez, *A Theology of Liberation*, trans. C. India and J. Eagleson（Mary Knoll, NY: Orbis Books, 1988）, 83 ～ 105.

58 Carl Armerding, ed., *Evangelicals and Liberation*（Nutley, NJ: Presbyterian and Reformed, 1977）, 82.

59 參 Letham, *The Work of Christ*, 32, 171 ～ 172。

是基督為人類所作成的工作，因此救恩不在乎人信心的領受。如此推論，則全人類都「在基督裏」得救了。

巴特「道成肉身」的救贖論，也與他其他神學思想配合：(1)救恩完全是上帝白白、主權性的恩典；(2)上帝主動與人立約：這「約」是上帝在創世之前與人所立的，目的是要與人建立關係。而救恩(復和)的成就，只不過是「約」的具體實現；[60] (3)上帝的揀選與預定；集中在基督耶穌的身上——基督是那被棄絕的，也是那蒙揀選的，而全人類在基督裏皆蒙揀選，聽到上帝「肯定」(yes)的聲音(參本書第五章)。巴特的救贖論中有「代受刑罰」的元素，也有「買贖—得勝」的元素。無論如何，對巴特來說，基督的救贖對普世的人皆有效，而人的信或不信，不會增加或減少其效能；人所能作的，只是承認上帝所作的，並稱頌上帝。雖然巴特否認自己是「普救論者」，他的救恩神學似乎都指向此一方向。[61]

四　綜合與應用

1 綜合

A. 多元的救恩

歷代教會的救贖論，是多元和充滿姿采的，正如上文所說，反映了罪的多元影響，以及基督所成就救恩的多元性和豐

---

60 Wells, *The Search for Salvation*, 54～58.

61 Letham, *The Work of Christ*, 171～172; Wells, *The Search for Salvation*, 67～68.

富性。每一個救贖論對基督十架的詮釋，皆有其角色及正面的價值，但大概沒有一個理論是完整和完全的。假若一個理論聲稱自己是完整的（例如：奧連的「得勝論」），它就是言過其實了，也就容易落入以偏蓋全的偏差中。

B. 分辨與建構

歷代正統教會的救贖論，以「買贖/得勝論」和「滿足論/代受刑罰論」為主，輔以其他如「道德影響論」等；近現代（十八至二十世紀）的救贖論，則多受自由主義、實存主義和馬克思主義之影響，對聖經中及正統神學之贖罪論頗多負面批判。福音派教會除了學習從不同立場吸取一些精華、建構一種多元而豐富的救贖論外，亦應慎思明辨，依據聖經啟示，建立根植於上帝話語、又適切時代的救贖神學，為華人教會的福音事工和信徒生活打好根基。

C. 綜合理論之可能

救贖理論大致可分為「客觀」和「主觀」兩大類。「客觀」理論當然地有其主觀應用，而「主觀」理論也需要尋找其客觀救贖基礎，否則便會流於虛浮。後頁的圖四表達了各種理論之可能配搭。

2 十架救贖的應用

A. 個人生命

信徒藉信心與主同死，不單帶來赦罪、免受刑罰、得稱為

圖四：十架救贖論綜合圖

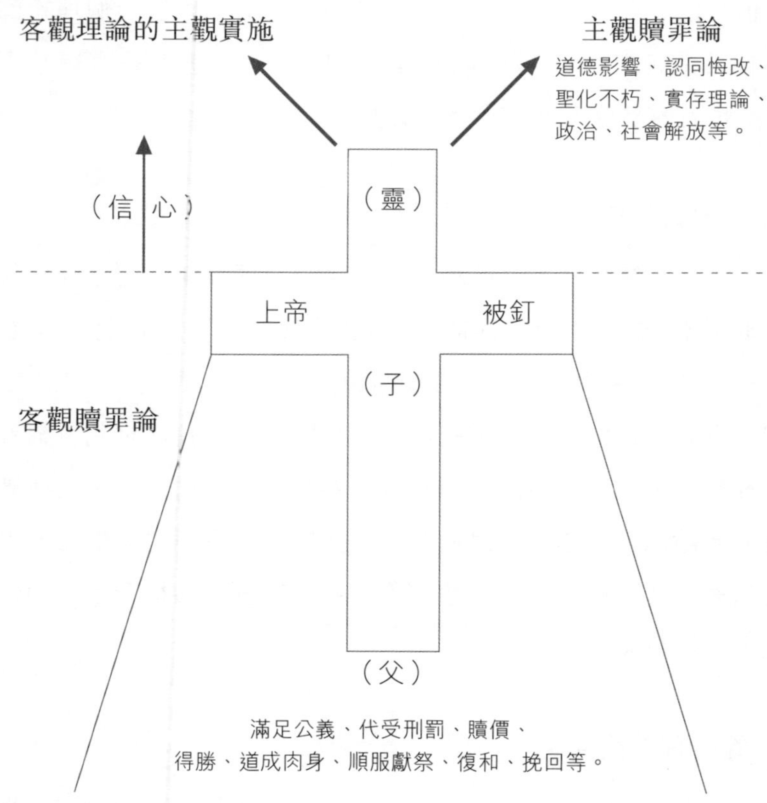

義，並且得以打破罪權、從罪中得釋，可以享受自由的新生，事奉那永活的上帝（來九14）。十架救贖除去罪和死亡的綑綁，為新生命打下美好的根基。主已得勝，信徒因此有得勝的把握。與主的死聯合，是與主的復活生命聯合的先導。

B. 教會宣講

基督十架豐富的內涵，為福音的宣講帶來多元化、卻都是以基督為中心的信息。面對不用文化、性別、年齡、處境、需要的人，教會都應有不同的信息，不要千篇一律，把福音約化為一個方程式。此外，十架道理對世人來說是愚拙的。教會很容易投其所好，把「絆腳石」去掉；如此做法是不智的，因為這絆腳石就是基督的十架，沒有十架，便沒有福音了。

C. 整全救恩

基督的十架很重要，但並非全面的救贖。它須與復活、升天、賜下聖靈、再來等歷史事件結合，才能帶出整全的救恩。在佈道、教導、門徒生活、事奉裝備中，讓基督整全的救恩成為我們的資源，使各人在基督裏得以完全（西一 28）。

討論問題

1. 基督的十架有何重要性？保羅說：他「只知耶穌基督並他釘十字架」這句話，容易/曾經帶來怎樣的誤會？我們又如何避免這些誤會？
2. 「童女生子」的教義，在近現代神學界引起怎樣的反對？試分析各種反對因由，並回應之。
3. 「童女生子」的教義，對現代華人教會，有何反面和正面的意義？試討論之。
4. 基督在十架上的順服和獻祭為何如此重要？二者之間有何關係？
5. 「挽回祭」(propitiation)在一些聖經譯本中，為何被譯為「贖罪祭」(expiation)？你同意嗎？原因何在？請說明之。
6. 「復和」是甚麼意思？為何先要「解決上帝對人的敵視」而非反之？試引用經文論述之。
7. 「贖價」的救贖功能為何？與「稱義」有何分別？
8. 奧連的救贖論有甚麼特色？試從聖經神學及歷史神學兩方面評論之。
9. 「代受刑罰論」的主要立論為何？這救贖論在近現代受到怎樣的批判？你認為這些批判公允嗎？試討論之。
10. 「道德影響論」為何被稱為主觀救贖論？這理論的價值何在？其問題又何在？
11. 「管治理論」與「代受刑罰論」二者有何異同，試比較之。
12. 「實存主義」神學家如何看基督十字架的意義，你同意他們的看法嗎？為甚麼？

13. 莫特曼的神學與解放神學之間有何關係？你認為他們正面的貢獻在哪裏？錯誤又在哪裏？
14. 為何有人說，巴特的救贖論容易引致「普救論」？你同意嗎？試評論之。
15. 若你要綜合各種贖罪論，建構為一較全面的理論，你會如何構思？請用圖表以說明之。

參考書目

Althaus, Paul. *The Theology of Martin Luther*. Translated by R. C. Schultz. Philadelphia, PA: Fortress, 1966.

Aulen, Gustav. *Christus Victor*. Translated by A. G. Hebert. New York: McMillan, 1986.

Brunner, Emil. *The Mediator*. Translated by Olive Wyon. Philadelphia, PA: Westminster Press, 1947.

________. *The Christian Doctrine of Creation and Redemption*. Translated by Olive Wyon. Philadelphia, PA: Westminster Press, 1952.

Berkhof, Louis. *Systematic Theology*. London: Banner of Truth, 1966.

Brown, R. E. *The Gospel According to John*（The Anchor Bible）. 2 vols. Garden City, NY: Doubleday and Company, Inc., 1966.

Barclay, William. *The Gospel of Luke*. Philadelphia, PA: Westminster Press, 1975.

Calvin, John. *Institutes of the Christian Religion*. Edited by J. T. McNeill. Philadelphia, PA: Westminster Press, 1967.

Campbell, J. Mcleod. *The Nature of the Atonement*. Edinburgh: Handsel Press, 1996.

Denney, James. *The Death of Christ*. London: Hodder and Stoughton, 1911.

Fee, Gordon D. *The First Epistle to The Corinthians*（NICNT）. Grand Rapids, MI: Eerdmans, 1987.

Freedman, D. N., ed. *The Anchor Bible Dictionary*. Vol. 5. New York: Doubleday, 1992.

Grudem, Wayne. *Systematic Theology*. Grand Rapids, MI: Zondervan, 1994.

Gutiérrez, G. *A Theology of Liberation*. Translated by C. India and J. Eagleson. Mary Knoll, NY: Orbis Books, 1988.

Hill, Charles, and Frank James III., eds. *The Glory of the Atonement: Essays in Honor of Roger R. Nicole*. Downers Grove, IL: IVP, 2004.

Hodge, Charles. *Systematic Theology*. Vol. II. Grand Rapids, MI: Eerdmans, 1970.

Jeffery, Steve, M. Ovey and A. Sach. *Pierced for Our Transgressions: Rediscovering the Glory of Penal Substitution*. Leicester: IVP, 2007.

Kelly, J. N. D. *Early Christian Doctrines*. New York: Harper & Row, 1960.

Letham, Robert. *The Work of Christ*. Downers Grove, IL: IVP, 1993.

McDonald, H. D. *The Atonement of the Death of Christ*. Grand Rapids, MI: 1985.

Machen, J. Gresham. *The Virgin Birth of Christ*. Grand Rapids, MI: Baker, 1977.

Mackintosh, H. R. *Types of Modern Theology: Schleiermacher to Barth*. London: Nisbet & Co. Ltd., 1954.

Moltmann, Jürgen. *The Way of Jesus Christ*. Translated by Margaret Kohl. London: SCM, 1990.

________ . *The Crucified God*. Translated by R. A.Wilson and John Bowden. London: SCM, 1974.

Murray, John. *Redemption, Accomplished and Applied*. Grand Rapids: Eerdmans, 1975.（中譯：慕理：《再思救贖奇恩》。陳妙玲譯。香港：天道，1993。）

Morris, Leon. *The Apostolic Preaching of the Cross*. Grand Rapids, MI: Eerdmans, 1972.

O'Brien, P. T. *Colossians, Philemon*. Waco, TX: Texas Word Books, 1982.

Packer, James I. "What Did The Cross achieve? The Logic of Penal Substitution."（Tyndale Lecture）. *Tyndale Bulletin* 25（1974）: 3～45.

St. Anselm. *Basic Writings*. La Salle, IL: Open Court, 1992.

Schleiermacher, F. *The Christian Faith*. Vol. 2. Translated by H. R. Mackintosh and J. S. Stewart. New York: Harper & Row, 1963.

Stott, John. *The Cross of Christ*. Leicester: IVP, 1986.

Turretin, Francis. *The Atonement of Christ*. Translated by J. R. Willson. Grand Rapids, MI: Baker,1978.

Warfield, B. B. *The Person and Work of Christ*. Philadelphia, PA: Presbyterian and Reformed, 1950.

Wells, D. F. *The Search for Salvation*. Leicester: IVP, 1978.

Wright, Christopher. *Living as The People of God*. Leicester: IVP, 1983.

林榮洪著：《基督教神學發展史（一）：初期教會》。香港：中國神學研究院，1990。

3

復活升天——基督的高升與救贖

有關基督復活的神學探討，在正統的福音派信仰、特別是改革宗的傳統中，一直備受忽略，原因何在？根據新約學者葛理齊的分析，這普遍的忽略有兩個主因：（1）正統改革宗神學家重視保羅著作，但他們對保羅神學的關注，集中在救恩的個人應用（personal application），特別是在以「因信稱義」為中心的救恩觀；（2）在救恩歷史（historical accomplishment）的神學探討上，重點往往是基督的死和十架贖罪論（atonement），而缺乏對復活的神學探討，若有，也只著重在復活的護教功能，以及復活作為十架救恩的有效印證，而缺少正面的闡釋。[1] 葛理齊的分析，對福音派信仰/改革宗的神學傳統，實在是一個當頭棒喝。

環顧一些具代表性的系統神學著作，它們處理十架救贖和

1 Richard Gaffin, *The Centrality of the Resurrection* (Grand Rapids, MI: Baker, 1978), 11～12.

復活神學的篇幅差異甚大。[2] 福音派信仰對復活神學的忽略，是一個事實。這現象可能會使信徒心中產生以下的疑問：

1. 若復活神學是如此不重要，為何初期教會的使徒們，在宣講福音的信息中，都以復活為信息的中心？為何新約使徒（特別是保羅）在他們的書信中，常以高升榮耀的基督，作為生活的基礎，以及敬拜事奉的對象？
2. 若神學家都只重視十架，而輕忽復活，是否表示我們所接受、所宣講的救恩，只能解決人的罪，不能帶給人生命？只能除去審判，不能帶來榮耀？
3. 若基督只為人死，不為人復活，只降卑而不高升，祂有資格拯救我們嗎？祂的贖罪有效嗎？
4. 若教會繼續只有十架神學，而沒有復活神學，我們的生活、事奉、盼望的動力，從哪裏來？再者，我們是否能真的了解那將來榮耀的更新天地？

以下我們會先從舊約和新約聖經，概覽復活這個主題，然後按這主題，探討歷史與信仰的關係，以及有關的護教課題。最後，我們將集中討論闡釋復活和升天的神學意義。

2 以下是一些例子（數字代表十架/復活在書中各佔的頁數）：Charles Hodge, *Systematic Theology*, vol. 2（Grand Rapids, MI: Eerdmans, 1970）, 142/12；Louis Berkhof, *Systematic Theology*（London: Banner of Truth, 1966）, 52/12；Millard Erickson, *Christian Theology*（Grand Rapids, MI: Baker, 1983）, 80/6；Alister McGrath, *Christian Theology: An Introduction*（Oxford: Basil Blackwell Inc., 1994）, 34/8。這些數字告訴我們，葛理齊所言不差！

一　復活——聖經神學的觀點

1 舊約聖經中的「復活」

A. 整全的人觀

舊約希伯來的人觀是整全性的，與希臘的二元論很不同。希臘思想看人是分身體和靈魂兩部分，前者是暫時的，而後者則是先存（pre-exist）和永恆不滅（immortal）的。他們認為，當人死亡的時候，他的靈魂會脫離物質世界和身體的束縛，獲得自由。希臘思想看人為一個帶著身體的靈魂（an incarnated soul）。希伯來人的思想，則看人為一個整體，一個有生命氣息的身體（an animated body）。創世記二章 7 節描述上帝將生氣吹進亞當的鼻孔裏，他就成了一個活著的人（a living soul）。在舊約中，「靈魂」（*nephesh*；soul）一詞是指人的氣息或生命，而非指人的結構的一部分。當上帝收回人的氣息時，人就死亡（詩一○四 29；傳十二 7），也就是他的「生命」（soul）死了（士十六 30），去到陰間（詩十六 10）；希伯來文化看人的「靈魂」，就等於他的生命。

B. 死後的生命

希伯來人有一個信念，就是人死後會去到陰間（箴九 18）。死亡最大的禍害是與上帝隔絕（詩六 5，八十八 10～12），但上帝的子民在死後卻仍會繼續與上帝相交（十六 9～11，四十九 15，七十三 24，一三九 8），享受永生的福樂。這福樂不在乎「靈魂不滅」，乃在乎上帝的大能。

C. 復活的盼望

在先知書中，有明顯的暗示，上帝的子民有復活的盼望（何六 1～2；結三十七 11～13），但這是指以色列整個民族的復興，而非指個人身體的復活。至於個人身體在末日中復活的盼望，舊約後期的書卷（例如：伯十九 25～26；賽二十五 8，二十六 19；但十二 2 等）都有較明確的提示。這復活的盼望與新約中的救贖觀互相配合，指向救恩，包括了身體的得贖及宇宙的更新（羅八 19～23）。[3]

D. 小結

舊約聖經中上帝子民的盼望，不在於靈魂不滅，乃在於身體復活。這也是新約聖經的觀點。[4]

2 舊約中彌賽亞的復活

A. 舊約中有預言彌賽亞復活嗎？

耶穌認為有。祂對以馬忤斯路上兩個門徒說：「『無知的人哪，先知所說的一切話，你們的心信得太遲鈍了。基督這樣受害，又進入他的榮耀，豈不是應當的嗎？』於是從摩西和眾先知起，凡經上所指著自己的話都給他們講解明白了。」（路二十四 25～27）

---

3 參 George E. Ladd, *I Believe in the Resurrection of Jesus*（Grand Rapids, MI: Eerdmans, 1975）, 44～50。

4 參 Oscar Cullmann, "Immortality of the Soul or Resurrection of the Dead?" in *Immortality and Resurrection,* ed. K. Stendahl（New York: The Macmillan Company, 1965）。

保羅似乎也支持耶穌的看法（林前十五 4），而約翰福音的作者也認為，基督的復活是載於舊約的，因為他指出彼得和約翰在復活清晨的情況是：「因為他們還不明白〔舊約〕聖經的意思，就是耶穌必要從死裏復活。」（約二十 9）

然而，為何以馬忤斯路上的門徒，都以耶穌為末世的救主（路二十四 21），但卻在耶穌死後感到絕望，完全沒有復活的觀念（二十四 19～24）？此外，當耶穌向門徒顯現的時候，他們還以為祂是鬼魂（37 節）。為甚麼他們似乎不能從舊約中，看到彌賽亞的復活的應許？這與門徒對彌賽亞先入為主的錯誤觀念有關。

B. 耶穌門徒心目中的彌賽亞是怎樣的？

（i）大衛家的君王（賽九 4～7，十一 1～9）

在耶穌的時代，猶太人期待一位大能的上帝，一位得勝、統治萬有的君王，在上帝的國中掌王權，打敗一切的仇敵。在祂身上有耶和華的靈、有智慧、聰明、謀略、能力、公義、信實；祂將在大衛的國中帶來和平。

身為猶太人，耶穌的門徒的彌賽亞觀念，就是一位從大衛家族出來的政治領袖，祂會帶領以色列民建立上帝在地上的國度。

這可以解釋為何羣眾多次想立耶穌為王，但耶穌並沒有接受。祂認為自己並不是他們所期待的王，所以也從來不向他們宣告自己為彌賽亞。因此，相對於一般猶太人的觀念，彼得的認信，確是很不平凡的（太十六 16～17）。

耶穌同時代的猶太人，包括他的門徒，並沒有死而復活的彌賽亞這觀念。

（ii）人子（但七 13～14、26～27）

從但以理書的異象，猶太人（包括主的門徒）以彌賽亞「人子」為一屬天、末世的君王，駕著天雲而來，被領到亙古常在者面前，接受加冕，在上帝永恆的國度中掌權。

耶穌在地上的時候，以「人子」自稱，根據福音書記載，耶穌所展示的「人子」是一位：（1）在地上甘願貧窮、服事上帝和人的一位（太八 20；可十 45）；（2）將會受苦、受死、復活的一位（可八 31，九 12、31，十 33～34）；（3）在末日父上帝的榮耀中，與眾天使降臨的君王（八 38，十三 26）。門徒不了解主預言自己會受苦、受死、復活，因為這與那屬天、榮耀的「人子」的形像有矛盾。在他們的傳統中（參《以諾書》〔*Book of Enoch*〕），一位在地上服事、在十架上受苦的彌賽亞是不可想像的。

（iii）受苦的僕人（賽五十三章）

新約教會以受苦的僕人為彌賽亞（太十二 18～21），而耶穌自己也宣稱自己為服事、為贖罪的僕人（可十 45），為多人流出立約的血（十四 24）。但猶太人多以此受苦的僕人為整個以色列民，而非彌賽亞；而新約聖經也從來沒有直接引用以賽亞書五十三章 10 至 11 節，去支持耶穌的復活。

C. 總結

無論是從舊約聖經，或是從猶太人的天啟文學，對傳統的猶太人來說，彌賽亞都是一位榮耀得勝的救主，而非一位受苦的僕人。這可以解釋為何耶穌的門徒不能明白主「受苦、受死、復活」的前景（太八 31），而施洗約翰在獄中的疑惑（三 11～12，十一 2～3），也是可以理解的。對他們來說，要相信一位被釘十架、從死裏復活的彌賽亞，似乎不大可能，除非他們經歷一些特別的事件，徹底改變他們的思想。而這特別的事件，就是耶穌的復活。[5]

3 從舊約的復活到耶穌的復活

多倫斯同意賴德的意見，就是舊約本身並沒有明顯的「復活的彌賽亞」這觀念。他在《空間、時間與復活》（*Space, Time and Resurrection*）一書中指出，惟有在基督復活這歷史事件的亮光中，我們方能窺見舊約聖經對基督復活的應許，其中包括：[6]

1. 上帝與其子民立約：上帝的信實使以色列民在多次的失敗和審判中起來，得著更新、復興、生命（何二 16～20；耶三十一章；結三十七章等）。
2. 以色列民的更新、復興，與彌賽亞應許是緊密的連在一起，這彌賽亞就是那位上帝所立的先知（申十八 15）、牧人（結三十四 23～31）、耶和華的僕人（賽五十三 10～12）、大衛的子孫、亞伯拉罕的後裔。這救主與上帝的子民連為一體，因此，按上帝的應許，是不會消滅的。

第3章

---

5 George E. Ladd, *I Believe in the Resurrection of Jesus* (Grand Rapids, MI: Eerdmans, 1975), 60～73.

6 Thomas F. Torrance, *Space, Time and Resurrection* (Grand Rapids, MI: Eerdmans, 1976), 28～30.

3. 作為以色列的聖者，上帝成為以色列民的中保，也成為所有上帝子民的中保和拯救者。對信靠上帝的人來說，在死亡中，上帝仍是他的拯救者（伯十九 25～26）。
4. 在後期舊約的書卷中，「復活」的觀念逐漸顯明（賽二十五 8，二十六 19、21；但十二 1～2、13），而猶太人的天啟文學對復活也有更明確的表達。
5. 新約與舊約的信仰有深層的連繫，無容置疑。但要從舊約中出現的「復活」觀念，進展到新約中耶穌的復活，需要透過有創意的重新整合（creative reconstruction）才行。而這整合須藉基督復活的歷史事件，以及聖靈在人心中的工作才能達成。新約使徒的宣講，就是這重新整合的具體內容。

4「復活」——新約福音啟示的中心

基督的受死與復活，是新約啟示的中心信息，這從下列的現象可以看到：

1. 四福音書的作者，皆從耶穌復活的角度，去敘述和解釋耶穌的救贖工作。有關耶穌受死復活的記載，往往佔了福音書篇幅的三分之一，而其餘的三分之二，皆指向基督的受死與復活。符類福音書記載耶穌看祂自己的使命是：受死為世人贖罪，叫人因祂的血可得赦免（可二 20，十 38、45，十四 22～24），但死後祂將復活，這是祂多次的預言（八 31，九 9、31，十 33～34，十四 27～28）。約翰福音記載耶穌預言自己的復活（約十 11、18，十二 24），祂看十架為

「被舉起」(三 14，八 28，十二 13、32)或「得榮耀」的時刻(十二 23，十三 31)，這些都暗示耶穌死後會復活。在大祭司的禱告(十七 5)中，祂也提到將與父同享榮耀，可見死亡對祂來說，不是一個悲劇，而是進入榮耀的途徑。

2. 四福音書皆詳細記載耶穌復活和顯現的事迹(太二十八章；可十六章；路二十四章；約二十～二十一章)。這些事迹，是耶穌救贖工作的高峯。祂的復活，將他們從猶太人傳統而來的彌賽亞觀念，完全改變過來。

3. 五旬節以後，初期教會使徒宣講的中心是耶穌的復活(徒二 30～36，三 15)，而這信息引來撒都該人的煩惱(四 1～3，二十三 8)。耶穌的復活證明祂是彌賽亞，也證明了猶太人殺害耶穌是極大的錯誤。復活印證耶穌是生命的主(三 15～16)、保證祂必再來(三 19～21)，也成了上帝按公義審判天下的憑據(十七 31)。

4. 新約書信的主要內容，乃是闡釋上帝藉耶穌的死和復活所帶來末世的救恩，並這救恩所帶來信徒(和教會)的生活、事奉和盼望。若不是耶穌從死裏復活、賜下聖靈，教會是不可能有屬天的生命、事奉的能力，以及永生的盼望。當一個人與主同死同復活(在基督裏)，他就是在「新的創造」中有分(林後五 17)，因為耶穌的復活，帶來宇宙性的更新與榮耀。[7]

---

7 參 Ladd, *I believe in the Resurrection of Jesus*, 29 ～ 43；Herman Ridderbos, *Paul: An Outline of his Theology*, trans. John Richard de Witt. (Grand Rapids, MI: Eerdmans, 1975), 44～45。

二 復活——「歷史」抑「信仰」?

歷代聖經學者、神學家，雖有不同的神學立場，卻都同意一件事：初期教會信徒皆相信耶穌已從死裏復活，都有復活的信仰（Easter faith）。但復活是不是「歷史事實」（historical fact），則有不同的看法。

1 復活與歷史——三個立場

A. 復活是信仰、不是歷史

德國新約學者布特曼認為，歷史是一個關閉的系統，所有歷史事件必然有其歷史的因。因此，神蹟在歷史中是不可能的，因為按其定義，神蹟是超越因果關係的。這是啟蒙運動時期的歷史觀。

布特曼看耶穌的復活，只是初期教會的一個信仰。對他來說，這信仰今日的應用是：在宣講中，基督與我們相會，引發我們信心的回應。布特曼認為，「復活」不是歷史，也不可能是歷史，因為在歷史中，死人不可能復活，他看這是「現代科學」（modern science）的觀點。

布特曼的觀點產生了三個問題：（1）它掩眼不看耶穌復活的歷史證據；（2）它以自然主義（naturalism）的前設，否定了神蹟和復活的可能，是一種科學主義（scientism），而不是客觀的科學方法；（3）它的論點是基於一個關閉的、機械化的宇宙觀（mechanistic world-view），這是一個過時的宇宙觀。

B. 復活是歷史事實，但也超越歷史

這是當代一些學者（如雷金納德．富勒〔Reginald H. Fuller〕、胡克〔Samuel H. Hooke〕、沃爾特〔Walter Künneth〕等）的看法。他們肯定耶穌的復活是一件歷史事件，但由於這事件是神蹟，是獨特的，因此也超越了歷史，不能用一般的歷史方法去印證，因為它雖在歷史中，卻帶來永恆的生命。胡克認為，初期教會對復活的信仰可以用歷史方法印證，但復活事件本身卻不能！

這立場本身有矛盾：一件事件是「歷史事實」，卻又不能以歷史事件去研究和印證，這可能反映了這些學者心中的不信。

C. 復活是歷史事實，也可用歷史方法印證

這是一般福音派學者的立場。但以理．富勒（Daniel Fuller）認為：耶穌復活的證據是人人可見的，但相信祂復活，卻需要上帝超然的恩典，這是由於人心中有罪的蒙蔽，能以接受的都是一些有信心的人。[8]

當然，我們也得承認，沒有人親眼看見耶穌從死裏復活的過程，包括四福音書的作者在內。福音書乃是主後六十年以後的作品，是根據教會口述傳統寫成的。當然，這些口述傳統乃源於主復活的見證人，他們的見證。問題是，我們有足夠的證據，相信耶穌真的從死裏復活嗎？

福音派護教學者克雷格（William L. Craig），在一次辯論會

---

8 參 Daniel P. Fuller, *Easter Faith and History*（Grand Rapids, MI: Eerdmans, 1968）；Ladd, *I believe in the Resurrection of Jesus*, 9～16。

中，為耶穌的身體復活竭力爭辯，他指出，任何對「復活」信仰的詮釋，必須正視四個歷史現象：[9]

1. **耶穌死後被埋葬**：被釘十字架後，耶穌是被亞利馬太的約瑟，葬於自己的新墳墓裏（太二十七 57～60）。這是大部分新約學者所確定的。
2. **空墳墓的發現**：耶穌被釘後的主日，祂的墳墓被一班婦女發現是空的（太二十八 1～7；可十六 1～8；路二十四 1～12；約二十 1～10），祂的屍體也不見了，直到今日。
3. **復活後的顯現**：在不同的環境和場合中，許多個人與羣體經歷復活的主向他們顯現（林前十五 5～8；四福音多次記載）。
4. **門徒的心理狀態**：在耶穌復活前，門徒是處於哀傷、絕望的心理狀態中，因為他們從未想過死了的耶穌會從死裏復活。但正是這班門徒，日後冒著生命危險，堅持宣講耶穌復活的信息。

以上的四個事實是廣泛被接納的，包括那些不相信耶穌的身體從死裏復活的學者。克雷格又指出，以上的四個歷史現象，最合理的解釋，就是上帝將耶穌從死裏復活過來。除此以外，沒有人可以合理地解釋以上所提的四個不能否認的事實。

9 Paul Copan and Ronald K. Tacelli, eds., *Jesus' Resurrection: Fact or Figment?*（Downers Grove, IL: IVP, 2000）, 31～39.

2「復活」的護教功能：強調復活是歷史事實

A. 反面的護教

新約學者賴德，綜合了一些常見的反對耶穌復活的理論，也對這些理論作了回應：

(i)「偷屍」理論

有學者解釋空墳墓的現象，說是門徒偷了耶穌的身體，然後聲稱祂復活了（參太二十八 13）。教父俄利根有效地反駁了此論點：人不會為一個謊言去冒生命危險、甚至殉道（徒七 60，十二 2）。

(ii)「昏暈」理論

一些學者認為，耶穌被埋葬時，只是昏暈過去。墓中的涼空氣和香膏的氣味，幫助祂在墓中甦醒，而地震將大石從墓口輥開，耶穌自己解開細麻布，穿上園丁的衣服，離開墳墓。這理論不大可信，因為若耶穌真的甦醒過來，祂有力推開大石嗎？此外，祂必然要找一個地方躲起來，而門徒卻公開地宣告祂已復活。但耶穌去了哪裏？祂餘下的日子又如何度過？這些都是難以解答的問題。

(iii)「找錯墳墓」理論

哈佛大學教授萊克（Kirsopp Lake）認為，婦女在主日清晨找錯了墳墓，發現那是空的，被那「天使」誤導，以為耶穌復活了，於是出去宣告耶穌經已復活。這理論也難以成立，因為只要有人從那正確的墳墓中找到耶穌的身體，這誤傳便不攻自破了。

(iv)「主觀幻像」理論

不少學者將門徒看見「復活後顯現的耶穌」，解釋為主觀的幻像。米利根(William Milligan)在《我主之復活》(*The Resurrection of Our Lord*)一書中指出，幻像理論不配合門徒當時的心理狀態；此外，主觀幻像不可能同時發生在五百多人身上，而這類幻像也不會維持四十天之久，然後突然消失。米利根的反駁很有說服力。

(v)其他理論

其他理論，如「客觀幻像」理論、「精神感應」(telepathy)理論等，皆缺乏說服力。

新約教授賴德和許多研究歷史的人因此確定，這些歷史現象的惟一合理解釋，就是上帝真的把耶穌從死裏復活，使祂得以在不同的場合，帶著身體向門徒顯現。[10]

B. 正面的護教

當代一些福音派學者強調「耶穌復活」正面的護教價值。他們認為，歷史的證據乃基督教是否可信之根基，這是二十世紀流行的歷史護教法。[11] 歷史護教法認為，若能建立基督復活的

---

10 Ladd, *I believe in the Resurrection of Jesas*, 132～142.

11 Norman Geisler, *Baker Encyclopaedia of Christian Apologetics* (Grand Rapids, MI: Baker, 1999), 318～320.

歷史事實，不但可以證明基督教之可信性，也能證明上帝的存在，引發人相信耶穌。

神學及法律教授孟沃偉（John W. Montgomery）在他的《歷史與基督教》（*History and Christianity*）一書中，以耶穌的復活為確定祂是上帝、確定基督教是可信的證據，而基於這事實，人必須信靠順服祂。

孟沃偉的歷史護教法依循四個步驟：

1. 先確定新約的文獻是可靠的歷史作品，對耶穌的生平提供可靠的歷史資料。
2. 新約文獻所描述的耶穌，不單是一個人，也是一位上帝，是道成肉身的上帝。祂既是上帝，就掌管人的命運。
3. 耶穌若不是上帝，祂便是一個騙子，或是自欺者，或是被人錯誤的描述了。由於後三者都不大可能，惟一合理的選擇，便是接受新約的宣稱：耶穌是上帝！
4. 最有力向門徒證明耶穌是上帝的證據，就是祂的復活。上文已經指出，復活是無可否認的歷史事實。根據這事實，孟沃偉認為，我們應該接受耶穌是上帝，是我們生命的主宰。確定歷史的事實(historical fact)帶來道德的責任(moral obligation)，就是信靠耶穌，以祂為主、為救主。

C. 評論

過去數十年，福音派學者強調耶穌復活的護教功能，以這歷史事實為耶穌神性的證明。對於這個進路，我們認為：

1. 反面的護教，確能駁斥一些不合理的論點，確定聖經的記載，耶穌真的是帶著身體、從死裏復活，沒有再死。因此，祂今天仍然活著。
2. 有人根據羅馬書一章 4 節，用復活來「證明」耶穌是上帝，我們認為，這是對羅馬書一章 4 節的錯解。[12] 新約也沒有其他經文，作這樣的宣告。
3. 一面倒的強調「復活是歷史事實」的護教功能，帶來了一個副產品，就是忽略了「復活」的救贖（信仰）功能。
4. 是不是確定了耶穌復活的歷史事實，就必然帶來信靠耶穌的必然責任和後果？我們認為不一定。這一點下文再討論。

3 復活——歷史與信仰的結合

A. 信心建基於復活的歷史事實

耶穌曾否復活，對基督徒的信心有何影響？若基督沒有復活，基督教信仰是否仍能保存其精粹？使徒保羅有以下的宣告：

> 若基督沒有復活，我們所傳的便是枉然，你們所信的也是枉然；並且明顯我們是為上帝妄作見證的，因我們見證上帝是叫基督復活了。若死人真不復活，上帝也就沒有叫基督復活了。因為死人若不復活，基督也

12 參 John Murray, *Epistle to the Romans*（Grand Rapids, MI: Eerdmans, 1968）；Douglas, J. Moo, *The Epistle to the Romans*, NICNT（Grand Rapids, MI: Eerdmans, 1996）；Ridderbos, *Paul: An Outline of his Theology* 對羅馬書一章 4 節的解釋。

就沒有復活了。基督若沒有復活，你們的信便是徒然，你們仍在罪裏。就是在基督裏睡了的人也滅亡了。（林前十五 14～18）

保羅這番話是怎麼說的呢？很明顯的，保羅認為復活的歷史事實，對基督徒的信仰和信心，有關鍵性的意義：

1. **若基督沒有復活，救恩歷史以墳墓為終點**：上帝不是活著的上帝，也不是活人的上帝（參可十二 27），而上帝至終被死亡誇勝。
2. **若基督沒有復活，祂在地上的事工便是一大謊言**：耶穌宣告天國的臨在，在末日將完全實現；祂也自稱有天國的能力（太十二 28），最終祂自己也將審判世界、建立公義的國度、得勝死亡、罪惡與撒但。若祂死了，不再復活，祂也不能作成這些事了。
3. **若基督沒有復活，初期教會便是為基督妄作見證了**：初期教會宣稱基督復活為主為王（徒二 36；羅一 4，十 9；林前十五 25；腓二 9～11），這便是一堆謊言！
4. **若基督沒有復活，信耶穌的人仍在罪中**：基督死在十架，為人贖罪，但若祂死後不復活，會有下列結果：（1）祂自己既被死亡（和罪惡勢力）捆綁，又何以能使人從死亡和罪中得釋放？（2）天父沒有使基督復活，這顯明天父沒有悅納耶穌的代贖；我們仍在罪中！（3）復活是耶穌的「稱義」（或「伸冤」；提前三 16），也是我們的「稱義」（羅四

25），祂若不復活，我們便不可能得稱為義。

5. **若基督沒有復活，信靠基督的人便沒有復活的盼望**：這是基於耶穌與信徒之間的「一體」關係（solidarity；參林前十五 20 ～ 23）。若基督沒有復活，那些在基督裏睡了的人也滅亡了（十五 18），而信徒若只今生有指望，就比眾人更可憐（19 節）！

總的來說，基督徒的信心，與復活的歷史事實，有密切的關係；耶穌的復活，是基督徒信心和信仰的根基。[13]

B. 歷史、文字與啟示

有關歷史事件、文字詮釋與啟示的關係，當代神學有三個不同的看法：[14]

(i) 啟示與歷史無關

實存主義新約學者布特曼在《實存與信仰》（*Existence and Faith*）一書中指出，上帝的啟示是上帝自己向人顯現的作為，而不是藉歷史事件。當上帝與人相會之際，人藉信心回應上帝當下的啟示，而所回應的對象是上帝，不是客觀的歷史事實抑某些教義。

13 Ladd, *I believe in the Resurrection of Jesus*, 144 ～ 152; Gordon Fee, *The First Epistle to the Corinthians* (Grand Rapids, MI: Eerdmans, 1987), 738 ～ 745.

14 參 Colin Brown, ed., *History, Criticism and Faith* (Downers Grove, IL: IVP, 1976), 185 ～ 197。

(ii)啟示就在歷史中

聖經神學家賴特(George E. Wright)在《有所行動的上帝》(*God Who Acts: Biblical Theology as Recital*)一書中指出，聖經看上帝啟示的主要方式，是透過上帝在歷史中的行動(acts)，特別是上帝在舊約時代揀選以色列民，領他們出埃及、進迦南的歷史行動。

賴特的立場雖有聖經的支持，但由於他沒有把文字(語言)的詮釋，與歷史事件配合，這缺乏了一個整全的啟示觀。

德國當代神學家潘寧博(Wolfhart Pannenberg)強調，上帝的啟示是藉著歷史，如出埃及和進迦南事件。耶穌的一生與復活，是歷史事件，也是上帝向人的啟示。潘寧博看耶穌的復活不單是歷史性的啟示，更是末世性的啟示，因為「復活」是末世性的事件，而從末世性啟示的角度，人才能看到上帝整個啟示的全貌，也就是歷史的全貌。

潘寧博認為，救恩歷史也是普世歷史的一部分，是人人可見的啟示，而這些啟示事件，並不需要任何默示語言的解釋。對潘寧博來説，話語(或文字)在歷史中的地位是次要的。這與賴特的立場相類似。

(iii)啟示：歷史事件加文字詮釋

這是福音派的立場，因為在聖經中，上帝的啟示包括歷史行動(acts)與話語(words)的應許和詮釋。比方説，耶穌的話語與祂的行動同樣重要，皆是歷史啟示事件不可或缺的一部分。若沒有話語的詮釋，上帝在歷史中的行動(例如：復活)可能會被人誤解，失去其應有的意義。

一般福音派學者，對潘寧博所提的歷史啟示的普世性（即：人人可見、人人可明、無須言語默示的解釋）也不表同意。此外，昔日耶穌在地上所行的神蹟（例如：拉撒路的復活）是有目共睹的，卻引來法利賽人的不信與反對（約十一 47 ～ 57），可見，歷史的事件雖是公開，卻不是人人能明白和接受的，必須藉聖靈默示（正典的寫作），和聖靈在人心中的光照，方能有正確的了解和正面的回應。

C. 復活的啟示：歷史與信仰的結合

在本章中，我們已經確定，基督的復活（與十架連在一起），是整個新約啟示的中心。讓我們再進一步說明，使徒如何將歷史與信仰結合起來。在他們的宣講中，使徒宣告：

1. 復活是舊約預言之應驗（徒二 24 ～ 36），這事件證明耶穌是猶太人所期待的彌賽亞。他們當信靠祂，也當為他們殺害耶穌這罪而悔改（二 37 ～ 39）。言語的解釋，結合歷史事件，帶來人悔改歸主。
2. 復活是整個救恩歷史的高峯，是人類終極的盼望，是信徒得勝、得榮耀的保證（林前十五 20 ～ 58），也是基督按公義審判天下的憑據（徒十七 30 ～ 31）。因此，復活事件必須在整個救恩歷史的亮光中，才可得窺其意義。
3. 復活是新約教會信徒生命、生活、事奉的基礎。這是保羅書信的核心信息。在教會時代中，耶穌的復活與聖靈的臨在緊密的連接一起，成為信徒生活與事奉的根基和能力的泉源。新約信徒看復活事件，乃是他們信仰生活之根基。歷史事件跟信仰的詮釋與實踐應用，關係密切。

D. 總結

復活的事實，與復活的救贖意義，是不能分割的。歷史與信仰在使徒的宣講中，是一體兩面的真理，因為：

1. 歷史是重要的，而復活的歷史事實，是我們信心的基礎。我們斷不能相信一些虛構、虛幻、未發生過的事。
2. 然而，歷史事件往往需要有上帝言語或文字的詮釋，方能確定它是上帝大能的作為和特殊的啟示，否則，人可當它是一些偶發的奇異事件，而非上帝大能的拯救事件。
3. 復活事件，必須在整個救恩歷史和基督徒世界觀的脈絡中，方能洞悉其意義。若缺乏了基督教信仰的前設，耶穌的復活縱然可以得到確定，卻失去了它原有的面貌。

嚴格來説，任何「事實」，都必然透過人的詮釋眼光來看，就如護教學者范泰爾（Cornelius van Til，1895～1987 年）所言，從「知識論」的角度來看，是沒有「純事實」（brute fact）這回事的。所謂「純事實」就是將歷史事實，與信仰前設分割，這是沒有可能的，因為每一位觀察者，都帶著某一種眼光來看事物，若不是按上帝啓示的眼光來看，就是按罪人自己（或其他人）的眼光來看，而後者可以把「耶穌復活」的事實，看成是一件偶發、毫無意義的事件。[15] 人惟有「心意更新而變化」(羅十二2)，方能正確地去看「復活」這歷史事件。

以下我們會探討基督復活的救贖意義。透過復活神學，我們也可以更清楚了解「信仰」與「歷史」的相互關係。

三 復活與救贖的神學探討

自從宗教改革以來，福音派的救恩神學偏重十架贖罪，而忽視復活神學，引致福音派的救恩論，產生不平衡的現象：重視法理地位(稱義、子、得救)，而忽略生命更新(重生、成聖、得勝)。這是福音派神學的一大缺失。

要重建復活神學，需要從新約啓示，特別是保羅神學入手。二十世紀有幾位聖經神學家，在這方面有卓越的貢獻。他們是：霍志恒(Geerhardus Vos，1862～1949年；*The Pauline Eschatology*，1930年)、理德博(Hermann Ridderbos，1909～2007年；*Paul: An Outline of His Theology*，1966年)，以及葛理齊(Richard Gaffin, Jr.，1936～年；*Resurrection and Redemption: A Study in Paul's Soteriology*，1978年；*By Faith, Not By Sight: Paul and the Order of Salvation*，2006年)。三位學者皆從救恩歷史，特別是新約末世觀角度，去探討基督復活的神學，從而建立一個較全面的救恩神學，重整信徒的信仰、生活和事奉。以下我們會就他們所提出的，即保羅復活神學的

15 參 Cornelius van Til, *The Defense of the Faith* (Phillipsburg, N.J.: Presbyterian and Reformed, 1967), 233 ～ 241；Geisler, *Baker Encyclopaedia of Christian Apologetics*, 319～320。

結構與內涵，說明復活兩方面重要的意義：

1 基督的復活與信徒的復活

保羅論到復活，指出一個核心的主題，就是信徒的復活與基督的復活是密不可分、緊緊連在一起的。這包括了：

A. 信徒過去的復活

(i) 以弗所書二章 5 至 6 節

上帝的救贖恩典，就是當信徒死在過犯中的時候（弗二 1～3），上帝使他們得著拯救。保羅用了三個動詞描述這救恩：與基督一同活過來（*sunezōopoiēsen*）、一同復活（*sunēgeiren*）、一同坐在天上（*sunekathisen*）；三個動詞都是主動的過去時式（active aorists），表示主使信徒與祂一同復活，是過去發生的事，而非將來的事。信徒這個經驗，是根源於救恩歷史中基督的復活與升天，也是信徒在歸主的時候、實存的經歷。

(ii) 歌羅西書二章 12 至 13 節

信徒在歸主時（即受洗時）與主同復活，是「藉著信」（through faith）。這與主同復活的生命，是信徒生活之根基（西三 1～四 6）。

(iii) 羅馬書六章 3 至 11 節

信徒受洗「歸入基督」，就是「與主基督聯合」，而這與主聯合的經歷，也就是與主的死（羅六 3～4 上、5 上、8～9）、埋葬（六 4）、復活（4 節下、5 節下、8 節下）聯合。與主同死就是「向罪死」，即向罪的權勢死；[16] 而與主同復活就是有復活的新生命與能力。因著與主同死、同復活，信徒「當看」（認定）自己是「向罪死、向上帝活」（11 節）的人，就應該有能力過一個得勝的生活（12 ～ 14 節），而這一切皆建基於主耶穌「向罪死和向上帝活」（十架與復活）的歷史事件（10 節）。

（iv）加拉太書二章 19 至 20 節

保羅說他自己已經與主同釘十字架，也與主同活。他用「我」來代表所有在基督裏的人的共同經驗。

B. 信徒未來的復活

（i）哥林多前書十五章 20 至 23 節

這裏，關鍵的詞語是「初熟的果子」（*aparchē*；林前十五 20、23）。摩西律法規定以色列人要獻上初熟之果（出二十三 19），作為整個收割代表。在時間上，初熟之果是最早的出產，在意義上，它也是代表和保證那將要來的整個收割。基督的復活不單是在信徒身體復活以先，更是信徒將來復活之保證，二者乃一聯合有機之整體。

（ii）歌羅西書一章 15 至 18 節

「首先」（*prōtotokos*）一詞在這段經文中有特別的意義。基

16 Murray, *Epistle to the Romans*, 213.

督在創造中是「首先的」(西一 15),這是指祂在萬物中,有獨特與尊貴的地位,但祂卻不是受造之物,而是造物主(一 16);其次,在一切從死裏復活者中,祂也是「首先的」(18 節下),使祂可以在凡事上(宇宙中)居首位。基督在復活者中有如此崇高的地位,是由於祂從死裏復活。「從死裏首先復生」表達了基督與信徒的認同與一體(solidarity)。此外,因著祂的復活,祂也成了教會的元首和宇宙的至高者。歌羅西書一章 15 節中的「首先」與哥林多前書十五章 20 及 23 節中的「初熟之果」,有類似的意義,均表明基督「末後亞當」的身分。

(iii)哥林多前書十五章 12 至 19 節

這段經文指出基督的復活與信徒復活之間密切、合一的關係。保羅認為,否定基督的復活,等如否定信徒的復活,後果嚴重(林前十五 14、17 ~ 19);同樣地,若否定信徒的復活,也就等如否定了基督的復活(十五 13、15 ~ 16)。可見二者有相互密切的關係。

(iv)哥林多後書四章 14 節

信徒在患難中的盼望,是在於將來身體的復活,而這是基於主的復活,因為後者乃前者的保證。

C. 信徒現今的復活生命

由於信徒已經與主同死、同復活,他今天可以向罪誇勝(羅六 14,七 25 上,八 1、13),並且向上帝活著(六 4 下、

13 下，七 4、6）。他可以更多體驗（認識）主的死和復活（弗一 19～20；腓三 10）。

此外，面對今天的患難、困苦、軟弱，信徒可以有身體復活的盼望（羅八 18～25），以致想到現在的苦楚，比起將來要顯於我們的榮耀，就不足介意了。

D. 小結

1. 基督的復活，是歷史中救贖工作的完成（redemption accomplished）；信徒的復活，則是救贖工作的實施（redemption applied），而這實施，包括過去、現在、將來三個階段。救恩的「實施」乃基於它在歷史中的「完成」，二者有密不可分之關係，但次序不能倒傳。圖五表達了這些基本的救恩真理。

圖五：信徒復活救贖圖

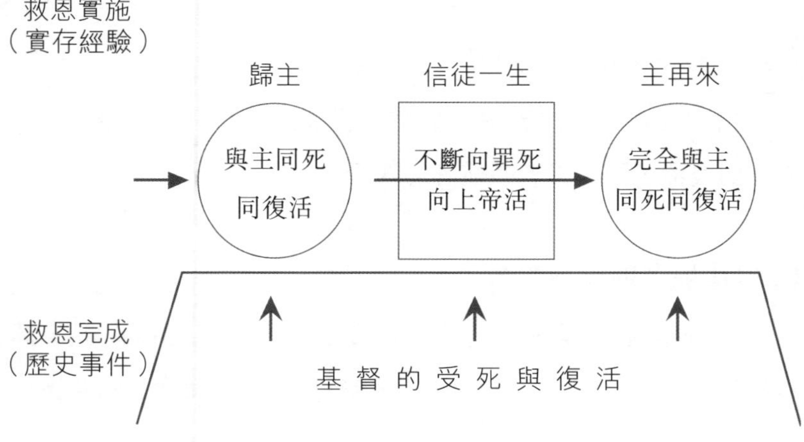

2. 信徒復活的經歷，在今生是「裏面的人」的復活（羅七 22～24，十二 2；林後四 16；弗三 16），而在將來，則包括身體（外面的人）的復活（林前十五章；腓三 20～21）。
3. 在復活的事上，聖子耶穌是被動的，祂並沒有使自己復活（羅四 25，六 4、9，七 4，八 34；林後五 15），而是聖父使祂復活（徒十三 33；羅四 24，八 11，十 9；林前六 14），聖靈則是那叫耶穌從死裏復活的能力與執行者。三一上帝在基督和信徒復活的事上，有完美的配搭（羅八 11）。
4. 聖靈是大能的靈（羅一 4，十五 13、18）、榮耀的靈（林前十五 43；林後三 8、10）、生命的靈（林前十五 45）。因此，在復活的工作上，聖靈扮演了重要的角色。祂不但是基督復活的執行者，在基督復活後，祂的工作就是基督的工作（十五 45 下）。

2 復活的基督是「末後的亞當」

「末後的亞當」，是保羅復活神學的關鍵觀念，這觀念的立論是：復活乃基督的得贖，也是信徒在基督裏的得贖，正如保羅所言：「但你們得在基督耶穌裏是本乎上帝，上帝又使他成為我們的智慧、公義、聖潔、救贖。」（林前一 30）

A. 復活——基督得榮耀

(i) 哥林多前書十五章 42 至 49 節

這段經文是回應一些人所提出的問題：「死人怎樣復活？帶著甚麼身體來呢？」（林前十五 35）而十五章 42 至 44 節則對死亡的身體與復活的身體作出比較，如下表：

林前十五章	死亡的身體	復活的身體
42 節下	必朽壞的	不朽壞的
43 節上	羞辱的	榮耀的
43 節下	軟弱的	強壯的
44 節上	屬血氣（屬地）的	屬聖靈（屬天）的

44 節上是一個撮要，也將兩個不同的身體的本質作了綜合性的對比。而 44 節下：「若有屬血氣的身體，也必有屬（聖）靈的身體」（筆者譯），則帶出了二者的必然先後次序。45 節上引用創世記二章 7 節來支持 44 節下：「首先的人亞當，成了屬血氣的生命（*psychē zōsa*）」（筆者譯）。使徒保羅對犯罪前亞當的生命的了解是：亞當有屬血氣（屬地；林前十五 46～49）的生命，上帝要求他通過了順服的試驗，才可得屬天、榮耀的生命。但由於亞當犯罪、墮落了，帶給了自己和後裔雙重的問題：屬地和屬罪的生命，[17] 直等到基督復活，才為信祂的人解決了這雙重的問題。

「末後的亞當，成了叫人活的靈（*pneûma zōopoioûn*）」，這裏的「靈」，並非指「靈體」（復活的身體不是一個靈體），乃是指「聖靈」（參羅七 14；林前十二 1；加六 1；弗一 3；西一 9 等），因為惟有聖靈能賜人生命（羅八 11；林後三 6），也惟有「屬聖靈」能與「屬血氣」（psychical）的人對比。

也許，有人會問：「基督在復活的時候，成了賜人生命的

17 參 Geerhardus Vos, *Biblical Theology*（Edinburgh: Banner of Truth, 1975）, 37 ～ 51；見圖六。

靈」，這句話作何解釋？簡單來說，就是祂在復活時，被聖靈完全的更新改變，以致祂在工作或功能上，與聖靈完全認同（total functional identification），雖然在本體上，基督與聖靈仍然是不同的位格（參林後三 17）！

哥林多前書十五章 46 節指出，在歷史中，在亞當和基督的領導之下，有兩個緊接的原理和宇宙的形態（由屬血氣到屬靈），而 47 至 49 節中的三個平行的對比，也是 45 及 46 節的詮釋。圖六表達了人類從墮落到得榮耀之歷史旅程。

圖六：復活與得榮——救恩歷史進程

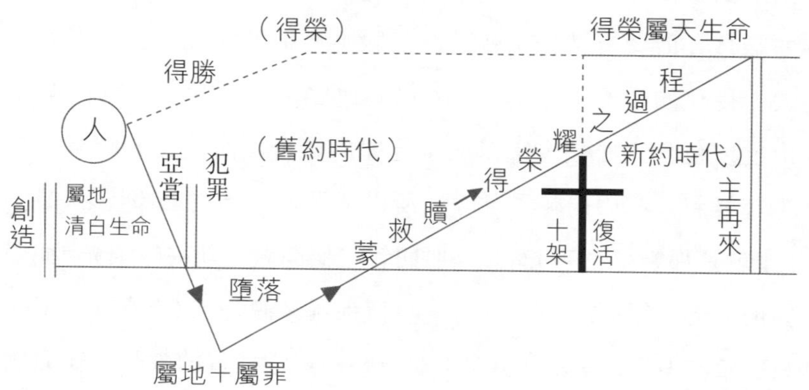

從圖六我們可以看見，基督的復活，為人帶來屬天和屬（聖）靈的生命，解決了人因犯罪而產生的雙重困境。因此，人得救，並不是要將我們帶回犯罪前清白（卻是屬地）的生命，乃是要把我們帶進上帝原來要賜予得勝者的榮耀生命，這是何等大的福氣（參啟二十一 1～二十二 5）！信徒復活的生命，有聖靈的榮耀，而基督所帶來新的宇宙秩序，也有同樣的榮耀。

其實這榮耀的旅程，在基督復活之後，已經開始，到主再來時才得以完全實現，因此這是「已然—未然」(already-not yet)的末世榮耀。對保羅來說，聖靈的生命與榮耀，是末世最明顯的特徵。[18]

(ii)哥林多後書三章17節

「主就是那靈；主的靈在哪裏，那裏就得以自由。」這經文與哥林多前書十五章45節下互相配合補充。哥林多後書三章6節保羅自稱為「新約的執事」；接著他在6節下至11節中對比兩約的職事：舊約是「律法」(字句)的職事，而新約是「聖靈」的職事。前者有榮光，就是摩西臉上漸退的榮光，但後者有更大、長存的榮光；在12至16節，他繼續這對比：舊約的職事由於以色列人心硬，所以成了定罪的職事，而新約的職事由於主基督將人心中的帕子除去，所以成了使人活的職事。17節上「主就是那靈」，這句話，是要回答一個問題：新約的榮光是「聖靈的榮光」(林後三6～11)，為何保羅又說是主(基督)的工作(三12～16)?答案很明顯：在新約中，當基督的救贖工作完成之時，祂的工作與聖靈的工作，是合而為一的(17節上)，正如哥林多前書十五章45節下所言：「末後的亞當〔復活的基督〕成了叫人活的靈」。

但我們要留意，主與聖靈相等，並不是本體的相等

---

18 參 Geerhardus Vos, "The Eschatological Aspect of the Pauline Conception of the Spirit," in *Redemptive History and Biblical Interpretation*, ed. R. B. Gaffin, Jr.(Phillipsburg, NJ: Presbyterian & Reformed, 1980)。

（ontological identity），因為 17 節下說：「主的靈……」，將二者的位格分別了。18 節指出，信徒的改變，是變成主的榮光，也是從聖靈而來的榮光，確定了「主就是那靈」對信徒生命更新和成聖生活的意義。

（iii）小結

復活是主基督得榮耀，也是信徒得榮耀，因為主是那「末後的亞當」，凡在祂裏面的都必然與祂同得榮耀。信徒得榮耀，包括了過去（林後四 6；弗二 6）、現在（林後三 18）和將來（腓三 21）的。在基督裏所得著的榮耀，也是在聖靈裏所得的榮耀，因為「主就是那靈」（參羅八 9～10）。

B. 復活——基督得兒子的名分

（i）羅馬書一章 3 至 4 節

「論到他兒子我主耶穌基督，按肉體說，是從大衛後裔生的，按聖善的靈說，因從死裏復活，顯明（被立）為上帝大能的兒子。」（筆者譯）這經文是福音內容的描述。早期改革宗學者（加爾文、霍奇、華菲德）的解釋是：這裏指的是基督的人性與神性。葛理齊認為這解釋難以成立，因為：（1）4 節中的「靈」（*pneuma*），與 3 節中的「肉體」（*sarx*）對比，在保羅著作中，皆指聖靈，而從來不是指基督的神性；（2）福音內容不在基督的神人二性，乃在歷史中基督的工作：十架與復活。論到福音，救恩歷史的進程是首要的。基督經歷了「肉體」的舊時代，而在復活時，藉聖靈進入了新時代，這是在歷史中基督的救贖工作。

當代改革宗學者（霍志恒、理德博、麥銳、葛理齊等），都採取一個救恩歷史的解釋，就是：上帝永恆的兒子，道成為人，經歷了兩個時代：（1）舊的「肉體」時代，是在亞當裏罪惡和軟弱的時代（林前一20～21，二6），在這舊時代中，基督死在十架上；（2）進入新的「聖靈」時代，基督藉著聖靈的復活，被更新改變，成為「上帝大能的兒子」（徒十三33；腓二6～11）。

這兩個時代的轉捩點是基督的十架與復活，因為復活帶來聖靈末世的時代，叫人因信基督，可以與祂一同進入聖靈的新時代，得著拯救。

早期普林斯頓神學院改革宗學者霍奇和華菲德，看基督復活的意義，主要在於證明祂是上帝的兒子，然而，4節中的動詞 *horizō* 的翻繹應該是「被立」或「被宣布」，而不是「證明」，意即在耶穌復活時，天父立祂為上帝大能的兒子，耶穌從此進入了一個新的階段，也帶領信徒進入這新階段。因此，基督復活的意義不在於知性（護教）上，乃在於生命的改變上（徒二36）。

（ii）小結

基督的復活是祂被立為上帝大能兒子的時刻，這成了信徒得兒子名分的基礎，因為主是那「末後的亞當」，將信徒帶進「嗣子」的福氣中。信徒蒙恩時成為上帝的兒女（約一12；加四4～5），一生繼續不斷稱上帝為父（羅八14～17；加四6～7），最後在主再來時，身體得贖，完全實現得兒子名分的福氣（羅八23）。

C. 復活——基督的稱義

(i) 提摩太前書三章 16 節

大哉敬虔的奧祕，無人不以為然：就是
上帝在肉身顯現，被聖靈稱義，
被天使看見，被傳於外邦，
被世人信服，被接在榮耀裏。

這「敬虔的奧祕」就是福音。六句描述、三個對比，採 ABBAAB 模式排列。這些都不是基督「人性與神性」的對比，乃是「降卑與高升」的對比，特別是指新舊兩個時代（「肉體」和「聖靈」）、屬地和屬天的對比。

「被聖靈稱義」指出，在高升（復活）時，基督被稱為義（*edikaiōthē*）。或有人問，基督也需要稱義嗎？不錯！作為「末後的亞當」，基督為我們「成為罪」（林後五 21）、受了咒詛（加三 13），在律法中被定罪（四 5），死在十架上。復活是父上帝宣判祂無罪，為祂伸冤，稱祂為義，結束了罪所帶來的咒詛與刑罰，是耶穌蒙救贖的行動。

(ii) 羅馬書四章 25 節

這經文與提摩太前書三章 16 節配合，指出耶穌被交給人（十架的降卑）是為我們的過犯，復活（高升）卻是為叫我們因信靠基督，與祂聯合，得以被稱為義。

(iii) 小結

基督的受死與復活，是信徒稱義的基礎(羅八34)；得救的信心，是相信耶穌復活的信心(十9)；因此，若基督耶穌沒有復活，我們仍在罪中(林前十五17)。

「稱義」的恩典也可以分三個階段：(1) 過去：因信稱義(羅五1)；(2) 現在：不被定罪(八1)；(3) 將來：主再來時要得的義(加五5)。這一切全賴主基督復活時得稱為義，而父上帝使祂成為我們的公義(林前一30)。

D. 復活——基督的成聖

羅馬書六章3至8節指出，信徒與主基督同死、同復活，因此，應當「看」自己「向罪死、向上帝活」(羅六11)，在心中確定這事實。信徒有此經歷，是根源於基督自己「向罪死、向上帝活」(六10)的歷史，基督自己在十架上死，就向罪的權勢死，使死亡不能再作祂的主(9節)。作為「末後的亞當」，基督藉著復活成聖(被分別為聖)，叫一切在祂裏面的人皆得以成聖。

成聖是甚麼？成聖是向罪死，向「肉體」的舊時代死，也同時向上帝活，就是向聖靈的新時代活。基督在地上的時候，進入「肉體」的時代(羅一3)，活在軟弱與苦難中(林後十三4)，最後死於十架；成聖乃是祂向這舊時代及其一切的惡勢力死去，藉復活進入新的時代，經歷上帝的大能。

信徒藉信(洗禮)得以成聖，也可分三個階段：(1) 確定的、一次過的成聖(徒二十32，二十六18；林前一2，六11；

弗五 26；帖前四 7；帖後二 13）；[19]（2）漸進的、不斷的成聖（羅十二 2；提前六 17；提後四 10），也就是在一生中，勝過舊時代中罪惡的勢力，過成聖的生活；（3）完全的、榮耀中的成聖（帖前三 13；約壹三 2）。

E. 總結

（i）從「救贖」的角度看復活

- 耶穌的復活是祂得榮耀、稱義、作嗣子、成聖的經歷。作為末後的亞當，祂成了信徒的先鋒，帶來信徒的復活—得榮、稱義、嗣子、成聖的經歷，因為信徒與主聯合、連成一體（solidarity；林前一 30）。
- 信徒得與主同復活，是透過信心或洗禮（在保羅的思想中，二者是合而為一的；弗二 1 ～ 8；西二 12 ～ 13）。信心是管子，使人與主同死同復活，帶來整全的救恩。得榮耀、稱義、嗣子、成聖等不再是一連串的救恩經歷（正如傳統的改革宗神學所指「救恩的次序」〔order of salvation〕），乃是一個與主（同死）同復活的經歷，卻可從不同的角度來看的得救經歷，而這經歷就是保羅救恩觀的中心：「與主聯合」。[20]
- 與主「同復活」包括了兩類的救贖恩典：（1）法律性（forensic）

19 參 John Murray, *Collected Writings of John Murray, vol 2: Selected Lectures in Systematic Theology*（Edinburgh: Banner of Truth, 1977）, 277 ～ 284。

20 Richard Gaffin, *By Faith, Not By Sight: Paul and the Order of Salvation*（London: Paternoster Press, 2006）, 43.

的恩典：稱義、嗣子皆上帝對人在法律上的宣告和收納，是地位性、律法性的救贖；(2)生命更新(life-transformation)的恩典：重生、得榮、成聖是信徒在聖靈裏的更新，是生命性的救贖。這兩方面，在「與主同復活」的大前提之下，結合起來，沒有矛盾，也沒有不協調(林後五17、21)。[21]

- 與主同復活是「末世性」的經歷，因為是在聖靈中的經歷。這是基於「末後的亞當成了叫人活的靈」(林前十五45)，聖靈是那使人復活的靈(羅八11)，領人(包括基督與信徒)進入末世的榮耀，而這「末世」包括了「已然」(already)及「未然」(not yet)的結構(參八23～30)，如圖七所示：

圖七：與主同復活的末世救恩圖

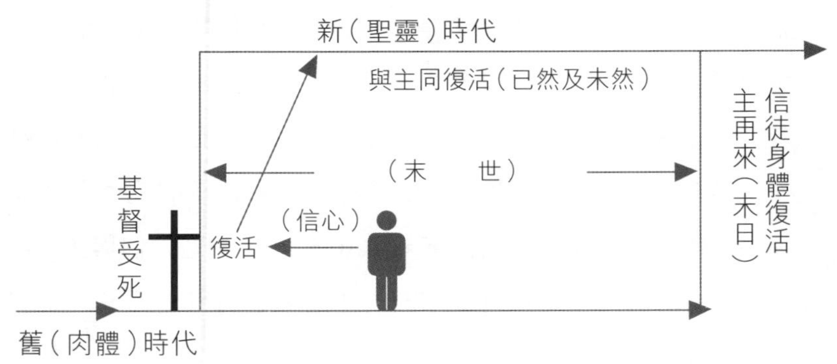

傳統改革宗神學的「救恩次序」的構思，除了將同時發生的

---

21 參 Geerharders Vos, *The Pauline Eschatology* (Grand Rapids, MI: Eerdmans, 1961), 150～156。

整體性救恩經歷，錯解為一連串不同的經歷外，更是缺乏了這個「末世性」的意識，因此，未能帶出保羅「復活神學」之神髓。此外，有關「重生」與「信心」之先後次序關係，可參閱本書第四章。

(ii) 從「知識論」的角度看復活

多倫斯教授指出，從知識論（epistemology）的角度來看，惟有信徒才能正確評估復活的歷史證據，並對其作出適當的回應，因為活在舊時代的人（非信徒），往往以不信的眼光和舊的世界觀，看「復活」這事件，惟有當人的「心志」（*nous*；羅十二 2）被聖靈更新改變，他方能用新時代的眼光和新的世界觀看一切的事物。[22] 此外，基督的復活確立祂為「主」，惟有以基督為主的人，才會以被更新的眼光去看這復活的歷史事實，對它有正確的詮釋。多倫斯的論點，與護教學者范泰爾的論點不謀而合（參本章前半部論及復活的護教意義）。這並非說，我們放棄了「客觀的歷史事實」，只看重復活的信仰；乃是說，歷史事實與信仰詮釋二者關係密切，相互影響，形成一循環，如後頁圖八所示。

(iii) 從「時空」的角度看復活

基督的復活確立他是時空（space and time）的主。多倫斯指出，復活與道成肉身有密切關係，因為有人性才有身體復活。

---

22 Torrance, *Space, Time and Resurrection*, 37 ~ 45.

圖八：復活的歷史與信仰關係圖

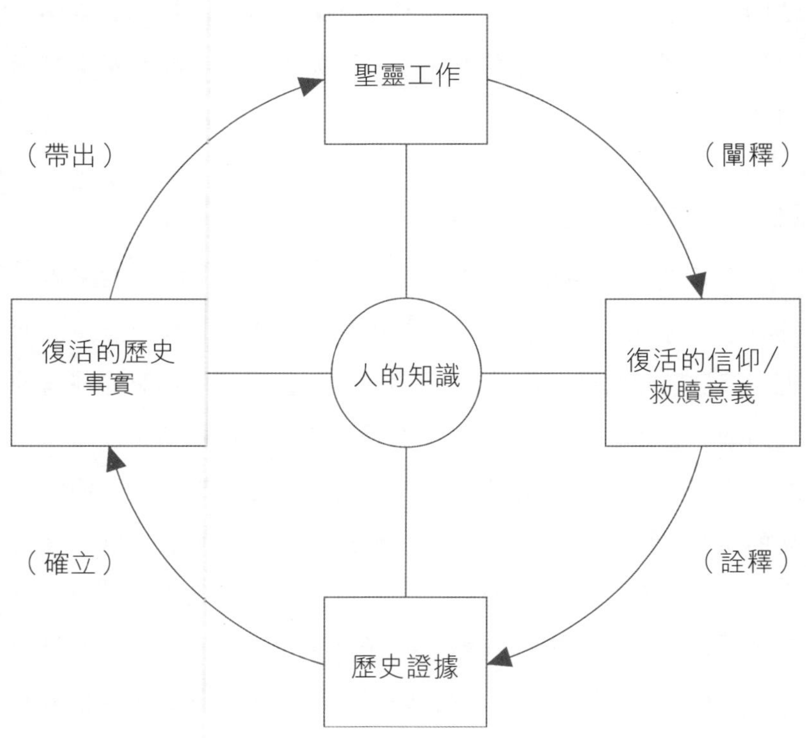

耶穌真的在歷史時空中出現，真的死在十架上，又真的被父所離棄；復活的主與釘十架的耶穌是同一個人；復活作為上帝的救贖工作，與這被造的宇宙，有同一的時空結構，因此，神學與自然科學，是有重疊之處，也可以互相溝通對話；在復活的事件中，我們可以看到創造與救贖的交錯相互關係，因為基督的復活帶來了一個「新創造」（林後五 17：「若有人在基督裏……新創造……」），而信徒也在這新創造中有分。[23]

---

23 Torrance, *Space, Time and Resurrection*, 159 ~ 193.

四 升天榮耀的基督與今日信徒

基督復活以後，四十天之久，向使徒顯現，與他們講說上帝國的事(徒一 3)，吩咐他們要等候父所應許的聖靈(一 4～5)，最後在他們眼前被接上升(6～11 節)。

基督的升天，與祂的復活一樣，是在時空中發生的歷史事件，也是祂救贖工作重要的一環，與信徒的信仰和生活，有密切的關係。但很可惜，華人福音派教會，承接西方神學傳統，對升天一事，甚少考究(參霍奇、柏克富、史特朗〔Augustus H. Strong〕等人所撰寫之系統神學著作)。有關升天這救贖事件，我們須先確定它的聖經基礎，然後才再進一步，了解其神學及實踐意義。

1 信經與聖經的見證

A. 信經的見證

耶穌基督的升天，在古代大公教會的信經中有清楚的表達。三八一年的〈尼西亞－君士坦丁堡信經〉(Niceno-Constantinopolitan Creed)中，在提及基督方面有以下的宣告：

> 在本丟彼拉多手下，為我們釘於十字架上，受難、埋葬；
> 照聖經第三天復活；
> 並升天，坐在父的右邊；
> 將來必有榮耀再降臨，審判活人死人；祂的國度永無窮盡。

〈使徒信經〉與〈亞他那修信經〉（Athanasian Creed）也有相類似的表達。[24] 自十六世紀以來，有不少基督教教會的信仰宣言，也都清楚提到基督的升天，以下是一些代表性的文獻：信義宗的〈奧斯堡信條〉（Augsburg Confession，1530 年）、安立甘宗的〈三十九條〉（Thirty-Nine Articles，1571 年）、重洗派的〈瓦特蘭信條〉、改革宗的〈韋斯敏斯德信條〉（Westminster Confession，1647 年）、英國公理會的信仰宣言（The Declaration of the Congregational Union of England and Wales，1833 年）、〈英國長老會信條〉（English Presbyterian Articles of Faith，1890 年），〈蘇格蘭教會信仰述略〉（The Scots Confession，1929 年）等，[25] 也包括一些第三世界教會的信仰宣言。[26]

以上所提，歷代教會的信經和信仰宣言例子，都見證普世教會以基督的升天為其基本信仰，而新約聖經的啟示，顯然也是這樣地看。

B. 新約聖經的見證

新約聖經的文獻，多次記載和提及基督的升天（主要的經文包括：太二十八 16 ~ 19；可十六 9 ~ 20；路二十四 50 ~ 53；約三 13，六 62 ~ 63，二十 17；徒一 4 ~ 11，二 32 ~ 33，五 30 ~ 31；羅八 34；林前十五 44 ~ 49；弗一 20 ~ 21；腓二 6 ~ 9，三

24 湯清編譯：《歷代基督教信條》（香港：基督教文藝，1989），頁 20，30。

25 湯清編譯：《歷代基督教信條》，頁 61，215，253，339，637，673，687。

26 John H. Leith, ed., *Creeds of the Churches* (Louisville, KY: John Knox Press, 1982), 557.

20；西三 1～4；提前三 16；來一 3，二 9，四 14～16，九 24，十二 2；彼前三 15～22；啟四 2～五 14，十四 14 等）。[27] 這些經文反映了初期教會對基督升天的重視，與近現代福音派神學對它的忽略，成了對比。

C. 聖經的用詞

有關「升天」，聖經中重要的動詞有以下四個：

(i) Αναβαινω（上去）

在舊約中（希伯來文 *alah* 一詞有強烈的崇拜和君王統治的意味。這詞的崇拜意味在摩西上西奈山、錫安山和聖城，也表達於獻上祭物的行動上；君王統治意味則在「登基詩篇」（詩二篇，二十四篇，六十八篇等）、耶和華登上寶座的行動中表達出來。新約承接舊約的用詞，將 αναβαινω 應用於基督的升天（約三 13，六 62，二十 17；徒二 34；弗四 8～10），從而帶出兩方面的意思：（1）作為君王，基督登上寶座；（2）作為祭司，基督向上帝獻祭，包括獻上燔祭或禱告。

(ii) Καθιζω（坐）

新約多次引用詩篇一百一十篇來描述基督的升天掌權（太二十六 64；徒二 30；弗一 20 等）。彼得在五旬節講道中說：「大衛並沒有升到天上，但自己說：主對我主說，你坐在我的右

27 Peter Atkins, *Ascension Now: Implications of Christ's Ascension for Today's Church* (Collegeville, MN: Liturgical Press, 2001), 27～67.

邊，等我使你仇敵作你的腳凳。」（徒二 34～35）

這是彌賽亞君王統治的用詞。新約其他經文（包括：來一3，八 1，十 12；啟三 21 等），都有「君尊祭司」的意義。

(iii) Αναλαμβανω（被接）

舊約中這動詞用於以利亞被接升天，而次經中，以諾和其他人被接升天也用這動詞。新約中，這動詞用於基督升天的經文（包括：可十六 19；徒一 2；提前三 16 等）。而其名詞 αναλημψισ 只在路加福音九章 51 節中出現，在那處，「被接上升」所指的是基督十架上的死，它意味著基督的升天始於祂在十架上被舉起來的時刻。除了有崇拜的意義外，這動詞所表達的，是基督被父上帝接到天上，進入榮耀、也進入一個彌賽亞職分的新階段。

(iv) Ηυψοω（被舉起）

- **路一 52**：從卑微的地位高升。
- **太二十三 12；路十四 11；彼前五 6**：一般地位的高升。
- **徒二 32，五 31**：基督的高升。
- **約三 14，八 28，十二 32、34**：指基督在十架上受死、被高舉。

這用法意味著基督得榮耀乃始於祂的被釘，這暗示十架與復活和升天關係密切，三者合而為一。基督的升天得榮耀乃是通過十架，從降卑犧牲代贖，最後復活升天，完成救贖工作。[28]

2 基督升天的神學意義

A.「升天」是救贖歷史的高峯

假若十字架是基督降卑的最低點，復活就是基督高升的起點。然而，基督的高升，並沒有停在復活的階段，而是在四十天之後，在門徒面前帶著身體被接升天（路二十四 50～51；徒一 6～11）。救贖歷史的中心就是基督道成肉身、受苦受死、復活、升天，坐在父上帝的右邊，並且將會在榮耀中再臨這個歷史過程。這過程是福音信息的中心，也是救恩的基礎。

(i) 道成肉身與升天

降生為人的聖子耶穌，與升到天上的基督，是同一位「神—人」，雖然經過兩個不同的階段，卻是同一個人。正如保羅所言，福音乃是有關「他兒子 —— 我主耶穌基督。按肉體說，是從大衛後裔生的；按聖善的靈說，因從死裏復活，以大能顯明是上帝的兒子」（羅一 3～4）。基督經過「肉體」時代，就是在亞當的舊時代裏，受苦受死；祂也藉復活進入「聖靈」的新時代，升天掌權，將會再來。[29] 在這個過程中，聖子基督是一個位格，卻是同時有完全的人性和神性，順服天父，透過降卑與高升而成就救贖工作的彌賽亞。

28 參 Torrance, *Space, Time and Resurrection*, 106～111。

29 Ridderbos, *Paul: An Outline of his Theology*, 64～68.

(ii) 十架與升天

十字架是基督的得勝（來二 14）和得榮耀（約十二 23）的時刻，而升天就是祂的得勝和得榮耀的真正實現（徒二 33～36；腓二 9～11）。

十字架是基督將自己獻上為祭，為人贖罪的時刻（來九 13～14，25～26），而升天則是基督實現大祭司職分的時候（四 14～16，九 24）。在這兩個階段中，基督的祭司角色皆被肯定。[30]

(iii) 復活與升天

路加福音二十四章 36 至 53 節記載耶穌的升天，是緊接著祂復活後的顯現，對門徒的教導、差遣、與應許之後。明顯地，路加福音強調了升天與復活之間的密切關係。使徒行傳一章 1 至 11 節則記載門徒在復活後升天前，有四十天接受主的教導，並聽從主的吩咐等候從上面來的能力。無論如何，使徒彼得的講道，將復活和升天這兩個不同的事件緊密的連起來（徒二 32～36），而在保羅書信中，復活與升天二者的關係也非常密切（弗一 19～22，二 6；西三 1～4）。

基督復活的生命和榮耀，也是祂升天後的形態。那得勝死亡、被聖靈更新改變的耶穌，也是那升到天上、進入天堂、在父上帝右邊代求的基督。這裏包括：

---

30 John G. Davies, *He Ascended into Heaven*（London: Lutterworth Press, 1958）, 171.

1. 基督帶著復活的身體進入天堂，成為一切「在基督裏」的人「初熟的果子」(林前十五 20～23)，祂是信徒身體復活和進入天堂的先例和保證。
2. 基督復活後，成了「叫人活的聖靈」(林前十五 45；林後三 17)，從此以後，祂的工作與聖靈的工作合而為一(羅八 9～10)。[31] 祂升天後，也賜下聖靈(徒二 33)予新約教會，叫一切信祂的人，皆得著聖靈的生命與能力。
3. 復活的基督帶著榮耀的人性，升到天上。基督這榮耀的人性在永恆中不單有其地位，也保證了凡在基督裏的人，其人性也會得著榮耀，也會被肯定。

(iv) 升天與再來

使徒行傳一章 9 至 11 節記載基督升天時，門徒定睛望天，忽然有兩個身穿白衣的人，站在旁邊，說：「加利利人哪，你們為甚麼站著望天呢？這離開你們被接升天的耶穌，你們見他怎樣往天上去，他還要怎樣來。」(徒一 11) 天使給門徒的信息是：這是耶穌再來之前最後一次有形體的顯現，而耶穌如何帶著榮耀的身體升天，也會同樣的從天上再來，而升天與再來之間，就是新約教會帶著聖靈的能力，將福音傳到地極的時代(一 8)。初期教會的信徒帶著這盼望生活和事奉，今天我們也是一樣。榮耀升天的基督標誌著，我們與初期教會的信徒雖然相隔二千

---

31 Richard Gaffin, *Resurrection and Redemption: A Study in Paul's Soteriology* (Phillipsburg, NJ: Presbyterian and Reformed, 1987), 78～97.

年，卻是活在同一個救贖歷史的時代中，都有升到天上的主作大祭司，為我們代求，直到祂再來。

基督的升天是祂再來的保證，而信徒今天已經與主一同升天（弗二 6），是最終得榮耀的先嘗。

B.「升天」是彌賽亞職分的實現

作為彌賽亞，基督是君王、先知和祭司。復活後的基督升到天上，實現了祂被差遣、作彌賽亞的身分。

（i）君王

基督作為復活的主，得著天上地下一切的權柄（太二十八 18），四十日後升到天上，坐在天上至大者寶座的右邊（來八 1），完成救贖工作，並且以祂的同在與能力，充滿萬有（弗一 23，四 10），執行祂彌賽亞君王的職分。然而，在祂再來之前，祂的王權是隱藏的（西三 3～4），因為祂是那被殺的羔羊（啟五 1～4）。透過祂的代贖犧牲，祂有資格運用君王的權能，掌管歷史（五 5）。

基督的升天是祂登基為王的時刻，從此祂坐在父上帝的右邊，在那施恩的寶座上，治理教會，也掌管整個宇宙。

基督的君王職分乃是「祭司—君王」（priestly-king）的職分。[32]

---

32 參 Torrance, *Space, Time and Resurrection*, 112。

(ii) 先知

作為彌賽亞先知，基督的升天將祂先知的職分帶進一個新的階段。

作為永恆的「道」，基督升天後，藉著新約教會，宣講福音真道(可十六 19～20)。從此以後，歷代教會的宣講，乃是那受死、復活、升天的基督對人的呼召，叫人悔改歸信祂。這歷史的宣講，是基督藉著祂自己所差派的聖靈、實現祂的先知職分，叫人得新生命。

作為榮耀的先知，基督在教會中設立話語與聖禮的職事，叫祂的子民得著餵養、滋潤、治理與紀律。[33]

(iii) 祭司

基督在地上的時候，已經執行了祭司的職務；祂在十架上，為人的罪，一次過獻上自己(來七 27，九 12、25～26)，這個獻上是完全的、也是不必重複的！然而，祂升到天上，就進入祭司職分的新階段。這天上祭司的職分，並不是按照律法亞倫等次的職分，乃是按照麥基洗德等次，為永恆的大祭司(七 1～28)。基督是宇宙的君王，是至高、聖潔、有無窮生命的大能，因此祂的大祭司職分是有君尊的祭司職分。[34]

作為天上的大祭司，基督的工作包括：

33 參 Torrance, *Space, Time and Resurrection*, 118～122。

34 參 Torrance, *Space, Time and Resurrection*, 112 ～ 118；John Murray, *Collected Writings of John Murray, vol. 1: The Claims of Truth* (Edinburgh: The Banner of Truth Trust, 1976), 44～58。

■ 為人的代求

基督在地上的時候，常為門徒向父祈求（路二十二32，二十三34；約十四16，十七章等）。升天之後，祂繼續承擔這彌賽亞工作。祂在父面前的代求（intercession），並不表示祂比天父的地位低，也不表示天父非全知，需要聖子的報告，乃是表示，信徒在地上仍需要升天的彌賽亞為中保，代替他們禱告。

基督代求的對象是那些蒙恩得救者（約十七20～21；羅八34；來七25），就是那些被父上帝呼召、在基督裏有分、蒙祂稱義救贖的人（羅八32～34；林前一9）。基督藉著十架、復活救贖的範圍，與祂在天上代求的範圍，是一致的。

上帝的子民在地上會遇到各樣的「患難、困苦、逼迫、飢餓、赤身露體、危險、刀劍」等（羅八35），主的代求帶來上帝的恩典、能力，使他們可以面對這一切，至終得救（來七24～25）。

■ 作人的代表

作為神人的中保，基督在父面前成為信徒敬拜、禱告的代表（representative）。當信徒敬拜禱告的時候，基督代表他們將一切的敬拜和禱告獻呈在父面前，這是基於祂完全的人性，和一次過完全的獻祭（來五1～3，九24～26）。若沒有基督作為我們的代表，我們一切的敬拜、禱告、事奉，皆是徒然，因為都不會到達父的面前。

基督在天上作我們的代表，這其實是延續祂在地上的工作。祂的一生都是我們的先鋒和代表，使我們在祂裏面得著全人的醫治和救贖。[35]

■ 同情體恤

基督對祂的子民，也是祂對弟兄和姊妹的同情體恤（來二17～18，四 14～15），這是由於祂是完全的人，祂在地上所經歷的一切痛苦、試驗、試探，都是真實的。祂在天上高升階段的事奉，乃建基於祂在地上降卑階段的事奉，這兩個階段的事奉有直接的關係。這樣看來，基督的一生都有救贖意義。基督的受苦與順服，雖然以十架為高峯，卻不是單指十架，乃是涵蓋祂在地上的一切經歷。

此外，基督在天上為大祭司，祂能夠體恤我們的軟弱，顯明了祂在天上榮耀的人性，與祂在地上降卑的人性一樣，是真實的、完整的。祂完全了解我們在身體、心靈、道德等方面的軟弱，也能幫助我們勝過這些軟弱。

基督在地上經歷一生，卻沒有犯罪，這不但絲毫不減祂的人性，更因祂得勝的人性，使信靠祂的人，在今生有得勝的把握，並且在末日有完全成聖的盼望。

■ 祝福治理

在祂升天時，基督為其子民祝福（路二十四 50～53）。這是一個祭司的祝福。五旬節就是復活升天的基督，實現祂祝福

35 Thomas F. Torrance, *Theology in Reconciliation* (Grand Rapids, MI: Eerdmans, 1975), 139～214.

的時刻。

大祭司基督所祝福的新約教會，是上帝的家，是祂在聖靈的能力中所管治的（來三 1～6；彼前二 15）。祂升天之後，賜下聖靈（徒二 33），也將各樣的恩賜給予信徒（弗四 8），使他們能以事奉。此外，祂也透過聖靈，在教會（七個金燈台）中行走（啟一 20～21，二 1），以祂的愛和代求，與眾聖徒同行。

C. 升天、時空與天堂

希伯來書論及基督的升天，有這樣的話：「因為基督並不是進了人手所造的聖所（這不過是真聖所的影像），乃是進了天堂，如今為我們顯在上帝面前」（來九 24）。這裏所指的「天堂」，是指天上的聖所，就是上帝的居所（八 1～6），在那裏有耶穌坐在父的右邊，為聖徒代求。這是那看不見、永恆、更美、更完全的帳幕（九 11）。這不是人手所造，也不是屬乎這世界的，乃是信徒所盼望的，那「更美長存的家業」（十 34）、「更美的家鄉」（十一 16）、「不能震動的國」（十二 28）、「常存的城」（十三 14）。這升天的耶穌所進入的聖所，是上帝同在的地方，因此是「天上的殿」（啟十一 19，十五 5～8）。這天上的聖殿或帳幕，是「真帳幕」，與那舊約中、人手所支搭的帳幕成一對比（來八 2、5，九 24），因後者只是前者的影兒。

這天上的聖所，當主再來的時候，就成了神人同在的新耶路撒冷。到那時，上帝的帳幕在人間，上帝要與人同住，一切眼淚、痛苦、死亡、皆成過去（啟二十一 1～二十二 5），一切在基督裏的人將享受永恆的安息（來四 11），而宇宙也會完全更新，在基督裏同歸於一（弗一 10）。[36]

究竟這個非受造的「天堂」，與那受造的「天地」有甚麼關係？聖經論到「天」，有兩個意思，其一是那會轉變、會過去的創造的一部分（來一 10～12），其二是那永恆的、長存的、非人手所造的「天」。究竟二者有何關係？

當代神學家多倫斯，贊同教父（patristic）和改革宗神學傳統，看基督降生為人，是永恆的道（eternal Word）進入被造的時空，活在這個受造的天地中，然而祂並沒有停止造物主的身分，因為祂是完全的人又是完全的上帝。另一方面，基督的升天卻顯明祂是超越時空的創造主，但祂雖然升到天上（非受造的天堂），卻仍然是有完全人性的神人。此論點乃源自改革宗大師加爾文，因為加爾文曾說，基督成為人，由童女所生，但祂從未離開天上，這也是約翰福音的見證（約三 13）。

多倫斯指出，信義宗（Lutheran）的神學家，不接受上述的觀點。對信義宗的人來說，加爾文的觀點是有問題的，因為假若基督的人性是真實和完全的話，這人性沒有可能留一部分在天上。因此，信義宗看改革宗的論點，有「保留部分基督人性在天上」的嫌疑，他們稱這部分為「加爾文的剩餘」（Calvinist extra）。出身自改革宗傳統的多倫斯，並不贊同信義宗的觀點。他認為，信義宗神學家有此看法，不單因為他們想確定道成肉身是完全和真實的，也是由於他們看空間為一個「容器」

36 參 Randy Alcorn, *Heaven*（Tyndale House, 2004）, 143～383；D. A. de Silva, "Heaven, New Heaven," in *Dictionary of the Later New Testament and Its Developments*, eds. R. P. Martin and P. H. Davids（Downers Grove, IL: IVP, 1997）, 439～443。

（receptacle）。以「容器」作為空間的模式，根源自中世紀的宇宙觀。多倫斯認為，「容器」模式的空間觀點很容易引致下列偏差：（1）天主教聖餐禮中的「變質説」（transubstantiation），企圖解釋基督身體為何可以在不同地點出現；(2) 十九世紀自由神學的「倒空論」（kenotic theory），構思基督成為人，必須倒空祂部分的神性，這企圖解釋基督人性與神性，為何得以在地上並存。

要避免信義宗神學所產生的問題，多倫斯認為我們有必要採取一個現代宇宙觀的「關係」模式來看時空。這樣，我們就可以確定，基督是完全的人，與受造的時空有關；同時祂也是完全的上帝，是超越一切時空的。在道成肉身時，基督成為人，但仍是超越的上帝；而在祂升天時，祂超越時空(進入永恆的天堂)，但仍有完全的人性。這兩方面互相緊扣，卻並不互相排斥。[37]

我們認為，多倫斯的觀點可以較合理地解釋，為何基督在降卑時，身處受造的天地中，仍是完全的上帝，而在高升時，身處永恆的天堂中，仍是完全的人。作為神—人，祂不單在兩個環境中，來去自如；在祂身上，我們也可以看到，「受造的時空」與「永恆的天堂」的完美結合。這也許就是那將來從天而降的聖城耶路撒冷和新天新地的榮耀景象吧（啟二十一 1 ～二十二 5）！

3 升天的基督與今日信徒

A. 信徒應以基督為主

保羅論及基督的高升時說：「所以，上帝將他升為至高，又

37 Torrance, *Space, Time and Resurrection*, 123 ～ 135.

賜給他那超乎萬名之上的名，叫一切在天上的、地上的，和地底下的，因耶穌的名無不屈膝，無不口稱『耶穌基督為主』，使榮耀歸與父上帝。」(腓二 9～11)這位高升得榮耀的彌賽亞，得著天地的權柄(太二十八 18)，在天上坐在父上帝的右邊掌權作王(林前十五 25；腓三 21)。作為天上的國民，今日的信徒可以確定：

(i)祂是宇宙、歷史的主

作為掌管歷史的主(啟五 1～5)，我們可以信靠祂，因為祂使萬事互相效力，叫愛上帝的人得益處(羅八 28)。無論處境如何，升天的基督仍是統治宇宙的君王。宇宙間一切事物，包括人的罪，在基督的主權(sovereignty)之下，都可以成就祂恩典的美意(創四十五 5～8，五十 19～20；徒二 22～24)。並且沒有任可事物，包括「患難、困苦、逼迫、飢餓、赤身露體、危險、刀劍」，能夠使我們與上帝在基督裏的愛隔絕(羅八 31 ～ 39)。這一切都是由於祂是那位升到天上、統管萬有的主。

(ii)祂是我人生的主

升天的基督，不單是宇宙的主，更是信徒的主。福音的信息就是：「基督是主」(林後四 5)。得救的途徑是「信耶穌」，就是口裏承認、心裏相信耶穌是主，是那復活、升天的彌賽亞君王(羅十 9)。基督是信徒的主，是信徒委身、一生跟隨、事奉的對象。「信心」絕對不是現代一些佈道事工所提倡的「一次舉手、永遠得救」、「一手抓住世界，一手抓住永生」、「點頭相信」(easy believism)，而是將生命交託予主，一生跟隨主的抉擇與行動。

(iii)祂是我得勝的主

基督的復活與升天，是祂經過十架的降卑，把信徒從黑暗的權勢中，遷到愛子國度的必經過程(西一 13)。藉著祂的高升，祂坐在父上帝的右邊，遠超過一切「執政的、掌權的、有能的、主治的、和一切有名的」(弗一 20～21；西二 10)，一切在祂面前都要屈膝，包括那些不順服的、黑暗的權勢(腓二 10)。作為得勝的主，祂有能力帶領我們勝過一切的罪和黑暗的勢力，使我們在今生過一個得勝的生活。[38]

B. 信徒的生命與主聯合

信主的人不單與主同死、同復活(羅六 1～11)，也與主一同升天(弗二 6)。與主同死就是「向罪死」，亦即向罪的權勢死，這是信徒可以過不犯罪生活的基礎(羅六 12～14)。與主同復活就是「向上帝活」，亦即活出新生的樣式(六 4、8～10)，也為主而活(林後五 15)。

與主同復活者，也與主同升天，這不是將來的事，而是今日已成的事實，因為以弗所書二章 5 至 6 節中的三個動詞：「一同活過來」、「一同復活」、「一同坐在天上」，都是過去時式

38 Davies, *He Ascended into Heaven*, 60～62.

（aorist tense），是指一個人歸主時的經歷。這與主一同升天、一同坐在天上的事實，有三方面的意義：

（i）在聖靈裏的更新

復活的基督，成了「賜人生命的聖靈」（林前十五 45；林後三 17），因此今天信徒與主聯合，也是與聖靈聯合，有聖靈的內住（羅八 9～10）。這屬天的生命，是與基督一同藏在上帝裏面（西三 3），直到主再來（三 4）。升天的主，透過聖靈住在我們心中，賜我們力量（弗三 16）、充滿及掌管我們（五 18～六 21），並幫助我們過得勝的生活，結出聖靈的果子（加五 16～24），有主耶穌的榮美（林後三 18）。

（ii）成聖的功夫

「所以，你們若真與基督一同復活（和升天），就當求在上面的事；那裏有基督坐在上帝的右邊。你們要思念上面的事，不要思念地上的事。」（西三 1～2）信徒的人生方向應該是「求在上面的事」，他們所關注的也應該是那些「上面的事」，因為他們已經與主同復活、同升天，他們今日經已在基督復活升天的生命中有分，因此應當活出這生命的榮美。此外，信徒不要思念地上的事，而「地上的事」乃指那些屬於舊時代的犯罪的事，就如「淫亂、污穢、邪情、惡慾、貪婪」等（三 5～8），信徒的本分是「治死」（也可譯作「釘死」、「餓死」）這些屬地的肢體；而「天上的事」則指 12 至 17 節中所列舉的「憐憫、恩慈、謙虛、溫柔、忍耐的心」等，而信徒的本分是「穿上」這些天上的美德。這是一個成聖的旅程。[39]

(iii)與主一同受苦

雖然信徒已經與主同復活、同升天，有聖靈的生命，但由於那舊的時代還未過去，因此信徒在世上仍有苦難，特別是因信仰而來的苦難，更是難免的(提後三 12)。

此外，那升天的基督，也是那被釘的耶穌。信徒在歸主時，與主同死，也就必然地與主同受苦難，這是那些等候與主同得榮耀者必經之路(羅八 17～25)。今日的信徒必須有受苦的心志，以主為榜樣、跟隨祂的腳蹤行(彼前二 21～23，三 14～18，四 1～2、12～19)，並將自己的生命交託那信實的、創造我們、為我們受苦的主。感謝上帝！現今的苦難，與將來要得的榮耀，是無法相比的！

C. 信徒有基督為大祭司

基督升到天上，實現了祂的大祭司職分，在父上帝的右邊為信徒代求、作信徒的代表、體恤我們的軟弱、祝福治理教會、是神人之間最完美的中保。這大祭司的職分帶來幾方面的意義：

(i)禱告不是人自己的努力

禱告並非人努力以他自己的「信心」，到上帝面前。禱告乃

---

39 Peter O' Brien, *Colossians, Philemon* (Waco, TX: Word Books, 1982), 159～213.

是回應升天的主為我們的代求。在我們還未禱告以先，基督已為我們代求（路二十二 31 ～ 32）。當我們不曉得禱告時，主所賜給我們的聖靈，會親自用說不出來的歎息，替我們禱告（羅八 26 ～ 27）。並且由於基督已在天上為我們代求，沒有任何事物可以使我們與上帝的愛隔絕（八 34 ～ 39）。這是信徒今日在患難困苦中極大的安慰。[40]

（ii）敬拜是藉基督到父面前

首先，基督在父面前已為我們獻上應當獻上的（來八 1 ～ 4），也在父面前滿足了敬拜的條例（來九章）；因此，我們可以靠著祂，參與基督在父面前的敬拜，靠著祂的身體，得以坦然進入至聖所（十 19 ～ 25），敬拜事奉上帝。這樣，敬拜也是一種回應，一種注目在基督身上，透過基督的敬拜而有的行動，而非靠己力而行的宗教活動。[41]

（iii）人性的典範

作為神人之間的中保，我們的主有完全的人性（來四 14 ～五 10）。這完全的人性經過降卑、死亡、進入復活、高升、榮耀的境界，但仍是完全的人性！信徒與主聯合，不單罪得赦免，人性也得救贖。在與主同復活、同升天的救恩福氣中，信徒可以經歷：（1）主在人性中的同情體恤；（2）主在人性中的得

40 James B. Torrance, *Worship, Community and the Triune God of Grace*（Downers Grove, IL: IVP, 1996）, 43 ～ 46.

41 Torrance, *Worship, Community and the Triune God of Grace*, 54 ～ 67.

勝——要注意的是，「人性」不一定等於「罪性」，因為在新天新地中，基督與信徒的「人性」都是無罪的！（3）主的人性成為我們今日生活的典範（效法基督），以及在永恆中的盼望（完全像基督）。

信徒作為一個人，他的人性典範不是亞當犯罪前的人性，因為當上帝創造亞當的時候，祂「將生氣吹在他的鼻孔裏，他就成了有氣息的生命」（"a living being"；創二 7；筆者譯），這「有氣息的生命」是一個「血氣」或「屬地」的、是清白（innocent）的，但不能承受上帝國的生命（林前十五 42～50）。信徒的人性典範，卻是那末後的亞當耶穌基督。基督復活、升天、藉聖靈得著改變更新，也把這聖靈屬天的生命賜給一些與祂「同復活、同升天」的人（十五 45 下～49；弗二 6）。因此，這位復活升天的主，祂榮耀的形像，才是我們榮耀的盼望和最高的典範（林後三 18）。

（iv）身體的角色

基督帶著身體降生為人，帶著身體經歷一切人間痛苦、憂傷、試探、失望與死亡，也帶著復活的身體進入榮耀中。將來祂必帶著身體再來，在永恆中與屬祂的人同住。這樣看來，身體在永恆中是有地位的，因為人的身體是上帝美好的創造（創一 31），是可以獻給上帝的（羅十二 1），也是聖靈的殿（林前六 19）。

不要把「身體」（σωμα）與「肉體」（σαρξ）混淆了，後者是指人在亞當裏軟弱和敗壞的人性，是信徒必須「治死」的對象，而前者則是上帝救贖的一部分，是在永恆的天地中有地位的。[42]

其實，整個創造在永恆中都有地位，因為「新天新地」將是舊天地的更新，那是可以看見、可以摸到、可以享受的一個天地。

今天信徒要好好照顧自己的身體，使之成為服事上帝、榮耀上帝的有效工具，也要將身體上的每一個肢體皆獻給上帝，成為義的器具（羅六 12～13），作義的奴僕。信徒在世，不要輕視身體，更不可「順從身子的私慾」（obey its evil desires）。

D. 信徒今日的使命

基督的升天，是新約教會使命的開始（太二十八 18～20；徒一 6～11）。[43] 昔日耶穌的門徒所關心的，是以色列國的復興，是政治的解放，是地上國度的建立。基督將他們的眼光重新調校，讓他們看到福音的傳揚、聖靈的能力、教會即將要肩負的使命。在基督升天與再來之間，是末世的時代，是教會在歷史中作見證、使萬民歸主、使普世得福的年代。這末世時代的特色，是聖靈的工作、福音的大能、愛的服事、恩典的傳播。在這時代中，政治與教會不再是一體，而是服在基督權柄下的兩個不同的權力體系（太五 38～48；約十八 19～37；羅十二 17～十三 7）。

---

42 Ridderbos, *Paul: An Outline of his Theology*, 115～117, 229～230.

43 Davies, *He Ascended into Heaven*, 174.

升天的主，將各樣的恩賜賜給人（弗四 8～10），使每一位信徒都可以事奉上帝、建立教會、敬拜上帝、見證大能的福音。

E. 信徒未來的盼望

升天的基督如何往天上去，祂還要怎樣來（徒一 11），這是基督徒確定的盼望。這盼望帶來：（1）聖潔生活的動力（約壹三 2～3）；（2）面對苦難的勇氣（羅八 17～25，五 1～5；彼前一 3～7）；（3）藉聖言和聖餐得餵養；[44]（4）存感恩敬虔的心事奉上帝（來十二 26～29；彼前四 7～11）。

F. 信徒對主的頌讚與敬拜

升天的基督是那榮耀、得勝的主。活在基督升天的榮耀中，這是恩典、是滿有豐盛與能力資源的人生。我們可以從這救恩的泉源中，歡然取水（賽十二 2～3，五十五 1～5），也可以在這湧溢的泉源中，與人分享（約七 37～39）。

升天的基督是值得我們稱頌的。一方面，祂是那位榮耀高升的主、歷史的主、宇宙的統治者，是值得我們屈膝頌揚的（腓二 9～11）。今天祂在天上已得榮耀、接受眾長老和天使的敬拜（啟五 6～14）。祂在天上坐著為王，是普世教會所敬拜、所尊崇的。我們期待在末日，一切在天上的、地上的、和地底下的，都屈膝敬拜這位榮耀的主。

---

44 Davies, *He Ascended into Heaven*, 176.

基督的高升，最終仍是一個奧祕，是上帝測不透的工作。有一些問題，如「祂去了天堂，但天堂在哪裏？祂在天上的神人二性如何配合？祂今天在地上的工作（如歷史的管治、創造的更新），是如何進行的？基督今天如何與聖靈同工？」等，都不是我們能夠完全測透的。這些都顯示，基督的超越與榮耀，引發我們無盡的頌讚與敬拜。

討論問題

1. 舊約聖經中有「彌賽亞復活」的應許嗎？若沒有，為何耶穌和保羅都認為有？若有，為何耶穌的門徒都看不見呢？
2. 我們如何可以確定，基督的受死與復活是新約福音啟示的中心？
3. 當代聖經學者對「復活是否歷史事實」有哪幾個不同的立場？你如何評估這些立場？
4. 如何確立「耶穌復活是歷史事實」這立場？這立場對基督教的反面和正面護教工作有甚麼貢獻？對基督徒的信心又有何幫助？
5. 在福音派的啟示觀中，歷史事件與文字詮釋的關係如何？這與布特曼和賴特的觀點有何分別？
6. 從「知識論」的角度看，單證明「耶穌復活」是歷史事實，就足夠使未信者信服耶穌嗎？為甚麼？
7. 基督的復活與信徒的復活二者有何關係？前者對信徒的過去、現在、將來，有何重要的意義？
8. 哥林多前書十五章 45 節與哥林多後書三章 17 節論及復活為基督帶來甚麼改變？這改變又如何影響「在基督裏」的人？
9. 羅馬書一章 3 至 4 節為何不可以解釋為「基督的人性與神性」？這經文如何正面闡釋了復活的救贖意義？
10. 基督的復活如何展示祂是「末後的亞當」？請以經文證明之。基督身體復活的經歷，對信徒帶來甚麼影響？
11. 「與主同復活」是一個怎樣的經歷？我們為甚麼說，這是一個「末世性」的經歷？

12. 論到基督的升天，聖經和歷代信經給予它怎樣的地位？華人教會有給予它同樣的地位嗎？為甚麼？如何改善？
13. 聖經用了哪幾個希臘文的動詞，表達基督的高升？這些動詞有何信仰意義？
14. 基督的「升天」與祂的道成肉身、十架、復活、再來，有甚麼關係？
15. 基督的升天如何實現了祂作為君王、先知和祭司的職分？這些對今日信徒有何實際意義？
16. 基督的升天與時空有甚麼關係？升到天堂如何表達出祂那「神人」的身分？又如何影響信徒對永生和天堂的盼望？
17. 升天的基督是「主」、是「生命」，對今日信徒有何意義？
18. 升天的基督是「大祭司」，如何在我們每日的生活中實踐？
19. 基督的升天，如何影響我們今日的使命，以及未來的盼望？

參考書目

Atkins, Peter. *Ascension Now: Implications of Christ's Ascension for Today's Church*. Collegeville, MN: Liturgical Press, 2001.

Brown, Colin, ed. *History, Criticism and Faith*. Downers Grove, IL: IVP, 1976.

Bruce, F. F. *The Apostolic Defense of the Gospel: Christian Apologetics in the New Testament*. London: IVP, 1970.

Bultmann, Rudolph. *Existence and Faith*. London: Fontana Press, 1964.

Copan, P., and R. K. Tacelli, eds. *Jesus' Resurrection: Fact or Figment*? Downers Grove, IL: IVP, 2000.

Cullmann, Oscar. "Immortality of the Soul or Resurrection of the Dead?" In *Immortality and Resurrection*. Edited by K. Stendahl. New York: The Macmillan Co., 1965.

Davies, J. G. *He Ascended into Heaven*. London: Lutterworth Press, 1958.

De Silva, D. A. "Heaven, New Heaven." In *Dictionary of the Later New Testament and Its Developments*. Edited by R. P. Martin and P. H. Davids. Downers Grove, IL: IVP, 1997, 439 ~ 443.

Fee, Gordon D. *The First Epistles to the Corinthians*（NICNT）. Grand Rapids, MI: Eerdmans, 1987.

Gaffin, Richard B., Jr. *Resurrection and Redemption: A Study in Paul's Soteriology*. Phillipsburg, NJ: Presbyterian and Reformed, 1987.

________ . *By Faith, Not By Sight: Paul and the Order of Salvation*. London: Paternoster Press, 2006.

Geisler, Norman. *Baker Encyclopaedia of Christian Apologetics*. Grand Rapids, MI: Baker, 1999.

________. *The Battle for the Resurrection*. Nashville, TN: Thomas Nelson Publishers, 1992.

Guthrie, Donald. *New Testament Theology*. Downers Grove, IL: IVP,

1981.

Harris, Murray J. *From Grave to Glory: Resurrection in the New Testament*. Grand Rapids, MI: Zondervan, 1990.

Ladd, G. E. *I Believe in the Resurrection of Jesus*. Grand Rapid, MI: Eerdmans, 1975.

Leith, J. H., ed. *Creeds of the Churches*. Louisville, KY: John Knox Press, 1982.

Milligan, W. *The Resurrection of Our Lord*. New York: Macmillan, 1927.

Moltmann, Jürgen. *The Way of Jesus Christ: Christology in Messianic Dimensions*. Translated by Margaret Kohl. London: SCM Press, 1990.

Montgomery, J. W. *History and Christianity*. Downers Grove, IL: IVP, 1972.

Murray, John. *Collected Writings of John Murray, I: The Claims of Truth*. Edinburgh: The Banner of Truth Trust, 1976.

________. *The Epistles to the Romans*,（NICNT）. Grand Rapids, MI: Eerdmans, 1973.

O'Brien, Peter. *Colossians, Philemon*. Waco, TX: Word Books Publishers, 1982.

Pannenberg, W. *Systematic Theology*. Vol. 2. Translated by G. W. Bromiley. Grand Rapids, MI: Eerdmans, 1991.

Ridderbos, Hermann. *Paul: An Outline of his Theology*. Translated by John R. de Witt. Grand Rapids, MI: Eerdmans, 1975.

Torrance, J. B. *Worship, Community and the Triune God of Grace*. Downers Grove, IL: IVP, 1996.

Torrance, T. F. *Space, Time and Resurrection*. Grand Rapids: Eerdmans, 1976.

________. *Theology in Reconciliation*. Grand Rapids: Eerdmans, 1975.

Van, Til Cornelius. *The Defense of the Faith*. Phillipsburg, NJ:

Presbyterian and Reformed, 1967.

Vos, Geerharders. *Biblical Theology: Old and New Testaments*. Edinburgh: Banner of Truth, 1975.

________. "The Eschatological Aspect of the Pauline Conception of the Spirit." In *Redemptive History and Biblical Interpretation*. Edited by R. B. Gaffin, Jr. Phillipsburg, NJ: Presbyterian & Reformed, 1980.

________. *The Pauline Eschatology*. Grand Rapids, MI: Eerdmans, 1961.

Wright, G. E. *God Who Acts: Biblical Theology as Recital*. London: SCM Press, 1952.

湯清編譯：《歷代基督教信條》。香港：基督教文藝，1989。

4

信心與救恩的實施

一　救恩次序的再思

1 改革宗傳統

改革宗的神學傳統認為，基督在歷史中的救贖工作，實施在人身上的時候，有一個清楚的救恩次序。正如改革宗神學家麥銳指出，救恩次序的構思是合理的，因為：(1) 上帝所賜的救恩是豐富而多元的，反映了祂豐盛的良善、智慧、恩典、與慈愛；(2) 上帝是一位有秩序的上帝，而非一位混亂的上帝，因此祂所賜的救恩，也必然按照一個特定的次序來實施；(3) 新約聖經的確指向一個救恩次序（參約一 12，三 3、5；羅八 29～30；弗一 13；約壹五 16 等）。

承接改革宗神學傳統，麥銳根據上述經文的提示，整理出的救恩次序是這樣的：[1]

1　John Murray, *Redemption Accomplished and Applied* (Grand Rapids, MI: Eerdmans, 1975), 79～87.

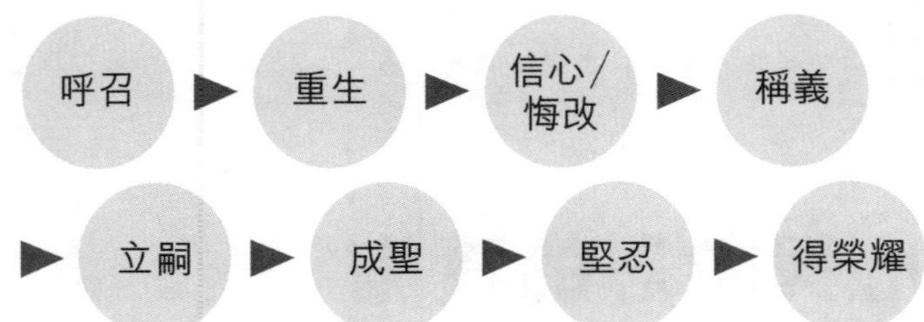

這樣的一個救恩次序的構思，反映了幾個信念。首先，救恩的實施，是一連串的行動，而非一個簡單不可分割的事件。其次，這程序以「呼召」作開始，以「得榮耀」作結束（主要根據羅馬書八章29至30節），這是合理的，因為聖經中看「呼召」是上帝領人出黑暗入光明的行動（林前一9；彼前二9），而以「得榮耀」作為終點也很自然；最後，麥鋭（正如其他改革宗神學家）認為，「重生」先於「信心」。這最後一點，我們將在下面作討論。

2 對傳統的置疑

新約學者葛理齊，雖然出身於改革宗的神學傳統，卻根據新約（特別是保羅）神學的提示，對這個改革宗神學的救恩次序，提出了幾點的置疑：[2]

1. 傳統「救恩次序」的構思，缺少了新約救恩論的末世意識。

在新約聖經中，尤其是保羅的書信中，論到救恩的實施

2 Richard Gaffin, *Resurrection and Redemption: A Study in Paul's Soteriology* (Phillipsburg, NJ: Presbyterian and Reformed, 1987), 134～143.

時，都有強烈的末世意識。信徒藉信心與主同復活，是進入了一個新的末世時代（a new eschatological age），一個聖靈的時代，就是基督復活後、再來前的時代。當然，這時代有其「已然」和「未然」的張力。傳統改革宗的救恩次序，缺乏這個末世的意識。

2. 傳統改革宗神學，看救恩的實施為一連串分開的行動，包括稱義，立嗣、成聖等。這與保羅的救恩觀有很大的矛盾。在第三章中，我們曾經指出，基督的復活，是祂的得榮耀、立嗣、稱義、成聖，而信徒藉著與祂聯合（同死、同復活），也能與主一同得榮、立嗣、稱義、與成聖，這些都是同一個救恩（與主聯合）的不同角度的描述，而非分開的行動。當然，這個在基督裏的救恩，有其開始、進程，及最終實現的三個階段。一個人在未領受救恩之前，是「死在過犯罪惡之中」（弗二1）、「與基督無關……沒有指望，沒有上帝」（二12），直到有一天，他與主「一同復活，一同坐在天上」（二6）。有了基督，就有了一切救恩的福氣（參太十一28；約十10），包括稱義、立嗣、成聖、得榮耀等。

3. 傳統的改革宗神學認為，「重生」乃先於「信心」，一方面是由於它看「重生」為上帝主權中的恩典行動，必然是先於一切人的表現，包括信心，另一方面也是由於它把「重生」定義為一「新生命原理的傳遞」。[3] 葛理齊認為，保羅在以弗所書二章1至10中論到上帝使罪人「活過來」，並不是傳

第4章

3 參 Charles Hodge, *Systematic Theology*, vol. 3（Grand Rapids, MI: Eerdmans, 1970），33；Louis Berkhof, *Systematic Theology*（London: Banner of Truth, 1966）, 469。

統神學中的「重生」，或「新生命的火花」，而是上帝使人「與基督一同活過來」(弗二 5)，更進一步描述為「與耶穌一同復活，一同坐在天上」(二 6)的經歷，[4] 而這經歷是透過信心去體驗的(8 節；西二 12)。因此，根據保羅的教導，以「重生」為一「新生命原理的傳遞」，並不準確。罪人得著生命，乃是藉信心與復活的主聯合。

4. 也許有人會問，放棄了傳統神學中的「重生」觀念，會否同時放棄了「救恩的實施，完全基於上帝的主動和主權」這個立場？葛理齊認為不會，因為：(1)信徒的信心，並非源於他自己，乃出於上帝的恩召(羅十一 29；林前一 9；弗一 18～20；提後一 9)；(2)在保羅的救恩觀中，基督是賜生命者，而罪人是領受生命者，二者必須互相配合，缺一不可。「領受生命」就是藉信心得著豐盛的救恩，一個統一而多元化(包括：稱義、更新、立嗣、得榮耀等)的救恩。可見，救恩的實施，包括上帝的賜予和人的領受，改革宗學者華菲德也看出這神人的配合，並沒有否定上帝在救恩中的主動和能力(弗一 19)。[5]

3 重生先於信心？

我們要問：「重生」與「信心」，孰先孰後？麥銳堅稱，重

4 Gaffin, *Resurrection and Redemption*, 128.

5 參 Benjamin B. Warfield, "On the Biblical Notion of Renenal", in *Biblical and Theological Studies*, ed. S. G. Craig (Philadelphia, PA: Presbyterian and Reformed, 1968), 363。

生必然先於信心，因為：[6]

1. 未信者死在過犯罪惡中，與上帝為敵，他沒可能信靠順服基督（羅八 8），除非上帝先賜他一個新心和新靈（結三十六 26），先藉聖靈使他重生，否則就算他聽到了福音的呼召，也難有正面的回應。
2. 約翰福音三章 1 至 8 節清楚指出，人必須「從水和聖靈生」，才能進上帝的國；麥鋭認為，重生包括罪得潔淨（水）和聖靈的新生（靈）。此外，聖靈的工作是有效的、按祂主權的、神祕莫測的（約三 8）。換句話說，在藉聖靈重生這事上，人完全是被動的。
3. 約翰一書的經文（約壹二 29，三 9，四 7，五 1、4、18）指出，一個人表現出恩典的果子——行義、不犯罪、愛心、相信耶穌是基督、勝過世界、不被惡者所害等——完全是由於他是從上帝生的。麥鋭因此認為，重生是信心的因由（五 4），而在約翰一書三章 9 節中，「上帝的種子」是指那重生時上帝的賜予，使人有能力不犯罪。麥鋭因此確定，重生乃一切救贖恩典（包括信心）之起點。

對麥鋭的立論，我們有以下的回應：

6 Murray, *Redemption Accomplished and Applied*, 80 ~ 81, 95 ~ 105; *Collected Writings of John Murray, vol 2: Selected Lectures in Systematic Theology* (Edinburgh: Banner of Truth, 1977), 167 ~ 201.

1. 不錯，人是死在過犯罪惡之中，沒有力量信靠順服基督，然而，福音是上帝的大能（羅一16），當上帝藉福音呼召人的時候，上帝的話語，藉聖靈的能力，就足以使人悔改相信（帖前一4～6），並在基督裏有分（林前一9）。聖經中並沒有如麥銳所說，構思一個在「呼召」與「信心」之間的「重生」經歷，作為信心之前的一個上帝的行動。傳統改革宗神學中的「有效的呼召」（effectual calling），就足以確立，在救恩的實施中，上帝的主權與能力。
2. 約翰福音三章1至8節確是指出聖靈的主權和人在「得生命」這福氣上的被動性。然而，三章9至15節同時提出了，在「得生命」這福氣上，人的本分就是信心的回應。尼哥德慕要為自己的不信負責任（約三11～12），而得永生的途徑是信靠耶穌（三14～15）。在闡釋約翰福音三章1至15節這段經文時，麥銳只處理了前半部，這是不完整的。不錯，聖靈是那叫人得生命（重生）的源頭，但信心卻是人領受這生命（永生）的管道，二者互相配合，缺一不可。
3. 至於約翰一書中指出，凡上帝所生的，就有「行義、愛人、相信耶穌是基督」等表現，我們都可以確定。然而，這也不能證明「重生」是先於「得救的信心」。約翰一書所強調的是，「相信耶穌是基督」，是一個人有生命的表現，正如耶穌所說，「憑著他們的果子就可以認出他們來」（太七20）。此外，約翰一書五章13節說：「我將這些話寫給你們信奉上帝兒子之名的人，要叫你們知道自己有永生。」這裏的信息是：人有永生（重生的生命），是因為相信上帝的兒子的名。可見「得救的信心」是得生命「重生」的基礎。「信而得生」，同樣是約翰福音清楚的信息（三 14～16、36，二十 31）。我們因此認為，新約的啟示，支持「信心先於重生」。

此外，以下兩點，也會加強「信心先於重生」的立論：

A. 何謂「重生」?

傳統改革宗神學的「新生命原理的傳遞」或「新生命的火花」這個「重生」觀念，在聖經中是不存在的。聖經中有的，是整全「生命更新」（the renewal of life）的觀念，[7] 這是一個全面的觀念，包括生命更新的開始（重生）、延續（成聖）、和完全（最終得榮耀）。救恩中「更新」的事實，處理了罪的污染（corruption）的問題，正如「稱義」的事實，處理了罪辜（guilt）與刑罰的問題。在保羅的思想中，這生命的更新，是源於與主聯合，就是與主同復活（弗二 6；西二 12～13，三 1～4 等）的經歷。這是一個末世性的生命更新，是在聖靈裏（「主就是那靈」）的經歷，也是一個宇宙性的更新（馬太福音十九章 28 節中的「萬物復興」，是用「重生」〔*palingenesia*〕這名詞）。提多書三章 5 節提到「重生的洗」（baptism of "*palingenesia*"），也是形容信徒與主同復活的經歷，是藉洗禮（信心的表達）所領受的救贖恩典，[8] 是一個末世性的救恩經歷。

7　參 Warfield, "On the Biblical Notion of Renenal"一文。

8　Gaffin, *Resurrection and Redemption*, 140.

B.「道」與「生命」

(i)雅各書一章 18 節

雅各提到父上帝是一切美善恩典的源頭時，說：「他按自己的旨意，用真道生了我們，叫我們在他所造的萬物中好像初熟的果子。」(雅一 18)信徒是上帝新創造中的「初熟的果子」(羅一六 5；林前十五 20，十六 15)，是宇宙得贖的開始和保證。但祂如何使我們成為「初熟之果」? 答案是：上帝用真道生我們。這是藉福音真道得著「重生」的恩典，[9] 而明顯地，福音真道帶來信心的回應，人才可得著生命(參羅十 13～14)。換句話說，是「信(福音)而得生」，而非「得生而信」。

(ii)彼得前書一章 23 節

彼得對信徒們說：「你們蒙了重生(*anagegennēnoi*)，不是由於能壞的種子，乃是由於不能壞的種子，是藉著上帝活潑常存的道。」這裏指出，上帝的道，是「重生」的根源，而這道就是「所傳給你們的福音」(彼前一 25)。當然，人必須先相信這「道」，方能得著生命，這也支持了「信心」先於「重生」的立場。

彼得前書一章 3 節提到父上帝的憐憫，「藉耶穌基督從死裏復活，重生了我們，叫我們有活潑的盼望」也配合一章 23 節的意思。就是人透過信心領受基督受死復活的福音真道，才能得著重生的生命。

---

9 參 Peter Davids, *Commentary on James*, NIGTC (Grand Rapids, MI: Eerdmans, 1983), 88～90。

23 節以「上帝的道」為不朽的種子（*sperma*），也啟發我們了解約翰一書三章 9 節那裏所說：「凡從上帝生的，就不犯罪，因上帝的『種子』存在他心裏；他也不能犯罪，因為他是由上帝生的。」

麥銳以這「種子」為重生的生命，作為支持「重生先於信心」的理據，[10] 若將這節經文與雅各書一章 18 節、彼得前書一章 23 至 25，以及約翰一書二章 24 節等比較配合，以「種子」象徵「上帝的道」，[11] 就會支持「信心先於重生」了。

二 呼召與信心

1 上帝有效的呼召 [12]

新約聖經論及「呼召」（*kaleō*）一詞，有不同的意思，包括：（1）上帝所安排的人生處境或身分（林前七 17、20、24）；（2）福音的普世呼召（被召者有信的，也有不信的；太二十二 14）；（3）上帝呼召人接受某個教會中的職分，如使徒（羅一 1；林前一 1）；（4）上帝呼召以色列為祂選民（羅九 10～13，十一 28～29）。

---

10 Murray, *Redemption Accomplished and Applied*, 101.

11 參 Stephen S. Smalley, *1, 2, 3 John*, WBC（Waco, TX: Word Books, 1984）。

12 參考資料：K. L. Schmidt, "*Kaleō , Ktl*," *TDNT III*, 487～536；C. G. Kruse "Call, Calling," in G. F. Hawthorne, et al., *Dictionary of Paul and His Letters*（Downers Grove, IL: IVP, 1993）；Murray, *Redemption Accomplished and Applied*, 88～94；*Collected Writings of John Murray, vol 2: Selected Lectures in Systematic Theology*, 161～166。

然而，最常表達的意思，卻是福音的「有效呼召」（effectual calling），就是蒙召者會領受救恩的福氣（羅八 30；林前一 9；帖前二 12；提後一 9～10）、最終會得榮耀。這「有效呼召」，在救恩計劃中，可見其：

A. 優先次序

使徒保羅說，對於上帝所預知和預定的人，祂會呼召他們來，並稱他們為義（羅八 29～30），可見，「呼召」的恩典，乃直接連於上帝永恆中的「預定」，在救恩對人的實施中，有優先的地位。上帝在歷史中對信徒的呼召，乃是按祂在永世之先的計劃和恩典的行動（提後一 9）。

B. 源頭與媒介

上帝以福音的宣講作為媒介，呼召人歸向祂（帖前一 4～5；帖後二 14），而傳講福音的人，就是上帝的使者，代表上帝呼召人與上帝和好（林後五 20）。呼召的源頭是上帝（林前一 9；提後一 8～9），不是人；呼召乃上帝主權的行動（a sovereign act of God），是父上帝的工作（羅八 29～30；約壹三 1）。然而，這呼召同時要求人以信心作出回應。

C. 特徵

（i）有效的

蒙召者乃被召進入與基督相交的生命（林前一 9）、被稱義、得享榮耀的恩典（羅八 30；帖後二 14）。

(ii) 按上帝旨意的

上帝的呼召並非一臨時措施，乃是上帝永恆旨意的實現(羅八 28)。此外，上帝的信實使這永恆的旨意和歷史中的呼召，都可以達到上帝所定的目的(羅八 28～30；林前一 8～9；帖前五 23～24)。由於上帝是信實的，對於祂的恩賜和呼召，祂也是不會後悔的(羅十一 29)。

(iii) 崇高和聖潔的

上帝呼召的源頭、本質、和目的，都是崇高和聖潔的(腓三 14；提後一 9；來三 1)。此外，信徒是「蒙召作聖徒」(羅一 7)，他領受了這聖潔的呼召後，行事為人就當聖潔，與蒙召的恩相稱(弗四 1～6；彼前一 15～16)。

(iv) 在基督裏

上帝的呼召乃按祂在創世之前，在基督裏揀選的旨意(弗一 4)，將人引進「與基督聯合」的恩典中(提後一 9～10)。

D. 對人的要求

上帝藉福音、透過傳道者，向人發出呼召，人聽見了，必須有信心的回應，方能得救(羅十 13～14)。保羅在描述救恩的實施時，指出「稱義」緊隨「呼召」(八 30)，而「呼召」與「稱義」之間，明顯地以信心作媒介，因為人是「因信稱義」的(三 21～四 25)。

信心包括悔改。福音被傳開時，上帝吩咐各處的人都應悔改（徒十七 30）。

五旬節當天，彼得宣講福音後，眾人問：「我們當怎樣行？」他回答說：「你們各人要悔改，奉耶穌基督的名受洗，叫你們的罪得赦，就必領受所賜的聖靈。」（徒二 38）赦罪與領受聖靈（重生生命之源），必須通過人的悔改與信心（藉聖禮表達、印證），方能得著。

2 信心 —— 人的回應[13]

A. 信心的心理狀態

麥銳認為，信心的心理狀態就是，當一個人判斷或確定某事件、事物或人物是真實或可靠的，他就自然的會對這事件、事物或人物加以接受、確認、或信靠。這是不錯的。

然而，哲學家康德則把「信心」與「意見」和「知識」分別出來。他認為，意見（opinion）是一個人在客觀和主觀的基礎皆不足的情況下，所作的判斷。「知識」（knowledge）乃是一個人在客觀和主觀的基礎皆充足的情況下，作出判斷。而「信心」（belief）則是介乎二者之間，就是人在不足的客觀基礎下，卻主

13 參考資料：Rudolph Bultmann, "*peithō kt*"; "*pisteuō ktl*," *TDNT VI*, 1 ～ 11, 174 ～ 228；L. Morris, "Faith", Hawthorne, et al., *Dictionary of Paul and His Letters*, 285 ～ 291；Murray, *Collected Writings of John Murray, vol 2: Selected Lectures in Systematic Theology*, 235 ～ 263；*Redemption Accomplished and Applied*, 106 ～ 116；B. B. Warfield, "On Faith in Its Psychological Aspects"; "Faith," *Biblical and Theological Studies*, 404 ～ 462；Philip E. Hughes, *A Commentary on the Epistles to the Hebrews*（Grand Rapids, MI: Eerdmans, 1977）；Millard Erickson, *Christian Theology*（Grand Rapids, MI: Baker, 1983）, 933 ～ 942。

觀地認為可足以作一個正面的判斷。我們不同意康德的看法，因為人在沒有足夠的基礎上要去「相信」，是沒有可能的；麥銳正確地指出，客觀證據不足，不會產生真正的信念。[14]「信心」不單單是一種主觀的感覺或意志的抉擇，乃是根據充足的客觀證據而產生的主觀信念。不錯，有時人也會勉強自己「相信」一些他自己也知道是不可信的事物，但如此的「相信」，既不能產生堅強的信念，也不會使他有相應的行動。

B. 一般性的信心

所謂一般性的信心（*fides generalis*），就是指人相信聖經是上帝的話，相信其中所載的，皆是真確無誤的真理，並且是帶著上帝話語的權威。然而，有了客觀的基礎，卻往往沒有在人的內心產生信念，原因是，人的內心受到罪的蒙蔽，不能領受上帝的事（林前二 14），除非得到聖靈的光照啟迪，人方能領會（林前二 11 ~ 16）。[15]

C. 得救的信心

這是指人「因信基督，以致得救」的信心，亦稱為「特殊性信心」（*fides specialis*）。得救的信心並非「相信我經已在基督裏得救」，得救的信心乃是「我相信基督以致得救」（約三 16、

14 Murray, *Collected Writings of John Murray, vol 2: Selected Lectures in Systematic Theology*, 235 ~ 241.

15 參 John Calvin, *Institutes of the Christian Religion*, vol 1, ed. J. T. McNeill, trans. F. L. Battles（Philadelphia, PA: Westminster Press, 1967）, vol. 1, ch. 7。

18、36；徒十六31，二十21）。此外，信心的對象不是人自己，乃是那為我們死而復活的耶穌（約三14～15；林前十五1～8）。

這「得救的信心」有以下的特徵：

（i）是對福音的呼召的回應

信心不單是人對福音呼召的回應（羅十17），也是源於福音的呼召，就是上帝生命之道（雅一18；彼前一23），為要顯出福音是上帝的大能（羅一16；林前一18、24，二5），也帶著聖靈的能力（帖前一5）。

上帝「有效的呼召」保證了人的得救（包括稱義、重生），這不是人的功勞，乃是上帝的主動和大能。

（ii）是產生悔改的信心

當聖靈在一個人心中動工時，人就會知罪（約十六8～10）、認罪（約壹一8～9）、悔改（路十九8～9；林後七10）。

悔改乃是人心意的改變，就是改變人對上帝、對自己、對罪、對義的看法，並有相應的行動（太三7，七16～20）。

悔改的人也會為自己過去的罪，有懊悔的心，並決心離棄（路十九8；帖前一9～10），因為真誠的悔改不是空泛地「承認我是一個罪人」，乃是看到自己過去所犯具體的罪，並決心改變。

悔改與信心，是一個人「歸主」（conversion）的正反表現。因此，新約聖經常視基督的福音為「悔改赦罪」的福音（路二十四 46～47；徒二 37～38，五 31，二十 21）。[16]

(iii) 包括認知、贊同、信靠

信心包括認知（*notitia*），因為人必須知道耶穌是誰，祂作了甚麼工作，祂為何能拯救罪人，人才會信靠祂。人又需要知道自己的需要和得救的途徑。這些都是基本的知識，是得救信心的基礎。

其次，信心也包括贊同（*assensus*），就是接受有關耶穌、罪、得救途徑等知識的真確性，這是重要的（羅十 9～10；約壹五 1）。對真理的贊同帶來信念，這是天主教教會所重視的，但這仍不足以使人得救。

信心最終是信靠（*fiducia*）基督，就是不再依賴自己或任何世上的事、物、人，專心、全然的依賴基督，特別是祂為我們死、為我們復活的救贖行動，以致得救。「信靠」就是對基督的全然委身（total commitment），不是漫不經心的相信（easy believism），也不是只有認知和贊同，乃是對基督的邀請全情投入、完全委身。而信靠也是包括了順服的行動（太十一 28；約六 37；啟二十二 17）。[17]

(iv)「信心」與「知識」

從「認知」的角度來看，信心是基於知識；從「關係」的角

---

16 參 Murray, *Redemption Accomplished and Applied*, 113～116。

17 Murray, *Collected Writings of John Murray, vol 2: Selected Lectures in Systematic Theology*, 254～261.

度看，信心就是真知識。

在使徒保羅的神學思想中，舊時代的「知識」是人在上帝和基督以外尋找「智慧」（林前一 21 ～ 25），這是錯誤的，因為它是與十架這「上帝的智慧」為敵的；此外，基督徒的「知識」，若缺乏了對弟兄的愛，便是自我中心、使人自大（八 1 ～ 11）、毫無益處的（十三 2）。

真正的知識和智慧，是「在基督裏的」（林前一 30）。信心基於真知識，而信心就是真知識。保羅為了得著這真知識，就放棄了他先前所誇的一切（腓三 7 ～ 9），因為認識基督、因信稱義，乃至高無上的知識（三 8）。這不單是一種關係性的知識，這知識也使人的信心更有內涵、更有基礎（羅六 9；林前四 14）。[18]

（v）信心的表達方式

耶穌基督是我們信心的對象，而「信靠基督」也是：（1）信靠福音（加三 2、5；腓一 27）；（2）順服真理（羅十六 19、26）；（3）口裏認信基督為復活的主（十 9 ～ 10；林後四 13；提前六 12）；（4）相信、接受教會的傳統（林前十一 2、23，十五 1、3；加一 12）。[19] 信心是信靠基督，一位有位格的上帝；同時也是信靠、順服、認信和接受上帝藉文字所啟示的福音真道和信仰傳統。當代一些神學家，把「基督」（有位格的上帝）與「聖經」（上帝藉文字的啟示）對立起來，是不必要和不合理的。

---

18 Herman Ridderbos, *Paul: An Outline of his Theology*, trans. John Richard de Witt. （Grand Rapids, MI: Eerdmans, 1975）, 242 ～ 243.

19 Ridderbos, *Paul: An Outline of his Theology*, 231 ～ 242.

(vi)信、望、愛

信心與盼望關係密切，不可分割。

首先，信心帶來盼望（加五 5），我們的盼望就是福音的盼望（西一 23），也是上帝呼召我們的盼望（弗一 18，四 4）。

其次，由於信徒是相信那看不見的未來，那永恆的真實，而信心就是盼望（羅四 17～21，八 24～25）。如希伯來書十一章中所載，舊約時代中的信心偉人，就是一班堅定相信上帝的應許、在盼望中生活的人。對他們來說，信心就是盼望。對新約時代的信徒，由於救恩仍有它未兌現的應許，信徒都活在盼望中。當然，那確保盼望不會落空的，乃是聖靈在人心中將上帝的愛澆灌的結果（五 5）。

此外，信心與愛心也是緊扣結連的。保羅說，信心自然產生愛心（加五 6；提前一 5）。因此，信心在先，愛心在後，次序不可倒轉（路七 26～40）。聖經清楚啟示，人是「因信稱義」，而非「因愛成義」。（羅三 21～26）。

一個有真正信心的人，不單是在愛中與主相連，也會在生活中，結出聖靈的果子，包括愛心（加五 22）。這樣看來，不能產生愛心的信心，不是真正的信心。

這帶出了雅各書的一個主題，就是：真正的信心，是有善行印證的，否則也是虛假的（太七 15～27；雅二 14～26）。

3 信心與恩典之約

A. 靠恩得救

宗教改革之前，在羅馬天主教教會中，人的得救被視為是上帝對人的善行的賞賜。改教者路德重新發現，我們得救是靠賴上帝白白的恩典，是基於耶穌在十架上的代贖，透過信心領受，而非依賴人的善行。這對路德自己，和無數領受福音的人，都是極大的安慰和鼓勵，因為正如保羅所說，在罪中的人，永遠不能靠著自己的努力和善行，得到上帝的悅納（羅三23～24、27；八7～8），惟獨依靠基督。

然而，靠恩得救帶出一個問題，就是：信耶穌是否包括尊耶穌為主、是否必須悔改歸正、過順服的生活？有些人認為，這些都是屬於「成聖」的過程，與一個人的「得救」無關，因為我們並非靠行為得救；並且，若要求人過順服的生活，以基督為主，才能得救，可能會引致「律法主義」（legalism）。

另一些人則認為，叫人悔改是主的吩咐（路二十四47；徒二38）、承認耶穌的主權是得救的必要條件（羅十9）；並且，不義的人不能承受上帝的國（林前六9～10）；若不強調順服的生活，則會引致「反律法主義」（antinomianism），間接鼓勵人過放蕩的生活。

以上所提出的問題，是信義宗與改革宗神學多年來的爭論，其中所牽涉的，是以下的課題：

1. **律法的功用**：究竟律法只有反面功能，只叫人看見自己的罪（信義宗）；還是有正面功用，即給予人悔改歸正後生活行為的一個標準（改革宗）？
2. **上帝的恩典與人的責任**：究竟二者是互相排斥，還是互相配合的呢？究竟上帝的恩典與人的信心有何關係？「信心」

又是甚麼？

要處理這些重要的課題，必須先了解聖經神學中「恩典之約」(covenant of grace) 這個觀念。從恩典之約的角度看信心，可以避免律法主義和反律法主義。在這方面，謝潑德 (Norman Shepherd) 及克蘭 (Meredith G. Kline) 的作品澄清了一些重要的問題。

B. 救恩歷史中的恩典之約

(i) 亞伯拉罕之約[20]

創世記十七章記載了上帝與亞伯拉罕立約，祂主動地與亞伯拉罕和他的後裔建立關係，在愛裏契通。這恩典之約有以下的元素：

■ 上帝的應許

這包括一個子民 (創十二 3，十五 3～5，十七 2～6)、一遍土地 (十二 1、7，十五 7～20，十七 8)，以及上帝自己 (十二 7，十五 1，十七 7～8)。

■ 約的條件

有人認為這些應許的實現是無須人的回應，[21] 其實不然。

20 參 Norman Shepherd, *The Call of Grace: How the Covenant Illuminates Salvation and Evangelism* (Phillipsburg, NJ: P. & R., 2000), 11 ～ 22；Meredith G. Kline, *Kingdom Prologue: Genesis Foundations for a Covenantal Worldview* (Overland Park, KS: Two Age Press, 2000), 309 ～ 326。

21 參 John Murray, *The Covenant of Grace* (Phillipsburg, NJ: Presbyterian and Reformed, 1987)。

謝潑德指出，要實現這些應許，上帝要求亞伯拉罕有以下的回應：(1)割禮(創十七 9～14)：不受割禮的會從民中剪除，並且這要求不單單是外表，也是內心的(耶四 4，九 25)；(2)信心：這是亞伯拉罕稱義的原因(創十五 6)，而這信心是一種實踐、順服的信心。亞伯拉罕離開吾珥、獻上以撒等行動，都是信心典型的例子(參雅二 21～23)；(3)上帝吩咐亞伯拉罕在祂面前作完全人(創十七 1～2)，然後上帝才與他確立聖約，並使他的後裔極其繁多。

以色列人的歷史，也證明上帝要求選民作出信心的回應，才可以得著上帝所應許的。出埃及的第一代，由於不信、不順服，因此不能進入迦南(來三 18～19)。到了新約時代，耶穌基督藉著信心的順服，滿足了上帝律法的要求，為祂的子民帶來稱義、生命、與救贖(羅五 18～19；加三 13～16，四 4～7；來五 8～9)。今天，在新約教會時期，耶穌的門徒也必須藉信心的實踐(「遵守一切主所吩咐的」；太二十八 20)，享受聖約的祝福(主的同在)。

■ 恩典的賞賜

亞伯拉罕藉著信心，享受上帝聖約的應許，並不等於是律法主義，因為當亞伯拉罕藉夏甲生了以實瑪利，企圖靠自己的努力成就上帝的工作，他卻是不能成功。這象徵了人的努力徹底的失敗。信心的途徑是依靠上帝的恩典(上帝應許生以撒，並且將以撒實在地賜予亞伯拉罕和撒拉)。信心是人當盡的本分，但上帝實現祂的應許，這卻永遠是出於恩典，而不是由於人所行的義。

同樣，以色列人得以進入迦南，也不是靠以色列人自己的義，乃是靠上帝的恩典和應許（申九 4～5），人只能憑信心接受，別無他法。可見在舊約、新約聖經中，救恩的成就，是「本乎恩，也因著信」（弗二 8），上帝的主權和恩典，與人信心的接受，二者是配合的。雖然二者是配合的，這仍是恩典之途，因為信心就是人承認自己的無能！

（ii）摩西之約[22]

■ 律法—約的要求

摩西之約突出了上帝對其子民的要求。十誡（出二十 1～17）、約書（二十一～二十四章）、獻祭條例（利一～九章），都是明顯的例子。而上帝對以色列民的要求是他們的順服（出十九 5，二十四 7）。順服與背逆的結果，完全是不一樣的（申二十八章）。

■ 恩典之約

雖然摩西之約突出了律法的角色，它仍是恩典之約的一個階段，因為：摩西之約是上帝實現與亞伯拉罕所立之約的行動（出二 24～25，三十二 13）；以色列人守律法，只是他們對上帝救贖恩典的回應（十九 4～5，二十 2）；律法是為過犯添上的，它的作用並非帶出另一種得救途徑，乃是引我們到基督面

22 參 Shepherd, *The Call of Grace: How the Covenant Illuminates Salvation and Evangelism*, 23～41。

前，領受上帝的應許（加三 17～24）；迦南美地是以色列人出埃及之目的地，是應許／恩典之地（申九 4～5），而非以色列人靠善行賺取的報酬。

■ 守律法—聖民的生活

上帝要求以色列人遵行律法，是要他們分別為聖（利十一 44～45）、行事為人與蒙召的恩相稱（十八 1～5），並且活得快樂（申三十二 46～47）。遵行律法，過順服上帝的生活，是上帝子民信心的表現，卻不是他們得救的途徑。因為歷代想靠律法得救的人，都會發現，人永不能達到律法的要求——除了耶穌以外（羅二 1～6；加六 13）。可見，摩西之約雖強調上帝的子民必須遵守律法，但它是恩典之約的一個里程碑，引導人到基督面前，而非靠自己的善行得救。

（iii）新約[23]

耶穌基督降臨，祂實現了先知們對新約的應許（耶三十一 31；來八 7～13）。基督成了新約的中保（來九 15）。

■ 新約的應許

這應許就是生命（約十 10；約壹二 25）、救恩（徒十六 31）、與上帝和好（羅五 1）。而一切都是恩典（弗二 8）。所有在基督裏的人，都是亞伯拉罕的子孫（羅四 16）。

---

23 參 Shepherd, *The Call of Grace: How the Covenant Illuminates Salvation and Evangelism*, 43～57。

■ 新約信徒的本分

要領受這新約所帶來的福氣，人有當盡的本分。這本分就是信心（約三16；徒十六31；弗二8～9）、悔改（太三2；徒二38，二十21）、順服（太二十20；約十五10）、堅忍的表現（來十35～36，十一章）。

■ 應許與本分之關係

在這新約中，永生的應許是白白的恩典，沒有人的功勞的成分在內，因為救恩是上帝的禮物。另一方面，信心、悔改、順服與堅忍，是人享受這些福氣所須要具備的途徑，但不是一種功德，因為信心是仰望上帝的應許、依靠基督、而非依靠自己（或自己的信心）。在新約中，「上帝的應許與人的本分」二者的關係，與亞伯拉罕之約和摩西之約中二者的關係，都是一樣的。

從哥林多前書十章1至13節可見，以色列的先祖與新約的信徒，他們的處境相同（都是離開了罪惡之地，在曠野道路中，邁向應許之地）；他們也領受同樣福氣（都受了洗、也都享受從天而來的「靈食」與「靈水」，大家都是上帝聖約中的子民〔1～4節〕）。由於背叛與不順服，先祖受懲罰、死在曠野，進不了迦南應許之地（5～10節）。這是對新約信徒的警戒和鼓勵（11～13節）。

（iv）為何摩西之約被「廢掉」?

若摩西之約是恩典之約的一個階段，為何它被稱為「奴僕的軛」（加五1）和「人不能負的軛」（徒十五10），而且需要被廢掉？謝潑德提出三個原因：

1. 在敬拜的條例、獻祭的規距上，摩西的律法確成了一個重擔，尤其在法利賽人的傳統中，律法還有許多額外加上的規條（太二十三 4）。
2. 人的罪使律法成為罪的媒介（羅七 7 ～ 13）；並且由於人被罪綑綁，律法不能使人得勝，它是無能的（七 14 ～ 25）。
3. 摩西律法是過時和有缺陷的：首先，動物的血不能除罪，惟有耶穌的血可以除罪；其次，律法的誡命不能叫人得生命，惟有耶穌的復活，可以賜人生命。可見耶穌所帶來的新約，使摩西之約顯得過時和有缺陷（來八 13）。這是由於摩西之約若與基督脱節，它很容易變成了企圖靠行為稱義的道理（像法利賽人一樣）；但若視之為指向基督的一個應許，它便是恩典之約的一個里程碑；這樣，摩西之約與新約二者便不是對立的，乃是有連續性的關係。

（v）為何上帝救贖的恩典不是廉價的？

從歷史中的恩典之約，可以看到這約的結構：（1）上帝恩典之應許；（2）人信心之回應；（3）上帝應許之實現。人得救是「本乎恩，也因著信」（弗二 8），而信心的回應是恩典之約不可缺少的一環。

對某些人來説，「信耶穌、得永生」（約三 16），似乎太容易了，因為人只要「信」，便可白白享受這豐盛的救恩，這豈不太廉宜了？但若非如此，是否要再加上一些條件（例如：什一奉獻、參加聚會、熱心事奉）？那豈非走到另一極端，變成「靠行為得救」？

馬太福音二十章 1 至 16 節記載耶穌的葡萄園比喻，這比喻表達了一個信息，就是天國的福音，完全是恩典：那些不配得的人，竟得到主人的厚待，因為主人有權如此作（太二十 15），這引起其他人的嫉妒，正如昔日主耶穌接待罪人，引起法利賽人的不滿（路十五 1～2）。救恩是白白的，這似乎太容易、太便宜了！在「廉價恩典」（cheap grace）和「功勞主義」之間，我們究竟有甚麼出路呢？

「信心」就是出路！因為「信心」並非只是點頭同意或舉手決志，信心還包括悔改（太三 7～10；路十九 8～9）、委身（路五 10～11）、以基督為主的人生方向，放下自我中心和罪中的生活，有新生的樣式，願意負上作門徒的代價。信心的代價也是生命的代價。

且看與「葡萄園比喻」同一段經文（太十九 16～二十 16）的前半部，那裏記載少年的財主，向耶穌求問永生，最後他卻憂愁的走了，因為他不願意回應主的要求、顯出上帝的性情（作完全人）、愛人與愛上帝、活出律法的精義。主要求他捨己跟從主，這才是真正的信心——委身的代價（十九 16～22）。

當然，信心的回應也不是罪人有能力去作的，那是上帝自己大能的工作（太十九 23～26）。可見，救恩不單是耶穌在十架上為我們付上了生命的代價，它也包括聖靈在人心中，感動人認耶穌為主，一生作門徒，並獻上一切。這樣看來，救恩雖是完全白白的恩典，卻絕非廉價！

C. 小結

從恩典之約的角度看救恩，可以避免「律法主義」，因為上帝的應許和應許的實現，都全是恩典。另一方面，上帝要求人作信心的回應，這也是靠恩典領受上帝應許之途，全是上帝的恩典，只是並非「廉價恩典」。

4 信心與聖徒的堅忍

A. 信心——信徒生活的型態

信心不單是人蒙恩得救的途徑，更是蒙恩後生活的型態。「信心」的生活，是信徒一生應有的表現。因為：

(i)信心是對上帝恩典的回應[24]

保羅論及他作使徒的工作，那就是使人「因他的名〔編按：指耶穌的名〕相信而順服」(for the obedience of faith；羅一 5；《聖經新譯本》)。「信心」不單是一種「接受」，也是一種「回應」，就是對上帝恩典的回應。信徒生活的型態，就是順服上帝，因為他們是上帝的「奴僕」(羅一 1；林前七 22；林後四 5；加一 10)。

論及吃祭偶像之物(羅十四章)，保羅還說：「你有信心，就當在上帝面前守著。人在自己以為可行的事上能不自責，就有福了。若有疑心而吃的，就必有罪，因為他吃不是出於信心。凡不出於信心的都是罪。」(羅十四 22～23)意思就是：(1)信心決定個人的行為，這是他個人在上帝面前要守住的；

24 參 Jame D. G. Dunn, *The Theology of Paul the Apostle* (Grand Rapids, MI: Eerdmans, 1988), 634～642。

(2)人應按他的信心程度，決定他要作的事(特別是有爭論性的事)；(3)凡不出於對上帝的信心的行為，都是罪。

很明顯的，信徒的生活，應按他對上帝的信心來進行，若不出於信心，即那些不以上帝為上帝的行為(羅一 21)，都是罪。亞當的罪，基本上就是不信，引致不順服；而亞伯拉罕則是憑信心生活的典型例子(四章；來十一 8～19)。保羅說，他今天在肉身活著，是「信上帝的兒子而活」(加二 20)，就是信靠基督、被祂的愛激勵的生活模式。

(ii)信心與成聖的密切關係

信徒憑信心、藉洗禮與主同死同復活(羅六 1～10)。這得救的事實，是漸進成聖的基礎。要過成聖的生活，首先要認定這生命的事實(六 11)，這「認定」就是信心。其次，成聖也是每天不斷地向罪死、向上帝活的經歷(12～14 節)，這也是一種信心的行動。成聖的生活，也是順服聖靈得勝的生活(加五 16～24)，因此，信靠基督與順服聖靈是同一件事，這是由於「主就是那靈」(林後三 17；羅八 9～10)。同樣地，信徒內在的生命得以剛強，乃是因著信心，也是藉著聖靈(弗三 16～17)。信徒生活的型態，是活在基督裏，靠著聖靈的大能，在「新創造中」(林後五 17)不斷成長，顯出主的榮美和聖靈的榮耀(三 18)。

B. 堅忍的信心才是得救的信心

新約聖經多處指出，真正得救的信心，不是短暫的，乃是堅持到底的。耶穌所講撒種的比喻，說明了人對天國真道的信心回應，若不能最終結出果子來，就證明它不是得救的信心（太十三 3～23）；使徒保羅也引用以色列人在曠野的經歷，指出領受神恩的人（那些「受洗歸了摩西」和吃喝屬天飲食的猶太人），也會倒斃曠野，不得進入上帝應許之地（林前十 1～10），以此作為新約信徒的鑑戒。

主耶穌教導門徒說，那忍耐到底的，必然得救（太十 22，二十四 13），藉此鼓勵他們在艱苦的環境和愛心冷淡的情況下，不要灰心，乃要持守信心和盼望。

希伯來書形容基督徒的人生，好像一個曠野中的旅程，向著應許之地進發（來三 1～四 11，十一 13～16）；既然是一個旅程，就有堅忍的必要，也有不能達到目的地之危機（四 6、11）。以下是一些論及「堅忍信心」的經文：

- 「如果我們把起初的信念堅持到底，就是有分於基督的人了。」（來三 14；《聖經新譯本》）「有分於基督」是指與基督聯合，成為祂身上的肢體，得享在祂裏面的福氣。其條件就是將起初信主時的信心，堅持到底。這「條件句子」（conditional clause）表明了堅忍的信心，和至終的得救，是不可分割的。
- 「我們深願你們各人都表現同樣的熱誠，一直到底，使你們的盼望可以完全實現，並且不要懶惰，卻要效法那些憑著信心和忍耐承受應許的人。」（來六 11～12；《聖經新譯本》）基督徒的生活應表現出進步和堅忍，方能至終得著所盼望的。人必須堅定地信靠上帝的應許、不懶惰、不放棄，才可以承受上帝的應許。13 至 15 節引用亞伯拉罕的榜樣，以及上帝指著自己起誓的保證，來鼓勵讀者堅忍地奔走前面的道路。

- 「你們還需要忍耐，好使你們行完上帝的旨意，可以領受所應許的。因為：『還有一點點的時候，那要來的就來，並不遲延。我的義人必因信得生，如果他後退，我的心就不喜悅他。』但我們不是那些後退以致滅亡的人，而是有信心以致保存生命的人。」（來十 36 ～ 39；《聖經新譯本》）希伯來書的作者勉勵讀者們要忍耐，不要放棄勇敢的心（十 35），這裏的「忍耐」是指在壓力與痛苦之中的堅持。他引用哈巴谷書二章 3 至 4 節，指出彌賽亞必要再來，而上帝的子民要堅忍，方能得著所應許的。他最後表達了對讀者的信心，知道他們必然堅持到底，至終得救。[25]
- 在十二章 1 至 2 節中，作者勉勵讀者以「堅忍的心奔跑那擺在我們面前的賽程」（來十二 1；《聖經新譯本》）。正如十一章中所載那些舊約時代的信心偉人一樣。然而，那位最傑出的賽跑者，乃是我們的主耶穌。祂是我們最高的榜樣。祂是我們信心的「創始者」和「成終者」，意思是：（1）基督是我們信心的源頭，從祂那裏，我們得著信心，也依賴祂持守信心（路二十二 31 ～ 32；約十七 20 ～ 21；來三 1）；（2）祂是信心的至高典範，因為祂的一生，完全表達了對天父完全的信賴（來二 13，五 7，十 7 ～ 10）；（3）基督走完信心的旅程，得以坐在父上帝的右邊，同享榮耀，這是我們信心至終得賞賜的保

25 Hughes, *A Commentary on the Epistles to the Hebrews*, 431 ～ 437.

證，因為祂是我們的元帥及先鋒（二 10～15）。

C. 堅忍的信心與背道的可能

「背道」（apostasy）的問題是一個頗具爭論性的神學課題，也是華人教會常常討論「一次得救，是否永遠得救？」這問題的關鍵所在。許多人都在問，真正的信徒（或重生得救者）會否「背道」，最終失落？

(i) 改革宗傳統

改革宗神學認為，真正的信徒不可能失落，因為他有永生的應許，以及上帝永恆的慈愛，他們永不滅亡（約六 39，十 28）。正如麥銳所言，「聖徒」是一班蒙召在耶穌基督的生命中有分的人（羅一 6～7；林前一 9），他們就不可能失落，因為這些人是上帝所預定、呼召、稱義、並將會得榮耀的子民（羅八 29～30）；他們的失落意味著上帝預定的美意不能成就，這是不可能的事！況且，主耶穌也曾應許，這些信祂的人在末日必要復活、得永生，誰也不能從天父手裏把他們奪去（約六 37、39～40，十 28～30）。因此，麥銳認為，若贊成聖徒會因背道而失落，無疑是否定了上帝恩典的能力和祂那不變永恆的慈愛（賽五十四 10；羅八 31～39）。

若是這樣，背道而失落的人，究竟是甚麼人呢？對麥銳和改革宗傳統的人來說，這些人是一些有某種信心表現，卻未真正重生得救的人。他們就正如主所描述，是道的種子落在土淺石頭地上，或是在荊棘裏，不能結實的情況（太十三 20～

22），或又如彼得所說的一些人，他們認識主，得以暫時脫離世上的污穢，但後來又在其中被纏住、制伏，末後的景況比先前的更不如（彼後二 20 ～ 22）；這些暫時表現出有信心，但卻未真正重生的人，就是有可能退後跌倒，而不再悔改的「背道者」；他們中間甚至如希伯來書所說：「蒙了光照，嘗過天恩的滋味、又於聖靈有分、並嘗過上帝善道的滋味、覺悟來世權能的人」（來六 4 ～ 5），這些人在信心和信仰的表現上，與聖徒好像沒有分別，但從他們背道的事實，就證明他們不是真聖徒，因為真聖徒是不會背道的。麥銳對這些人的描述，就是以他們是有普世恩典（common grace）表現，卻未重生得救的人（short of salvation）。[26]

那麼，聖徒（蒙主拯救的人）是否一定會堅忍？麥銳的答案是肯定的！因為他們有盼望可以得著天上的基業，並且他們是一羣「因信蒙上帝能力保守的人」（彼前一 4 ～ 5）。然而，他們不應懶惰，必須在信心的道路上，努力向前奔跑（腓三 13 ～ 14）。

麥銳的觀點，也是加爾文與清教徒神學家歐文的觀點。[27]

（ii）亞米紐斯主義

十七世紀荷蘭神學家亞米紐斯（James Arminius，1560 ～

26 參 Murray, *Redemption Accomplished and Applied*, 151 ～ 161；*Collected Writings of John Murray, vol 2: Selected Lectures in Systematic Theology*, 109 ～ 111。

27 參 I. Howard Marshall, *Kept by The Power of God*（Minneapolis, MN: Bethany Fellowship, Inc., 1975）, 142 ～ 148。

1609年）採取與改革宗不同的神學立場，認為信徒可以完全變成不信，以致終於有背道失落的可能，因此人是沒有終極得救的確據的。[28] 亞米紐斯認為，上帝並沒有揀選任何人，祂是本於預知甚麼人會相信，就揀選這些人。亞米紐斯強調人的自由意志，將上帝的主權和恩典成分減低，因此他認為，由於人是可拒絕上帝的恩典，所以，重生得救的人，是有可能背道的。亞米紐斯的思想被後人加以發揚，成為〈抗議信條〉（Remonstrant Articles，1610年），因而引起荷蘭教會的爭辯。一六一八至一六一九年教會代表在荷蘭的多特（Dort）召開會議，討論此事。多特會議（Synod of Dort）最後定〈抗議信條〉為錯謬，並通過多特正典（Canons of Dort），它確定了五項加爾文主義的主張，為教會的正統信仰。這五方面是：（1）人全然的敗壞；（2）上帝無條件的揀選；（3）有限／確定的贖罪；（4）不能抗拒的恩典；（5）聖徒的堅忍。

多特正典的五項主張，大致上是值得肯定的。然而，背道的問題仍一直困擾著教會信徒和神學家們。近代亞米紐斯派／衛斯理宗的學者根據兩方面的證據，支持信徒會有可能背道和失落，那些證據包括：（1）聖經中教導性經文直接指出，背道者是真的信徒；（2）具體「信而後來失落」在歷史中的例子。「聖徒的堅忍」的問題，一直在討論中。

衛斯理宗新約學者馬歇爾，從釋經的角度處理希伯來書中有關「背道」的經文，從而得到一個結論，就是作者相信，基督

28《當代神學辭典》，上冊，楊牧谷編（台北：校園，1997），頁62～64。

徒有可能會失落，而作者對信徒們的警告是逼切而真實的。[29] 根據馬歇爾，希伯來書六章 4 至 6 節所描述的，是一些重生得救的基督徒：(1)「已經蒙了光照」是指那些已接受福音真道，並有歸主經驗的人；(2)「嘗過天恩滋味」的人是一些已得救恩者；(3)「於聖靈有分」肯定是基督徒的標誌；(4)「嘗過上帝善道的滋味，覺悟來世權能的人」是一些接受上帝話語的好處，也曾享受救恩祝福的人。馬歇爾認為，這裏所描述的，是真誠領受救恩的信徒，[30] 而這些人是有可能離棄真道，以致不能重新悔改，最終失落(來六 6～8)。其他經文(例如：十 19～39，十二 12～十三 19)也可以得到同一結論，就是一個信徒可能會退後，以致失去上帝的恩典，所以希伯來書作者勸勉我們要小心，免得有人成為教會的「毒根」，叫眾人沾染污穢。[31]

馬歇爾指出，希伯來書六章 4 至 6 節中所描述的人是真信徒，這結論有不少釋經家也同意，其中包括改革宗新約學者休斯(Philip Hughes)。[32] 休斯認為這段經文所描述的，是上帝救贖恩典在一個信徒身上的經驗，而有這經驗的人，也可能會從恩典中墮落，這雖然看似不可信，但卻是一個真實的可能！[33]

聖經也記載一些歷史人物，蒙了上帝的恩典後，軟弱跌倒，從恩典中墮落。其中包括掃羅王(撒上二十八 6)、加略人

29 Marshall, *Kept by the Power of God*, 151～152.

30 Marshall, *Kept by the Power of God*, 140～147.

31 Marshall, *Kept by the Power of God*, 147～151.

32 Hughes, *A Commentary on the Epistles to the Hebrews*, 206～212.

33 Hughes, *A Commentary on the Epistles to the Hebrews*, 212.

猶大（徒一 15 ～ 20）、亞拿尼亞與撒非喇（五 1 ～ 11）、亞歷山大（提前一 19 ～ 20）、許米乃和腓理徒（提後二 16 ～ 18）、底馬（四 10）等。[34] 這些人物都可以用作支持「得救—失落」（saved and lost）的例子。

除了新約聖經（特別是希伯來書）的啟示，馬歇爾還指出，舊約以色列人的經歷，也支持蒙恩者會失落的論點。以色列人的歷史，是一個背叛上帝，被上帝審判、被擄、歸回的歷史。事實上，許多蒙上帝恩召、離開埃及、與上帝立約的子民，因著背棄耶和華，而不能進入迦南並享受上帝所應許之福氣，這是一班蒙恩而失落的人。

此外，馬歇爾認為，新約的救恩觀，也支持這論點，因為新約教會常常面對各種軟弱與試探，而上帝的子民又好像曠野民族，行走曠野路時，也不斷要面對各種挑戰與危險。這一切都帶出，蒙恩者有背道和不能到達目的地的可能性。[35]

然而，除了展示信徒在信心旅程中要面對諸般危險，馬歇爾也同時看到，新約聖經多論及上帝對信祂的人的看顧，以及祂保護他們免於跌倒失落。[36] 上帝信實的應許是聖徒堅忍到底的保證。上帝的慈愛、聖靈的能力，足以保守大部分信徒能堅持到底。然而，馬歇爾強調，我們不能否認背道的可能性和真實性。

34 參 Erickson, *Christian Theology*, 990 ～ 991。

35 Marshall, *Kept by the Power of God*, 191 ～ 195.

36 Marshall, *Kept by the Power of God*, 199 ～ 200.

(iii) 假設的背道

十九世紀英國新約學者魏斯科(Brooke F. Westcott)認為，希伯來書六章 4 至 6 節所描述的，是一個假設的(hypothetical)「背道」光景，[37] 作者是在向讀者們作出警告，勸勉他們要竭力追求、達至成熟之地步，若他們不長進，就有後退，甚至背棄真道之危險；但事實上，這些讀者仍未走到這地步；並且對真信徒來說，背棄真道是不可能的。當代學者休伊特(Thomas Hewitt)也同意，這經文是描述一個假設的光景，是一個讀者(真信徒)不可能遇到的危險。[38]

這論點最大的問題是，一個假設的背道，使希伯來書作者的警告，顯得空洞無力。這論點也缺乏聖經的證據。我們可以說，背道所指出的危險，在寫作當時雖仍未成為事實(來六 9～10)，但我們卻不能武斷地說，「背道」是不可能的，除非經文有清楚的提示。

(iv) 柏寇偉的觀點

當代荷蘭改革宗神學家柏寇偉在他的著作《信心與堅忍》(*Faith and Perserverance*)中，持守「聖徒必然堅忍」的改革宗立場，就是說，對一位真正的信徒，背棄真道是不可能的，因為他對上帝的信心，保證他必能堅持到底。

---

37 Brooke F. Westcott, *The Epistle to the Hebrews* (Grand Rapids, MI: Eerdmans, 1970), 147～159.

38 Thomas Hewitt, *The Epistle to the Hebrews* (Grand Rapids, MI: Eerdmans, 1960), 108～111.

柏寇偉確信，上帝的恩典是最終會得勝的，也是人不能抗拒的。馬歇爾稱讚柏寇偉看基督徒的生活，較其他改革宗神學家，更有動感，柏寇偉看重基督徒的信心，而信心就是人不再信靠自己，全然投靠上帝的能力、和祂那保守人不失腳的恩典。這樣的信心，就產生了得救的確據。然而，馬歇爾認為，柏寇偉仍然停留在上帝主權那「不可抗拒的恩典」這個改革宗傳統的規範中，因此他仍未能肯定人的信心與自由意志，在救恩上的積極角色。[39]

(v)綜合要點

第一，我們必須肯定信徒在基督裏有永生，這是上帝的應許與信徒心中的確據(約一12，三16～18、36，十27～29；羅八31～39；彼前一3～5)，因為，凡父所賜給主的人，必到主面前來；而凡信靠主的，在末日必要復活(約六37～40)。

第二，真正得救的信心，不是短暫的，乃是堅忍的信心。如此的信心，是經得起時間、環境、困苦的考驗的信心。人生並非沒有軟弱跌倒，但至終得救的人，必會從跌倒中起來，並會以信心跑完人生的旅程，好像基督一樣(來十二1～2)。

第三，「背道」的危險和警告，是真實而非假想的，否則這些警告便是虛假的，而上帝從不向人發出虛假的警報，因祂是真理，祂絕不會虛張聲勢。從聖經所教導的經文(例如：來六

---

39 Marshall, *Kept by the Power of God*, 204～208.

4～6)和在歷史中背道的例子可見，我們不能否認，信徒「背道」是真正可能的。

第四，如何協調上帝的揀選、永生的應許，和信徒背道的危險這兩方面的聖經真理？從釋經的角度，這兩方面的真理都是聖經啟示的一部分，都應持守。然而，它們的共存會否構成邏輯上的矛盾？我們是否被逼要放棄其中一方面？協調的方式有以下的選擇：

1. 永生的應許和背道的危險兩種信息，是針對不同的信眾、需要和處境而發出的(例如：約翰福音和希伯來書)。
2. 這兩方面的真理是互相配合，而非互相矛盾的，正如希伯來書六章 1 至 12 節所示，作者警告讀者不要懶惰、呆滯不前，因為離經背道是一個真實的危險(來六 1～8)；然而，他接著立刻肯定讀者的行為表現，顯出他們是屬乎得救的(六 9～10)；最後，他勉勵他們殷勤努力，以堅忍的信心持守信仰、承受永生的應許(11～12 節)。可見背道的危機是可以避免的，而避免背棄真道最佳的途徑，是以堅忍的信心和愛心，奔跑前路，最終得以承受永生。可見，堅忍的信心是面對「背道」危險之最佳良藥。
3. 信徒最終得救之應許與確據，以及離經背道之可能性，正好反映了上帝的主權與恩典，和人的信心與責任，二者的關係是充滿張力(tension)的。這兩方面永遠是互相配合、卻又是超越理性所能測透的、「似非而是」(paradoxical)的真理。它們的共存，凸顯了人理性的限制和上帝之深不可測的屬性，也引發我們的敬拜與讚美。

(vi)「聖徒堅忍」的今日意義

在信徒生命的栽培工作上，信心的建立、對上帝恩典與能力的體會，是十分重要的。而新約聖經多處提到上帝的應許和愛顧，對信徒的成長，特別在他們面對試探、苦難、困境之時，尤其需要。

聖經中的勸勉和警告，對信徒是必須的。今日的教會，多已失卻了它持守紀律的功能，往往為了「人情」和「面子」，漠視信徒在罪中的危險，未能負起守望的責任。紀律的初步實踐，是信徒互相提醒和勸勉，進而發出警告，最後才是把不肯悔改者逐出教會。這最後（也是最嚴厲）的一步，仍是為了在愛裏挽回那在罪中的人，而非只是一種懲戒。

新約信徒常常是活在永生的盼望與跌倒退後二者的張力中，在這張力的處境中，教會應重新發揮其信仰羣體的功效，幫助聖徒成長、活出堅忍的生命，好叫基督的能力彰顯在信徒的羣體中，成為世人的祝福（來十 19～26）。

三　與主聯合：在基督裏的生命

父上帝藉著福音的呼召，主動邀請罪人歸向基督。當人悔改相信，藉著洗禮（信心的印證），他就與耶穌基督聯合（羅六 1～11；西二 12～13），進入救恩的門，得到豐盛的生命。但這是一個怎樣的聯合？神學家有不同的解釋。

1 神祕性的聯合？

過去一百年，不少聖經學者企圖用「神祕主義」(mysticism)來詮釋保羅書信中的「與主聯合」，就是以此描述個人與上帝直接透過主觀的神祕經驗，分享那屬天的生命。

德國學者戴斯曼(Gustav A. Deissmann，1866～1937年)主張，人「在基督裏」就是與基督同在一處，在道德生活上，行基督所行的。戴斯曼認為，當基督升天時，祂就轉化為一宇宙的靈，充滿整個宇宙；當人向基督開放時，他就活在這靈裏，也就是活在基督裏，他的道德行為就與基督的行為完全配合。這是一種「道德的神祕主義」(moralistic mysticism)。

天主教神學家馬斯科爾(Eric L. Mascall)則主張一種「本體的神祕主義」(ontological mysticism)。他看「在基督裏」是一種本體的改變，就是人的靈魂被提升，得以在上帝的生命中有分；馬斯科爾在一九四六年的著作《基督、基督徒，及教會》(*Christ, the Christian, and the Church*)中認為，信徒作為上帝的兒女，透過上帝的兒子，得以同享基督那被神性化的生命。而基督這神性化的人性如何注入我們的生命？馬斯科爾認為，這生命的注入是藉著洗禮。因此，人與教會聯合就是與基督聯合，因為教會(基督的身體)與基督在本體上是一樣的。馬斯科爾的本體神祕主義，也是一種聖禮主義(sacramentalism)。[40]

我們會發覺，新約聖經(特別是保羅書信)中「與主聯合」的觀念，與上述的神祕主義是不同的。

40 參 Lewis B. Smedes, *All Things Made New* (Grand Rapids, MI: Eerdmans, 1998), 83～87。

2 行動上的聯合

瑞士神學家巴特，構思「與基督聯合」是一種行動上的聯合（where the action is），就是一個信徒，在行動上參與基督對世界的服事，在人生目標和意志上與主聯為一體，參與基督的使命。當然，人所作的，永遠比不上主所作的，但人可以在主的行動的範疇中，活出基督的生命。巴特認為，這一種在基督裏的行動，是將來的事，因為救恩的實現，不是今天可以體驗的。[41]

我們同意「與主聯合」的人，會在行動上與基督同工，活出基督的生命，但我們不同意這是「將來」的事，因為就在今天，信徒已能體驗「在基督裏」的真實。

3 救贖性的聯合

新約聖經中的「與主聯合」，更準確的說，是一種救贖性的聯合（redemptive union）。「在基督裏」，就是透過聖靈，享受基督耶穌藉死和復活所帶來末世的救恩。這救贖性的聯合，包括了下列的元素：

A. 根源於上帝的揀選

「就如上帝從創立世界以前，在基督裏揀選了我們，使我們在他面前成為聖潔，無有瑕疵；又因愛我們，就按自己意旨所喜悅的，預定我們藉著耶穌基督得兒子的名分……」（弗一 4～

41 Smedes, *All Things Made New*, 87～90.

5）上帝在基督裏的揀選，反映了上帝的主權和恩典。上帝的主權表達出這揀選乃按上帝「自己意旨所喜悅的」，而非任何上帝以外的因素；上帝的恩典則表達出祂的「愛」，這「愛」是在創世以前上帝揀選預定的因由，是無條件的、非靠人行為的愛。當保羅論及上帝的「預知」時（羅八 29），這預先的「知識」，也是一種關係性的、愛的關注。

這「在基督裏的揀選」的目的，乃是要使人得著救贖（弗一 7～14），一方面叫蒙揀選者「成為聖潔、無有瑕疵」；另一方面，也叫上帝的榮耀得著稱讚（一 6、12、14）。

B. 代表性的聯合

保羅書信中，常常將「在基督裏」與「在亞當裏」作一平行和對比（羅五 12～19；林前十五 20～49）。在這兩位代表性人物裏，繫連著一切與他們有關的人的命運；亞當代表了一切他的後代，而基督則代表了祂的所有子民，前者因一次的犯罪叫眾人死，而後者則因一次的義行叫眾人稱義得生命（羅五 15～19）。這是一個「代表性」的聯合（representative union），也是一個包括整個教會羣體（蒙救贖的「新人」；弗二 15）的聯合，信徒是這個羣體的一分子，因此也就在這羣體中與主聯合。[42]

C. 與主「同死同復活」的聯合

藉著十架，基督向罪死，而透過復活，祂向上帝活（羅六

42 參 Ridderbos, *Paul: An Outline of his Theology*, 57 ～ 64；John Murray, *The Imputation of Adam's Sin*（Phillipsburg, NJ: Presbyterian & Reformed, 1959）。

10），當人藉信心/洗禮，與基督聯合，就分享了祂「向罪死、向上帝活」的生命（六 3～9）。「向罪死」就是向罪的刑罰和權勢死，而「向上帝活」就是有復活的能力，可以活出基督的生命（加二 20）。當然，要經歷這得勝罪的權勢，以及這復活生命的大能力，信徒首先要認定自己是與主同死同復活的（“death and resurrection with the Lord”；羅六 11），然後藉著「治死」與「獻上」（六 12～14，八 13，十二 1～2），實踐這「與主聯合」的生活，在成聖的道路上不斷更新，逐漸有主榮美的形像（林後三 18）。

「與主同死同復活」也告訴我們，人與主聯合，並非根源於人內心的神祕經驗，乃源於救恩歷史中基督的十架與復活，當然也是透過聖靈在人心中的工作。[43]

D. 進入新時代的聯合

「與主聯合」不單是一個與主新的關係，更是一個新的存在模式，就正如史密茲（Lewis Smedes）所言，是進入一個新的處境中。[44] 正如亞當的罪將人帶進一個死亡和受綑綁的處境，基督的死和復活將人帶進一個生命和自由的處境。又如保羅所說，是從一個舊的宇宙性時代（cosmic age），進入一個新的宇宙性時代中。

在亞當裏的舊時代是「肉體」的時代（the age of the flesh），

43 Ridderbos, *Paul: An Outline of his Theology*, 206～214.

44 Smedes, *All Things Made New*, 90～128.

而在基督裏的新時代是「聖靈」的時代（the age of the Spirit）。[45] 肉體的時代的特徵是：人在罪中、受邪靈的束縛、死亡的掌權、人敵擋上帝、違背律法、惹上帝的忿怒，並且人活在敗壞、無能、無盼望中。聖靈的時代則相反：人在其中有得勝的把握、有自由、有生命、有能力討上帝的喜悅、有盼望、有上帝。

人如何從「肉體」時代進入「聖靈」時代？答案是：在基督裏。因為「若有人在基督裏，新創造！……舊的已成過去，看哪！新的經已來臨！」（林後五 17；筆者譯）原來一個人藉信心「與主聯合」（在基督裏），他就是進入一個「新的創造」（*kaine ktisis*；原文不是「新造的人」），舊的時代經已過去，新的時代已經來臨，而信徒就活在這新的時代、新的創造中。參與這新的創造，就是活在救贖的處境中，這就影響他人生的每一方面：個人生活、家庭、社交，以及一切與上帝、與人的關係。

這新的宇宙性時代，就是末世的時代（eschatological age）。而一切「在基督裏」的人都進入了這時代，與主聯合。

E. 在聖靈中的聯合

由於基督在復活時，祂的工作與聖靈的工作完全配合，因此基督「成了叫人活的靈」（林前十五 45），而「主就是那靈」（林後三 17）。換句話說，「在基督裏」即等於「在聖靈裏」（羅八 9～10）。因此，信徒與基督聯合，就等於與聖靈聯合，也是「與主成為一靈」（林前六 17），而受洗歸入基督的身體，也是受洗歸

45 Ridderbos, *Paul: An Outline of his Theology*, 64～68, 205～230.

於一靈（林前十二 13）。

這完全配合了保羅的教導，就是末世的特徵，是聖靈的同在、內住、彰顯的時代。上帝的「子民—教會」是活在聖靈中，也成了基督的身體，而每位信徒皆是這身體上的肢體（林前十二章），有不同的恩賜，彼此配搭。這基本上是一個客觀的存在模式（mode of being）；當然，這客觀的事實，有其主觀的生活影響，因為在基督裏的人，也同時是被聖靈引導並活在聖靈中（in the Spirit）的人。

聖靈在信徒生命中，賜他永生（羅八 11；林後三 6），這給信徒帶來內在的更新（羅七 6；多三 5）、上帝愛的澆灌（羅五 5）、內心的剛強（弗三 16）、結出聖靈的果子（加五 22～23）、有知識和啟示（弗一 17）、過成聖的生活（帖後二 13）等。[46]

這聖靈在人心中的更新、加力、成聖的工作，是聖靈從人的內心（或稱「裏面的人」；林後四 16），影響整個人生活的每一方面，而不是一種「神祕性」的經驗。聖靈透過人的「心意」（*nous*），使人了解、察驗上帝的美意（羅十二 2），然後藉人身體力行，活出在聖靈裏的生命。

信徒在今生，有兩種勢力在「拉扯」他。其一是「肉體」或罪的力量，其二是「聖靈」的生命大能。由於他有聖靈的內住，他若願意順服聖靈，肉體是不能控制他的（加五 16～24）；然而，一個人若活在律法之下，沒有聖靈的生命，那麼他註定是失敗的了（羅七 14～25）。

46 Ridderbos, *Paul: An Outline of his Theology*, 214～231.

F. 葡萄樹和枝子 —— 互相內住的聯合

耶穌用葡萄樹和枝子來比喻祂自己與門徒間互相內住的關係：枝子從樹得生命，而樹透過枝子結果子（約十五 1～8），而天父則是園丁，一方面祂修理結果子的枝子，使其結果更多（參來十二 4～11）；另一方面，祂剪去不結果的枝子 —— 將那些在某程度上與福音有接觸、卻沒有堅忍信心的人除去。門徒因耶穌的道，已經乾淨了（約十五 3），然而，他們必須「常在主裏面」，方能結出果子，因為離了主，他們就不能作甚麼（十五 4～5）。人若不持定信心，常在主裏，他就會被棄，被扔在火裏燒了（6 節）。門徒若常在主裏，主的話也常在他們裏面，就能多結果子，這些果子包括：祈求得以成就、叫天父得榮耀（7～8、16 節）、遵守主命（10 節）、常存喜樂（11 節）、彼此相愛（12～13 節）、向世界作見證等（27 節）。[47]

耶穌與門徒的互相內住關係，也曾被描述為類似天父與耶穌的合一關係（約十七 20～23）。也許有人會誤會這是一種神祕主義，然而，正如任何比喻，有其相似，也有其相異之處。主與門徒的相互關係，並不是一種神祕主義的聯合，乃是主藉真理、透過聖靈居於門徒心中，結出生命的果子，其重點並不是分享基督神性的神祕經驗，乃是藉真理的認識、聖靈的啟迪，過與主相交、順服主的門徒生活，並為主作生命的見證。[48]

---

47 Donald A. Carson, *The Gospel According to John* (Leicester: IVP, 1991) , 510～518.

48 R. A. Whitcare, "Vine, Fruit of the Vine" in *Dictionary of Jesus and the Gospels*, ed. J. B. Green, S. McKnight, and I. Howard Marshall (Downers Grove, IL: IVP, 1992) , 867～868.

G. 小結

「與主聯合」在新約聖經中，特別是保羅和約翰的著作中，是一個救贖性的聯合，其基礎是在救恩歷史中主的救贖工作，其領受的媒介是真理與信心、聖靈的教導，這一切都不是源出於人自己，乃是根源於上帝永恆中的揀選，和上帝永恆的愛，使人可以靠著聖靈的能力，享受這無比的豐盛。

四　整全豐盛的救恩

1 統一而多元的救恩

上帝所賜予人的救恩是統一而多元的。救恩的統一性是基於耶穌基督：人回應父上帝的呼召，藉信心與基督聯合，就必得救，進入安息（太十一 28～30；來三 14～四 11）。與基督聯合也就是與聖靈聯合，得著永生（羅八 9～10；林前十五 45）。這也是認識父上帝、認識基督、領受聖靈（約十七 3；徒二 38）的經驗。

救恩的多元性和豐富性也是基於耶穌基督，正如保羅說：「因為上帝本性一切的豐盛都有形有體地居住在基督裏面，你們在他裏面也得了豐盛」（西二 9～10）。這多元性以下列方式顯明：

1. 信徒藉信與基督的死聯合。基督的十架，成為我們的贖罪祭、挽回祭、復和、買贖、稱義、愛的啟示等（參第二章）。

2. 信徒藉信也與基督的復活聯合。祂的復活也成為我們得榮耀、作上帝兒女、稱義、成聖等福氣的媒介，因為祂是那末後的亞當(參第三章)。
3. 信徒藉信與基督一同坐在天上。祂的升天，實現了祂彌賽亞的三重職分：先知、君王、祭司；祂的升天也使我們與祂同作先知、君王與祭司(參第三章)。

2 超越個人層面的救恩

救恩的實施，不能忽略個人的層面——個人的悔改、委身，是得救的途徑。只有社會、政治層面的救贖(如解放神學)，是架空了的救贖論。然而，只有個人層面的救贖，也是片面和狹窄的。

上帝的救贖也包括了羣體(教會性)、社會(結構性)，以及整個宇宙(創造性)等不同層面。救恩的目的，是個人生命、教會羣體、社會結構，以及整個創造的更新。一個人在基督裏得蒙拯救，是因為他是教會這個新羣體，以及宇宙新創造的一部分(林後五 17)。

3 涵蓋人的過去、現在與未來

救恩的實施，不單有過去、也有未來，是一個涵蓋過去、現在與未來的全面救贖。

4 救恩次序的重整

圖九表達了這個重整了的救恩次序(參第三章，圖五)：

圖九：重新整合的救恩次序圖

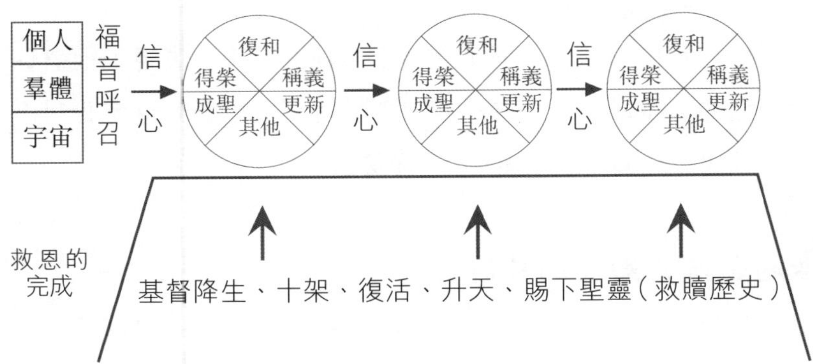

上帝在歷史中，藉基督的降生、受死、復活、升天、再來，完成了救贖的工作，並透過聖靈在個人、羣體及宇宙中的工作，把救贖工作在人和世界中實施，這是上帝大能、慈愛的作為。願頌讚歸與三一真神。

信心是領受這救恩的途徑。這「信心」常被人誤解、誤用，以致恩典的救贖，顯得廉價，這是我們要小心的。

人與基督聯合，是救恩工作的成果。這是一個救贖性的聯合，從個人開始、達至羣體，甚至整個宇宙。整全的救恩不能只停留在內心和個人的層面，乃是涵蓋新天新地、上帝永恆的國度。願榮耀歸與至高上帝！

討論問題

1. 在改革宗的神學傳統中，「重生」是先於「信心」的，這個救恩次序是否合乎新約聖經的教導？試引經文支持你的答案。
2. 上帝對人救恩的呼召，是一個怎樣的呼召，這呼召對人有甚麼要求？
3. 何謂「得救的信心」，這信心有何特徵？分享你所觀察到現代人對「信心」的誤解。
4. 在領受救恩這事上，我們如何避免陷入「律法主義」和「無律法主義」的錯誤中？試從救恩歷史中的「恩典之約」來處理這個問題。
5. 一個人信耶穌，是否「一次得救、永遠得救」？若是要堅持到底才得救，會否變成靠行為得救？信耶穌是否需要付代價？為甚麼？
6. 「背道」的危機，對重生得救的人，是真的有可能嗎？若不是，豈非上帝在戲弄人？若是，則與「上帝應許屬祂的人永不滅亡」的真理有衝突？這兩方面可如何協調？
7. 何謂「與主聯合」？這聯合包括了甚麼元素？對我們今天的信仰與生活有甚麼意義？
8. 試用圖表畫出一個你認為合乎聖經真理的「救恩次序」，並作簡單的闡釋和應用。

參考書目

Berkhof, Louis. *Systematic Theology*. Grand Rapids, MI: Eerdmans, 1979.

Berkouwer, G. C. *Faith and Perseverance*. Translated by R. D. Knudsen. Grand Rapids, MI: Eerdmans, 1973.

Calvin, John. *Institutes of the Christian Religion*. Edited by J. T. McNeill. Translated by F. L. Battles. Philadelphia, PA: Westminster Press, 1967.

Carson, D. A. *The Gospel According to John*. Leicester: IVP, 1991.

Davids, Peter. *Commentary on James*,（NIGTC）. Grand Rapids, MI: Eerdmans, 1983.

Dunn, J. D. G. *The Theology of Paul the Apostle*. Grand Rapids, MI: Eerdmans, 1988.

Erickson, M. J. *Christian Theology.* Grand Rapids, MI: Baker, 1983.

Gaffin, R. B. *Resurrection and Redemption: A Study in Paul's Soteriology*. Phillipsburg, NJ: Presbyterian and Reformed, 1987.

Green, J. B., S. McKnight and I. H. Marshall, eds. *Dictionary of Jesus and the Gospels*. Downers Grove, IL: IVP, 1992.

Hawthorne, G. F., R. P. Martin and D. G. Raid, eds. *Dictonary of Paul and His Letters*. Downers Grove, IL: IVP, 1993.

Hodge, Charles. *Systematic Theology*. Vol. 3. Grand Rapid, MI: Eerdmans, 1970.

Hughes, P. E. *A Commentary on the Epistle to the Hebrews*. Grand Rapids, MI: Eerdmans, 1979.

Kittel, Gerhard, ed. *Theological Dictionary of the New Testament*. Vol. 1, 6. Translated by G. W. Bromiley. Grand Rapids, MI: Eerdmans, 1974.

Kline, M. G. *Kingdom Prologue: Genesis Foundations for a Covenantal Worldview*. Overland Park, KS: Two Age Press, 2000.

Marshall, I. H. *Kept by the Power of God*. Minneapolis, MN: Bethany Fellowship, Inc., 1975.

Murray, John. *Collected Writings of John Murray, vol.2: Selected Lectures in Systematic Theology*. Edinburgh: Banner of Truth, 1977.

________ . *The Covenant of Grace*. Phillipsburg, NJ: Presbyterian and Reformed, 1987.

________ . *Redemption Accomplished and Applied*. Grand Rapids, MI: Eerdmans, 1975.

________ . *The Imputation of Adam's Sin*. Phillipsburg, NJ: Presbyterian and Reformed, 1959.

Poythress, Vern. *The Shadow of Christ in the Law of Moses*. Brentwood, TN: Wolgemuth and Hyatt Publishers, 1991.

Ridderbos, Herman. *Paul: An Outline of His Theology*. Translated by J. R. De Witt. Grand Rapids, MI: Eerdmans, 1975.

Shepherd, Norman. *The Call of Grace: How the Covenant Illuminates Salvation and Evangelism*. Phillipsburg, NJ: P. & R., 2000.

Smedes, Lewis. *All Things Made New*. Grand Rapids, MI: Eerdmans, 1998.

Warfield, B. B. "On the Biblical Notion of Renenal." In *Biblical and Theological Studies*. Edited by S. G. Craig. Philadelphia, PA: Presbyterian and Reformed, 1968.

Westcott B. F. *The Epistle to the Hebrews*. Grand Rapids, MI: Eerdmans, 1970.

5

揀選、預定、自由意志

上帝賜予人的救贖，全是恩典。

首先，聖子耶穌基督，道成為人、降生、被釘、復活，在歷史中完成救贖大功，是上帝賜予人類最大的禮物。

其次，聖靈與聖子同工，不單在基督降生、完成彌賽亞使命中擔當重要角色，並且在基督升天之後，聖靈被差遣澆灌教會，將榮耀的救恩施行在地，直到上帝的子民與天地，在基督裏同歸於一（弗一 10）。

最後，父上帝的揀選和預定，更是出於祂的慈愛，顯明祂的恩典與榮耀。這課題是我們在這一章裏所要探討的。

「揀選」（election）乃指上帝在創世以前，按自己的美意，揀選一些人得著救恩，不是由於他們的功德或條件，乃是完全出於上帝的主權和恩典。

「預定」（predestination）所涵蓋的範圍更廣，不單包括信者蒙揀選，也包括不信者被遺棄（reprobation），甚至包括宇宙中一切發生的事，都在上帝主權的掌控之下（哀三 37～38；羅八 28，十一 33～36；弗一 11）。

許多人對「預定論」的教義有抗拒，因為這教義似乎與上帝的慈愛、祂願意萬人得救的旨意，以及人類與生俱來的「自由」有矛盾。與此教義有關的信仰難題，我們將會探討。但先讓我們回顧一下，預定論在教會歷史中的發展。

一　教義的歷史發展[1]

1 初期教會

- 奧古斯丁是教會歷史中首位全面闡釋預定論的神學家。在他以前的教父多不贊成預定論，其中東方希臘教父強調人有自由意志，有能力悔改信主，因為上帝對人的命令，假設人有能力遵行這些命令。奧古斯丁對聖經的了解，加上他的蒙恩經歷，使他體會到人心的敗壞，和救恩全是上帝的恩典，沒有人的功勞可言。罪人在亞當裏已失去勝惡行善的自由，惟有在基督裏得以重獲和重建。
- 英國修士伯拉糾（Pelagius，360～420 年），與奧古斯丁站在對立的地位。他認為，人與生俱來有選擇善惡的自由。亞

1 參 Paul Jewett, *Election and Predestination*（Grand Rapids, MI: Eerdmans, 1985），5 ～ 21；Millard Erickson, *Christian Theology*（Grand Rapids, MI: Baker, 1983），908～914；Philip Schaff, *The Creeds of Christendom*, 3 vols.（Grand Rapids, MI: Baker, 1993）；《當代神學辭典》，楊牧谷編（台北：校園，1997），頁 62～64，313～314，914～918 等。

當的罪只是他後代的壞榜樣，並沒有影響他們擇善的自由；況且，他認為「一人做事一人當」，若是人類在亞當裏有「原罪」，就太不公平了。伯拉糾認為，上帝幫助人行善，是藉律法透過理性的教導；至於「預定」，乃根據上帝「預知」人生命的素質，而非單憑上帝一己的旨意。至於行善，伯拉糾主張人在今生可達至完全，因為上帝如此吩咐（利十九 2；太五 48）。

- 奧古斯丁確定上帝在救恩中的主權，因此主張上帝的恩典是不可抗拒的，但這恩典與人的意志不相矛盾。至於為甚麼有人會接受，有人會拒絕神恩？奧古斯丁認為，至終不在人的意志，乃是上帝揀選和遺棄的美意。這是否公平？奧古斯丁認為非也，因為普世人類皆在罪中，當被定罪，但上帝給予選民之救恩，是他們所不配得的，因此沒有公平或不公平。
- 伯拉糾主義在四一八年的迦太基會議（Council of Carthage）中，被定為錯謬。
- 奧古斯丁以後，東西方教會普遍接受一種「神人合作」的「半伯拉糾主義」（semi-Pelagianism），而五二九年的奧蘭治會議（Synod of Orange）雖重申人在道德上的無能和上帝恩典的必須，但接受一種較溫和的奧古斯丁主義，這立場歷數百年之久。

2 中世紀教會

- 預定論在中世紀仍然是一個富爭論的教義。德國神學家哥特沙勒（Gottschalk，808～868年）堅持雙重預定論（double predestination），與「半伯拉糾主義者」展開激烈辯論。前者以上帝的揀選和遺棄為絕對，不以人的意志為依歸，後者則認為上帝的預定乃依據祂預知人是否接受和拒絕福音。雙方爭持不下。

- 中世紀神學家對系統的信仰構思興趣甚大，特別在處理上帝的預定與人的自由意志二者之關係上，頗多建議。著名神學家安瑟倫認為，對上帝來說，萬物都在祂面前，沒有過去，沒有將來，只有永恆的現在；因此，人的自由意志不單與上帝的預知配合，也與預定協調，毫無衝突。安瑟倫更指出，人真正的自由是不犯罪的自由，不作罪的奴僕，因此人的自由與上帝的預定是可以並存的。
- 經院學派大師阿奎那在他的巨著《神學總論》（*Summa Theologica*）中，將預定論與上帝的治理（providence）連起來。他認為，上帝的旨意乃萬物終極之因，而這旨意是絕對不變、必然實現的；上帝的預定（包括揀選與遺棄）乃上帝治理的一部分，因此也是不變和必然實現的。阿奎那將預定論置於上帝「治理的旨意」這教義中，有別於奧古斯丁將其置於「救贖論」中，然而二人立論相同：上帝預定人得救，不是基於上帝預知他的信心，乃基於祂預定的美意。與奧古斯丁一樣，阿奎那構思蒙揀選者有一定的數目。在「遺棄」這課題上，阿奎那認為上帝愛所有人，但祂沒有定意所有的人得救，卻容許某些人因自己的罪失落而被罰，不像奧古斯丁所言，上帝主動預定一些人失落而受永刑。

3 從宗教改革到現代

- 宗教改革的領袖，如路德、加爾文、慈運理（Ulrich Zwingli）等人，都接受雙重預定論，就是上帝在祂主權的旨意中，揀選一些人得救，遺棄一些人，按他們的罪滅亡。[2]
- 天主教教會在一五六三年的天特會議（Council of Trent）中，指出預定是上帝的奧祕，人不能識透，更不能以為自己是蒙揀選的，而「預定滅亡」更是錯謬的道理。一般來說，十七、十八世紀天主教教會都反對預定論。
- 路德跟隨奧古斯丁，並根據羅馬書的教導（如八 28，九 6～18 等），堅守上帝對人的絕對主權，以及揀選與遺棄的教義。他的繼承者墨蘭頓逐漸走向較溫和的「半奧古斯丁主義」（神人合作），並帶來一五七七年信義宗的〈協同信條〉（Formula of Concord）的主張——上帝的永恆旨意是拯救那些承認基督之名的人，上帝預知一切，但祂沒有預定人滅亡。
- 加爾文、伯撒（Theodore Beza，1519 ～ 1605 年），及其後的改革宗傳統，承接奧古斯丁的預定論，並將此教義發揚光大。加爾文看預定為聖經所啟示，上帝在祂永恆的旨意中，定意拯救一些人，並拒絕另一些人，上帝在這定意與行動中，是公義、無可指摘的。預定不會引致人道德放縱，因為人若知道自己蒙揀選，便會努力過聖潔的生活。而信徒確定自己蒙揀選的方法，乃是看見上帝話語改變自己的生命。加

2 Schaff, *The Creeds of Christendom*, vol. 1, 451.

爾文認為上帝遺棄的旨意是「可怕」的，[3] 但他堅信雙重預定論是聖經中清楚的教導，其至高目標乃是彰顯上帝的榮耀，其次乃是使人成聖（揀選），以及顯明上帝的公義（定罪）。[4]

- 加爾文的學生伯撒，走向極端的加爾文主義，他主張「墮落前預定論」（supralapsarianism），即上帝先預定人永生和永死，然後才預定人被造及墮落。這帶來極大的爭論。大部分改革宗神學家皆接受「墮落後預定論」（infralapsarianism），即上帝的揀選和定罪的旨意，是在人被創造及墮落的旨意之後。這是較為溫和的立論，也避免了推出「上帝創造一些人，是為了要咒詛他們」這個極端論點。
- 宗教改革後一百五十年，改革宗與聖公會傳統之信條及信經，皆認信加爾文之神學教義，包括管治、揀選、遺棄、上帝的美意、福音呼召、奧祕、揀選之目的等。[5]
- 十六世紀荷蘭神學家亞米紐斯反對加爾文的預定論，他認為上帝的揀選乃根據祂預知罪人將要作的選擇（信或不信）而作的；他認為上帝的元旨(decree)，並不是揀選一些人得永生，另一些人入地獄，乃是定意立祂的愛子為世人的救主，使凡信而悔改者得救。亞米紐斯認為，原則上上帝已把足夠的恩典賜予所有的人，使他們能相信主，因此他認為加爾文的預

3 John Calvin, *Institutes of the Christian Religion*, vol 3, ed. J. T. McNeill, trans. F. L. Battles（Philadelphia, PA: Westminster Press, 1967）, ch. 23, section 7.

4 參 Fred H. Klooster, *Calvin's Doctrine of Predestination*（Grand Rapids, MI: Baker, 1977）。

5 參 Benjamin B.Warfield, *Studies in Theology*（New York: Oxford University Press, 1932）, 117～231。

定論破壞救恩真道。他的立論在荷蘭引來極大的爭論。

- 亞米紐斯死後，其跟隨者列出五項〈抗議信條〉（Remonstrant Articles），這包括：（1）預定是基於上帝預知人將要作出關乎信或不信的反應；（2）基督為所有人而死，但只有信徒得救；（3）人靠自己不能相信，必須有上帝的恩典才成；（4）上帝的恩典是可拒絕的；（5）重生得救的人會否堅忍，這有待進一步研究。這些信條引起全國教會的爭辯。荷蘭終於召開多特會議，結果亞米紐斯派大敗，〈抗議信條〉被定罪，大會提出五項加爾文正統教義，包括：（1）人全然的敗壞（total depravity）；（2）無條件的揀選（unconditional election）；（3）有限度的代贖（limited atonement）；（4）不可抗拒的恩典（irresistible grace）；（5）聖徒的堅忍（perseverance of the saints），簡稱「TULIP」。
- 十八世紀兩位英國聖公會牧師，又是循道會（Methodism）創辦人約翰．衛斯理（John Wesley，1703～1791 年）及懷特腓德（George Whitefield，1714～1770 年），在預定論問題上意見分歧。前者認為，預定論使人不能合一，這教義更會使人對講道、善行的熱誠大大減少，並且使上帝在人心中顯得為偽君子；後者受了愛德華滋的影響，持守聖公會信仰宣言中的預定論教義，他自己也深信救恩從開始到末了，都是上帝的恩典，和祂主權中大能的作為。衛斯理對預定論的拒絕，較為感性，其實他對罪及救恩的看法，頗接近奧古斯丁，他也相信人歸主是上帝恩典的作為，而人必須重生。無可否認，衛斯理所提倡的亞米紐斯主義（Arminianism），較荷蘭抗辯者的，更具福音派信仰的本質。因此，也較容易被福音派

（包括改革宗）人士所接受。

- 自由主義：十九世紀開始的自由主義神學，強調上帝是全人類的父，而普天下的人都是弟兄，因此「預定論」的問題並不存在。自由神學之父士來馬赫認為，按照上帝治理的法則，一切在地上生活的人，在不同的時間都會進入上帝的國度，而不會有例外的，否則會導致有人被拒於天國門外，引致永恆的不協調。自由主義中的「預定」，是全人類都蒙揀選，並至終與基督同享團契。士來馬赫以單一預定代替了傳統的雙重預定，並且以普救論代替了聖經所言的特殊救贖恩典。
- 二十世紀瑞士新正統神學家巴特，雖然同意救恩是上帝白白的恩典，卻不同意傳統從奧古斯丁、阿奎那、加爾文而來的預定論。他認為，奧古斯丁的預定論將永恆中上帝的（隱藏）元旨與基督在歷史（啟示的）救贖旨意，有意無意分割了。巴特認為，耶穌基督是那揀選的上帝（the electing God），也是那蒙揀選的人（the elected man），他是末後的亞當，因此，全人類都在祂裏面得蒙揀選。基督也是那被遺棄的人（the reprobate），在祂裏面，全人類被定罪，但恩典會至終得勝，因為基督代替我們被定罪，叫上帝的恩典至終臨到所有的人。巴特的論點，我們在以下再評論。

二　聖經的啟示

1 舊約聖經

神學家弗雷姆（John Frame）認為，聖經中的「揀選」可分兩類，其一是「歷史中的揀選」，如以色列民族、君王（撒上九 17）、先知（耶一 5）、猶大（路六 13）等；其二是「永恆的揀選」，如新約時代歸主的信徒（約三 14～16，六 37～40）。[6] 這分類幫助我們了解，為何一些在歷史中蒙上帝揀選的人（如猶太民族），雖然曾是上帝的選民，卻至終失落。

以色列民族在歷史中蒙上帝揀選，並非由於他們人數眾多，或是德行高超，乃是由於上帝的愛和恩典（申七 6～8，九 4～6），而這愛是人所測不透的。上帝也在以色列中，揀選他們的君王（撒上十 24，十六 8～13）、祭司（二 28），以及聖殿之所在地錫安（詩一三二 13）等。[7]

以色列作為蒙揀選的子民，是上帝所寶貴、分別為聖的民族，有上帝的同在（申七 6）。上帝拯救她脫離埃及，在曠野中與她立約，並且吩咐她要「聽從上帝的話、遵守上帝的約」，這樣才能見證她特殊的身分：屬上帝的子民、祭司的國度、聖潔的國民（出十九 4～5）。然而，舊約的以色列民大多背棄上帝，未能彰顯這蒙恩的身分；新約的教會，在基督耶穌裏，卻實現了這身分（彼前二 9～10）。

上帝揀選以色列，並與以色列民立約，二者是分不開的。這「恩典之約」，始於亞伯拉罕（創十二 1～3，十七 1～8）蒙上帝揀選、呼召並賜予應許，上帝也在歷史中成全祂的應許，將迦南地賜予他們（申七 17～24）。面對這位聖潔、公義、信

6　John Frame, *Salvation Belongs to the Lord* (Phillipsburg, NJ: P. & R., 2006), 177～179.

7　David N. Freedman, ed., *The Anchor Bible Dictionary*, vol. 2 (New York: Doubleday, 1992), 436～438.

實的上帝，以色列民應有的回應是「信心」或「委身」：專一愛上帝、敬畏上帝、順服上帝。然而，他們當中絕大多數人對上帝的不信與背叛，顯出他們不是上帝「永恆揀選」的子民（參林前十 1～12）。

2 新約聖經[8]

- **約六 37，十七 2、6、9**：父上帝將一班人「賜給」聖子，這些就是蒙上帝揀選的人。蒙揀選者必然到耶穌面前來（即信耶穌），而耶穌也應許必不丟棄他們，並且祂也在父上帝面前為他們代求。
- **徒十三 48**：在彼西底的安提阿，保羅和巴拿巴向外邦人傳福音，有多少人信主？經文說：「凡預定得永生的人都信了。」
- **羅八 28～30**：「我們曉得上帝叫萬事（all things）互相效力，叫愛上帝的人——就是按祂旨意被召的人——得益處。上帝預知的人，祂就預定他們有祂兒子的形象，使祂兒子在許多弟兄中作長子；上帝所呼召的人祂就稱他們為義；所稱為義的，祂就使他們得榮耀。」（筆者譯）
- **羅九 11～13**：上帝揀選雅各，不揀選以掃，不是由於他們的行為（當時二人仍未出生），乃是由於上帝揀選人的旨意。
- **羅十一 7**：面對以色列民中一些人得救，另一些人不得救，使徒保羅有如此解釋：「以色列人所求的，他們沒有得著，惟有

8 參 Freedman, ed., *The Anchor Bible Dictionary*, vol. 2, 441～444；Wayne Grudem, *Systematic Theology*（Grand Rapids, MI: Zondervan, 1994）, 671～673。

蒙揀選的人得著了；其餘的就成了頑梗不化的。」可見上帝的揀選，是人得救的因由。

- **弗一 4～14**：在頌讚上帝、數算上帝所賜「屬靈的福氣」時，保羅首先提到蒙上帝「揀選」的福氣，這福氣是：(1) 上帝在創立世界以前所賜的；(2) 在基督裏賜予的；(3) 因著上帝的愛、按祂旨意所喜悅而賜予的（5 節）；(4) 揀選的目的是信徒的聖潔和上帝的榮耀（4、6、12、14 節）。
- **林前一 27～28；雅二 5**：上帝揀選世上貧窮的、愚拙的、軟弱的、無有的，叫有智慧和強壯的羞愧。這與耶穌在登山寶訓中的教導吻合（太五 3；路六 20）。
- **西三 12**：保羅稱信徒為「上帝的選民，聖潔蒙愛的人」（參太二十四 24），這指出上帝揀選的恩典，臨到蒙愛的人，並暗示上帝揀選的目的，乃是使人成聖，效法主基督的形象（羅八 29）。
- **帖前一 4～6；帖後二 13**：保羅說，帖撒羅尼迦信徒蒙上帝揀選的證據，是他們相信主，並活出福音的真理。而保羅也常為他們的蒙揀選而感恩。
- **提後一 9**：信徒蒙上帝福音的呼召和拯救，不是按他們的行為，乃是按上帝的旨意和恩典，這恩典是萬古以先在基督耶穌裏賜給我們的。這裏的「旨意」，是指上帝揀選拯救的美意，是在創世以先在基督裏的旨意，因此是按上帝的主權和恩典，而不是靠人的德行。
- **彼前一 1～2，二 9**：彼得寫信給小亞細亞一帶教會的信徒，稱他們為「照父上帝的先見〔即預先的關注〕被揀選」的人，又確定他們是「被揀選的族類……屬上帝的子民」。

- **啟十七 14**：與基督一起的子民，是「蒙召、被選、有忠心〔即信心〕的」，可見蒙揀選者的特徵是對上帝有信心的人。

上帝在救贖中的揀選，有以下特徵：

1. 是無條件的恩典，是上帝愛的禮物，而非根據人的任何條件或行為。
2. 揀選是上帝主權的行動，完全是按上帝意旨所喜悅的，而非根據人的意志和行為。
3. 揀選是個人性，也是集體教會性的。
4. 揀選的目的是人的成聖，和上帝榮耀的彰顯。
5. 蒙揀選者必然會信耶穌、得永生，因為他們是父上帝賜予耶穌的人。上帝的揀選與人的信心不相矛盾、且有完美的配合。
6. 「揀選」是基於「預知」(foreknowedge)；預知有「預愛」(forelove)的意思（參弗一 4～5），因為在聖經中，「知道」(to know)是一種愛的關係。

3 從羅馬書九章 6 至 29 節看上帝的揀選和預定

A. 6 至 13 節——上帝揀選的旨意

面對以色列的不信，和外邦人的歸主，使徒保羅必須面對一個問題：是不是上帝對以色列選民的應許落了空？保羅的回應是：非也！因為上帝真正的子民，從來不是按種族去確定，乃是按上帝在祂的主權並恩典中的揀選和呼召為依據的。他說：

> 當然，這不是說上帝的話落了空，因為出自以色列的，不都是以色列人；也不因為他們是亞伯拉罕的後裔，就都成為他的兒女，只有「以撒生的，才可以稱為你的後裔」，這就是說，肉身生的兒女並不是上帝的兒女，只有憑著應許生的兒女才算是後裔。因為所應許的話是這樣：「明年這個時候我要來，撒拉必定生一個兒子。」不但如此，利百加也是這樣：既然從一個人，就是從我們的祖宗以撒懷了孕，雙生子還沒有生下來，善惡也沒有行出來（為要堅定上帝揀選人的旨意，不是由於行為，而是由於那呼召者），上帝就對她說：「將來大的要服事小的；」正如經上所記的：「我愛雅各，卻惡以掃。」（羅九 6～13；《聖經新譯本》）

在 7 至 9 節，保羅引用上帝揀選以撒而不揀選以實瑪利為例，指出雖然兩人都是亞伯拉罕肉身的兒子（參創二十一 12），卻只有按上帝應許生的兒子以撒才是真正的後裔；按恩典之約所生的兒子，才有資格承受上帝應許的福氣，他的後裔也得以成為上帝立約的子民（參十七 15～16，十八 10、14）。

在 10 至 13 節，保羅進一步引用上帝揀選雅各，而不揀選以掃的個案，帶出兩人的出身雖然一樣（同父同母），卻只有雅各蒙揀選，確定人之所以蒙恩是因上帝的主權，而非人的出身或條件。上帝的宣告是在兩人出生之前，更顯出上帝的揀選，乃按祂的旨意，而不是人的行為。這裏「旨意」一詞有「預定旨意」的意思；這「旨意」在歷史中得以成就，乃是基於上帝的主權。雅各和以掃二人在歷史中有不同的命運，「大的服事小的」是根據上帝對二人的定旨，因為祂說：「我愛雅各，卻惡以掃。」或有人問：這裏所指的，是不是關於這些先祖和民族在救恩歷史中所扮演的角色，而非論及個人得救？答案是：二者皆是。新約學者慕悟（Douglas Moo）提出下列原因，以支持 6 至 13 節是與個人得救有關：[9]

1. 保羅在這裏，是要解釋為何有些猶太同胞得救，有些不得救（羅九 3～5），這與個人得救有關，而非單論及民族在救恩歷史中的角色。
2. 經文中一些詞句，如「上帝的兒女」（8 節）、「後裔」（7～8 節）、「算為」（8 節）、「應許的兒女」（8 節）、「稱為」或「呼召」（7、11 節）、「由於行為」（11 節）等，在保羅其他的著作中，皆與個人的蒙恩得救有關。
3. 24 至 29 節是承接 6 至 13 節，論及猶太人和外邦人中，那些蒙上帝呼召的個別子民。27 節中更論及猶太人中蒙召的「餘民」，顯然不是單指一些民族。
4. 10 至 11 節論及雅各及以掃，提到他們的成胎、出生及行為，這些都不能單應用在國家或民族身上，乃也（起碼是）

9 Douglas, J. Mco, *The Epistle to the Romans*, NICNT (Grand Rapids, MI: Eerdmans, 1996), 571 ~ 575.

論及上帝的應許，如何應驗在雅各和以掃兩個人的身上。

5. 此外，12 至 13 節清楚指出，以掃將來要服事雅各，不單是上帝預知和預告，更是上帝所預定的，因為是基於上帝「愛」雅各，「惡」以掃。上帝對雅各的愛，使祂揀選雅各承受上帝向亞伯拉罕所應許的祝福，因此「愛」與「揀選」是同一件事；反過來，上帝「惡」以掃使祂決定不祝福以掃，因此「惡」與「拒絕祝福」的行動，也是同一件事。

B. 14 至 23 節——上帝的主權與自由

既是這樣，我們可以說甚麼呢？上帝不公平麼？絕對不會！因為他對摩西說：「我要憐憫誰，就憐憫誰；我要恩待誰，就恩待誰。」這樣看來，既不是出於人意，也不是由於人為，只在於那憐憫人的上帝。經上有話對法老說：「我把你興起來，是要藉著你顯出我的大能，並且使我的名傳遍全地。」這樣看來，他願意憐憫誰就憐憫誰，願意誰剛硬就使誰剛硬。這樣，你會對我說：「那麼他為甚麼責怪人呢？有誰抗拒他的旨意呢？」你這個人哪，你是誰，竟敢跟上帝頂嘴呢？被造的怎麼可以對造他的說：「你為甚麼把我造成這個樣子呢？」陶匠難道沒有權用同一團的泥，又造貴重的、又造卑賤的器皿麼？如果上帝有意要顯明他的忿怒，彰顯他的大能，而多多容忍那可怒、預備遭毀滅的器皿，為了要使他豐盛的榮耀，彰顯在那蒙恩、早

已預備要得榮耀的器皿上，這又有甚麼不可呢？」（羅九 14～23；《聖經新譯本》）

在 14 至 18 節，在回應反對者的問題：「上帝既按照祂的主權預定了誰會得救，誰被拒絕（13 節），祂的做法是否不公義？」時，保羅強烈的否認，原因是：上帝的揀選與拒絕，只是反映祂的本性（15、17 節；參出三十三 19），就是上帝的自由——祂有自由憐憫恩待任何人；結論是：這不在乎人的意思，也不在乎人的行為，只在乎發憐憫的上帝（16 節）。上帝的公義的終極標準，是上帝的自由和永恆的揀選，而不是上帝對以色列民族在歷史中的揀選，正如保羅所說：「出自以色列的，不都是以色列人」（6 節）。

上帝的主權，不單顯明在祂的揀選（15～16 節），也顯明在祂「使人剛硬」的行動，這負面的行動、也有其正面的功能：彰顯上帝的榮耀，並使上帝的名傳遍天下。上帝使法老的心剛硬、也是上帝自由的行動（18 節）。這也與出埃及記的記載配合（出四 21、七 3）。在那裏上帝宣告祂會使法老的心剛硬；而在出埃及記中，敍述「法老的心剛硬」是被動式（passive voice）的（七 13～14、22，八 11、15），暗示是上帝使他的心剛硬（參羅九 19）。保羅這裏所強調的，是上帝主動的作為。當然，罪人運用他的意志去犯罪，也須為他自己的罪負責。可見，法老的心剛硬，一方面是上帝主權的作為，另一方面也是法老自己意志的行動。二者互相配合，沒有矛盾。

在 19 至 23 節，反對者第二個質問是：上帝為何還指責人？有誰拒絕祂的旨意呢？上帝使人的心剛硬，似乎顯出上帝是不公平的。反對者認為，惟有當人主動去抗拒上帝，上帝的審判才算是公平的。保羅在他的回應中，並沒有像亞米紐斯主義者所說，上帝是按人的行為或信心的行動，去決定誰蒙揀選、或使誰的心剛硬；保羅也沒有處理上帝的主權與人的責任二者之間的關係。其實保羅肯定人是有責任的（在九章 30 節至十章 21 節，他便論到，猶太人的不信帶來上帝的定罪）。在此，保羅只是簡單、直截了當地指出，上帝有主權，而人只是受造之物，因此他沒有資格「跟上帝頂嘴」（參賽二十九 16）。受造之物豈可批判造物主作事的方式呢？21 節用陶匠與器皿的比喻強調上帝的主權，祂按自己的意思去製造貴重和卑賤的器皿。22 至 23 節將 20 至 21 節比喻作實際的應用：上帝多多的容忍那預備遭毀滅的器皿，為要顯明祂的忿怒，彰顯祂的大能；同時，祂也使祂自己的榮耀，顯明在那蒙恩惠（早已預備要得榮耀）的器皿上，這都是完全合理的，因為祂是上帝。「早已預備」（*proetoimázo*）一詞，與羅馬書八章 29 節中「預定」有同一意思。

總的來說，這段經文（羅九 14～23）幫助我們了解保羅對上帝的認識。面對反對者的控訴，保羅高舉上帝有自由和主權，去揀選人領受祂的救贖，他再次加強羅馬書八章 28 至 30 節所帶出上帝的預定。在這裏使徒還提出「遺棄」(reprobation) 的教義，就是上帝按自己的旨意，主動使一些人的心剛硬，引致他們在永恆中被定罪，這些人包括法老，以及那些不信的猶太人。[10]

---

10 參 Moo, *The Epistle to the Romans*, 588 ～ 609；John Murray, *Epistle to the Romans*, vol. 2, NICNT（Grand Rapids, MI: Eerdmans, 1968）, 24 ～ 39。

C. 24～29 節：外邦人如何成為上帝的子民？

> 這器皿就是我們這些不但從猶太人中，也從外族人中蒙召的人。就如上帝在何西阿書上說的：「我要稱那不是我子民的為我的子民，那不蒙愛的為蒙愛的；從前在甚麼地方對他們說：你們不是我的子民，將來就在那裏稱他們為永活上帝的兒子。」以賽亞指著以色列人大聲說：「以色列子孫的數目雖然多如海沙，得救的不過是剩下的餘數；因為主必在地上迅速而徹底的成就他的話。」又如以賽亞早已說過的：「如果不是萬軍之主給我們存留後裔，我們早就像所多瑪和蛾摩拉一樣了。」（羅九 24～29；《聖經新譯本》）

這經文承接 6 至 13 節，指出要成為上帝的子民（作「真正的以色列人」），完全是基於上帝的恩召，而非人的行為或條件。當然，人須以信心回應，否則就會重蹈不信的猶太人的覆轍（參羅九 30～33，十 1～5；弗二 8～9）。24 至 29 節，進一步將外邦人也包括在上帝所呼召的子民的範圍裏。24 節連同 23 節一併指出，上帝憐憫、揀選祂施恩的子民，就是那些蒙上帝呼召的人（參羅八 30 上），不單包括猶太人，也包括外邦人。25 至 26 節引用何西亞書一章 10 節及二章 23 節，支持外邦人蒙召作上帝的子民，而 27 至 29 節則引用以賽亞書一章 9 節及十章 22 至 23 節，確定猶太人中的餘民，是蒙恩得救的。

上帝對以色列餘民（remnant）將會得救（羅九 27）和上帝為

以色列存留「餘種」(seed；29 節)的預言，使讀者面對不信的以色列民族，仍有盼望；也為羅馬書十一章 25 至 26 節論及以色列的全家得救，作了伏筆。

4 有關「遺棄」的聖經依據

正面的揀選，暗示有反面的遺棄。如果上帝按祂的主權，揀選一些人蒙恩得救，進入永生，那些不蒙揀選，將會失落的人，是否也是上帝會按祂的主權「遺棄」他們？以下是一些有關「遺棄」教義的經文：[11]

- **可四 10 ～ 12**：當祂門徒問及比喻的意義時，耶穌告訴他們，天國的奧祕，只給門徒知道，但對外人，祂就用比喻，叫他們「看是看見了，卻不領悟，聽是聽見了，卻不明白」(《聖經新譯本》)。可見，基督用比喻的其中一個目的，是要叫一些「外人」不明白、也不能明白天國的奧祕。
- **路十 21**：耶穌讚美父上帝，因為祂將一些有關救恩的真理向「智慧聰明人」就隱藏起來，向「嬰孩」就顯明。這似乎在說，上帝主動地向某些人隱藏祂的天國真理(參太十一 25 ～ 27)。
- **約十二 37 ～ 40**：猶太人的「不信」和「不能信」，是因為「主叫他們瞎了眼，硬了心」，正如以賽亞書六章 9 至 10 節所言。又正如耶穌在約翰福音十章 26 節中對猶太人反對者說：「只是你們不信，因為你們不是我的羊。」

11 參 Jewett, *Election and Predestination*, 26 ～ 29；Grudem, *Systematic Theology*, 684 ～ 686。

第
5
章

- **羅九 18**：上帝「要憐憫誰就憐憫誰，要叫誰剛硬就叫誰剛硬。」
- **羅十一 7～8**：論到以色列所尋找的（救恩），他們沒有得到，只有蒙揀選的人得著了，其餘的人就變成心中剛硬的（因此，也得不著了）。
- **彼前二 6～8**：論到基督，彼得説，祂是上帝所寶貴的石頭，對信的人祂是房角石，對不信的人，祂卻成了「絆腳的石頭，跌人的磐石」，而「他們這樣絆跌也是預定的」。
- **猶 3～4**：猶大論及一些混進教會中的假師傅，是一些「早被判定受刑的不敬虔的人」（《聖經新譯本》）。
- **林後二 14～16**：保羅在此描述他的傳道職事，是上帝藉他在各處顯出基督馨香之氣；對得救的人，就作了活的香氣叫人活，對滅亡的人，就作了死的香氣叫人死。保羅坦言：這事不是人能承擔的。他説得對 —— 只有上帝能擔當得起這生死的責任！傳道人只是福音的管家，人是否接受、是生是死，惟交託予上帝。

5 分析與結論

「遺棄」的教義確是一個富爭論性的教義，加爾文也稱它為「可怕的頒令」（decree horrible）。它使人懷疑上帝的慈愛，誤會上帝是喜愛人受苦、運用祂的大能作弄人的。

宗教改革最重要的神學家路德、加爾文、慈運理等，跟隨教父奧古斯丁，完全接受揀選與遺棄的「雙重預定論」；宗教改革以後，接受揀選與遺棄教義的教會包括改革宗、聖公會、長老會等。然而，後期的信義宗、亞米紐斯主義衞斯理的循道會，卻不接受「遺棄」的教義，又重新詮釋「預定」，將上帝的預定建立在祂對人信心的預知上。

接受雙重預定論的神學家，大都認為，揀選與遺棄二者不是平行的，因為在比較之下，二者有許多分別。古德恩對二者之分別有以下的分析：[12]

人蒙上帝揀選而得救	人遭上帝遺棄被定罪
1. 引發人對上帝的讚美與歡樂（弗一 3～6）。	1. 引發人的憂傷（羅九 1～4）。
2. 顯出上帝在愛中行祂所喜悅的事。	2. 人使上帝憂愁（結三十三 11）。
3. 完全是出於上帝。	3. 是由於人自己的罪。
4. 是基於上帝的恩典。	4. 是基於上帝的公義。
5. 顯出上帝的榮耀，包括祂的慈愛、恩典、能力。	5. 顯出上帝的榮耀，包括祂的忿怒、公義、能力。

這樣的分析，大致上是合理和合乎聖經的。然而，上列第 3 點值得我們再思。不錯，人被遺棄定罪，是由於人自己的罪，但為甚麼同樣有罪的人，有些人被定罪，另一些人卻不被定罪？誠如霍奇所言，「若不是由於人的罪，上帝不會定他的罪；但這些人被遺棄，而另一些人，雖然同是罪人，卻不必承擔罪的刑罰，這樣的分別，明顯的是上帝主權的行動。」[13] 上帝

12 Grudem, *Systematic Theology*, 686.

13 Charles Hodge, *Systematic Theology*, vol. 2（Grand Rapids, MI: Eerdmans, 1970）, 346.

在祂的主權中，揀選一些人，又遺棄其他人，這都是按照祂所預定的美意的行動。遺棄的旨意，是與上帝全面治理的旨意配合的，是上帝全面旨意的一部分。荷蘭神學家巴文克（Herman Bavinck），論及上帝遺棄的旨意時，認為從聖經啟示來看，上帝的遺棄可分消極和積極兩方面；前者乃指上帝越過一些人，不賜予重生恩典，而後者則指上帝預定一些人因自己的罪受永遠的刑罰（如羅十一8）。巴克文又舉出聖經中上帝對人主動的旨意的經文，包括：[14]

1. 上帝拒絕該隱（創四5）、咒詛迦南（九25）、恨以掃（二十五26）、使人心剛硬（出四21，七3）、使人耳聾眼瞎（賽六9）。
2. 上帝預定人不順服（彼前二8）、受永刑（猶4）。
3. 在人類歷史中，苦難、災害、不義、憂傷的事，並不是由非位格性的命運掌控，乃是由全智、聖潔、深不可測的上帝所管理，而遺棄的旨意也是這位有主權、有位格的上帝所預定的，不是「可怕」的，乃是「可畏」的。信徒的安慰是：這位管理一切的上帝是公義的，也是滿有慈愛和憐憫的。

巴文克因此認為，遺棄最終的因由，不是人的罪，乃是上帝的旨意，正如揀選最終的因由，並非人的信心，乃是上帝所喜悅的旨意。只是要接受這真理，又要避免落入「上帝是罪的源

---

14 參 Herman Bavinck, *The Doctrine of God*, trans. W. Hendriksen（Edinburgh: Banner of Truth, 1997）, 394～400。

頭」、和「上帝喜悅人被定罪」等錯謬中，這是非常重要的功課。

三 「預定論」——主要神學觀點

歷代有關預定論較重要的觀點有五個：伯拉糾主義、奧古斯丁—加爾文的古典預定論、亞米紐斯主義、自由主義，以及巴特的論點。伯拉糾主義否認原罪、否認人得救必須靠賴神恩，其錯謬顯而易見；而自由主義以人的宗教代替上帝的啟示，是人本的神學，其立論與聖經啟示和正統福音派信仰背道而馳。因此，我們在此會較詳細評價的，是其餘的三個論點。

1 亞米紐斯主義

十六世紀荷蘭神學家亞米紐斯提倡一個以「上帝預知人信或不信」作為基礎之預定論。這論點在初期教會的希臘教父中出現，一直到今天，仍為希臘東正教會所持守。亞米紐斯將此論點發揚，在相當程度上，他影響了過去數百年福音派對預定論的詮釋。

A. 基本立論

1. 上帝揀選那些滿足上帝所定得救的條件（condition）的人。
2. 上帝所定的條件是「悔改」與「相信」；凡上帝所預知將會悔改相信的人，祂就預定他們得著救恩。上帝為人訂定得救的條件，這是上帝的恩典；但人要得著這救恩，就要自己決定，而上帝會按人的決定去預定。因此，上帝不是人得救與否的最終因由。

3. 上帝的公義使祂有責任公平地對待所有人，就是為所有人提供同一救贖、原理和資源，而不是厚此薄彼，否則祂便是不公和不義的。
4. 先在恩典（prevenient grace）：亞米紐斯主義者，特別是衛斯理宗的神學家，肯定人是全然敗壞，是抗拒上帝和上帝的救恩的。問題是：罪人如何能正面回應上帝的恩典，成為上帝的選民？答案是：上帝賜予所有的人「先在恩典」，使他們重獲自由意志（在亞當裏失落了），並有能力去選擇信或不信。亞米紐斯主義的神學家，堅持人有自由意志與能力，去選擇相信或拒絕上帝藉基督所成就的救恩，他們指摘加爾文主義者否定了上帝創造時所賦予人的基本自由意志。
5. 上帝的旨意：亞米紐斯構思上帝救恩的旨意（decrees）可分四方面：（1）上帝定旨耶穌基督為救贖主；（2）上帝定旨接受一切相信者，定罪一切不相信者；（3）上帝定旨藉救恩的媒介，有效地施行救贖；（4）上帝定旨預定揀選祂所知道將會相信的人，並預定遺棄祂所知道將會不信的人。
6. 當代衛斯理宗神學家奧頓把上帝永恆的救恩旨意分為兩類：[15]（1）在先旨意（antecedent will）：上帝定意要拯救普

---

15 Thomas Oden, *The Transforming Power of Grace*（Nashville, TN: Abingdon, 1993）, 82.

世所有的人，但這旨意並非「不可抗拒」的；(2)在後旨意(consequent will)：上帝預定接受救恩者得享永福，拒絕者受永遠刑罰。奧頓認為，上帝真誠地定旨所有人得救，但只有信的人得救；「在先旨意」指上帝在人運用自由意志之先的定旨，而「在後旨意」則指上帝按照人信心回應的定旨，是一種「合作性的恩典」(cooperating grace)。在二者中間，是上帝賦予人的「先在恩典」。奧頓的構思，與亞米紐斯的論點非常配合。

B. 對亞米紐斯主義的評論

表面看來，亞米紐斯預定論的觀點，與上帝的恩典及人的自由配合，這似乎是合理的構思。亞米紐斯主義反對希臘式的宿命論(fatalism)。他們一方面確定救恩是上帝的恩典，不是人的功勞；另一方面，他們則強調，人的自由意志有能力接受或拒絕上帝所預備的恩典。他們認為，肯定人有自由選擇的能力，這可以回答那些對上帝的不公義的控訴——按自己的「私意」揀選某些人，卻定另一些人的罪。因為蒙揀選及定罪的原因在於人意志的選擇，而不在上帝獨斷的決定。此外，亞米紐斯主義者揚言，他們對上帝救恩的普世性立場，也與一些聖經經文配合(參太二十八 19～20；林後五 14～15；提後二 4 等)。此外，以賽亞書六十五章 2 節及羅馬書十章 21 節等論及上帝將整天伸手招呼那悖逆的猶太人；而以西結書三十三章 11 節又說上帝不喜悅惡人死亡。然而，從聖經啟示的角度，亞米紐斯主義的立論恐難以成立，原因如下：

(i)缺乏聖經支持

亞米紐斯主義所引用的兩段主要經文，皆不能支持「上帝按祂所知道的人是否相信，去預定誰蒙揀選、誰被遺棄」這個觀點。羅馬書八章29節：「因為他預先所知道的人，就預先定下效法他兒子的模樣，使他兒子在許多弟兄中作長子。」保羅在此並沒有說：「上帝預先所知道、那些將會相信的人，祂就預定他們像祂兒子」，乃是說：「上帝所預知的人，祂就預定他們」；意思是：上帝預知的，是一些人，而不是他們將會信或不信耶穌的行動和意圖。希臘文「預知」(*proginosko*)一詞，乃論及上帝預先所關注的，按祂全知的智慧與目的，這是一種愛的行動，而非單單的理智上「知道」。因為按上帝的全知屬性，世上所有的人，都是上帝所知道的，但只有選民是特別在愛中被關注和蒙愛的(參摩三2；弗一5)，所以學者鮑爾(F. C. Bauer)將羅馬書八章29節翻譯為：「那些祂預先揀選的人，就預定他們……」[16]

另外，如彼得前書一章2節所記：「……就是照著父上帝的預知蒙揀選……的人」(《聖經新譯本》)。同樣地，這裏彼得在描述各地信徒時，也沒有說他們是「照父上帝預知他們會悔改信主」，乃是說，他們本身是「蒙父上帝預知的人」。因此，鮑爾的翻譯是「照上帝的預定而蒙揀選的人」，這也配合《修訂標準譯本》(*Revised Standard Version*)的翻譯：「被父上帝揀選

16 參 Jewett, *Election and Predestination*, 70 ～ 72；S. M. Baugh, "The meaning of foreknowledge," in *Still Sovereign: Contemporary Perspectives on Election, Foreknowledge and Grace*, eds. T. R. Schreiner and B. A. Ware (Grand Rapids, MI: Baker, 2000), 191 ～ 196。

和預定的人」。

在羅馬書九章 19 至 23 節，使徒保羅在回應反對者對上帝在主權中的揀選和遺棄的質問：「他為甚麼還指責人呢？有誰抗拒祂的旨意呢？」時，並沒有拿出「上帝的預定，是基於祂預知人信與不信的決定，因此至終責任在於人自由的抉擇，而不在於上帝」這一套亞米紐斯的理論，而是直接指出，人是被造者，是陶匠手中的泥土，所以人不可以跟上帝頂嘴（20 節），造物主有絕對主權，用同一團泥做成貴重的、和卑賤的器皿（21 ～ 23 節），而受造之物沒有資格反對或抗議！

亞米紐斯派將上帝的預定和工作，建基於人的意志抉擇上，這是背棄了聖經所言，一切救贖工作，從預知到預定、呼召、稱義、得榮耀，都是上帝的作為（羅八 28 ～ 30）。聖經從來沒有說，上帝要先看看人將如何抉擇，才作出祂自己的決定。

因此，早期的希臘教父如俄利根、屈梭多模（John Chrysostom，344 ～ 407 年）等人，以「上帝的預定乃根據上帝預知人有信心和有資格」為其論點，但在聖經啟示的亮光之下，這顯然是站立不住腳的。

至於人的信心和自由意志，在救贖工作上扮演甚麼角色，下面再作討論。

(ii) 先在恩典又如何？

「先在恩典」的觀念，在聖經中是找不到的。[17] 有人曾經引用約翰福音一章 9 節中的「真光，照亮一切生在世上的人」，以

17 參 Sam Storms, *Chosen for Life* (Wheaton, IL: Crossway Books, 2007), 29 ～ 30。

作為「先在恩典」的支持。新約學者卡森（Donald A. Carson）認為這經文所指的，不是「人心中受光照」這內裏的光，而是從上帝而來的光，顯明人的黑暗，結果將恨光的和就光的兩種人分別出來（約三 19～21，八 12，九 39～41），所以這經文並不能支持「先在恩典」。[18]

（iii）信心從何而來？

亞米紐斯主義看信徒與不信者的分別，在於前者運用他的自由意志相信耶穌，而上帝預知他們的信心，揀選他得永生，但祂卻容讓不信者受該得的報應。信心乃出於人的自由意志，加上先在恩典，使人能以相信。

然而，聖經看人死在罪中，無能靠己力相信上帝、討上帝喜悅（羅八 7～8；弗二 1），惟有依靠上帝的恩典。天父不單差遣基督，完成救贖，也早在創世以前，按祂主權的美意，在基督裏揀選祂的子民，承受救恩。也許有人會問：當人悔改相信耶穌時，他的信心從何而來？以下經文可回答這問題：

- **弗二 8～10**：人得救是本乎恩，也藉著信。人的信心是得救的途徑（means）或渠道（channel），這當然是指人的信心，不是上帝的信心；而 8 節下的「這並不是出於自己」的「這」，也大概不是直接指「信心」，因為「信心」這名詞是陰性，而「這」代名詞卻是中性。可是，「這」在此應該是指「從上帝恩

18 Donald A. Carson, *The Gospel According to John*（Leicester: IVP, 1991）, 124.

典而來，藉人的信心領受」的救恩，這救恩從開始到末了，皆出於上帝、是上帝的禮物（gift）；這樣看來，「信心」作為這領受救恩的途徑，也是這禮物的一部分，間接支持「人得救的信心，是上帝恩典的賜予」。[19]

- **腓一 29**：「因為上帝為了基督的緣故賜恩給你們，使你們不單是信基督，也是要為他受苦」（《聖經新譯本》）。這裏「賜恩」一詞，是指上帝對腓立比人慷慨的賜予（禮物），包括相信基督及為基督受苦。
- **彼後一 1**：讀者領受了信心，這信心與使徒所領受的一樣寶貴。而這信心的臨到，並非偶然，乃是上帝在祂的主權和恩典中，藉祂和救主耶穌的義而來的。
- **提後二 24～26**：人悔改，需要上帝賜予悔改的心，因為人是無能的。「或者」指出上帝有主權，賜或不賜。此外，上帝的主權並沒有抹殺人的責任和意志抉擇（包括提摩太和反對他的人）。悔改與信心是人對上帝的正反回應。
- **徒五 31，十一 18**：上帝將悔改的心，賜予以色列人，也賜予外邦人，叫他們得生命。

可見，悔改和信靠基督的心，都是上帝所賜的恩典，因為罪人靠自己，是沒有能力的，他們也不傾向信靠耶穌。從傳福音的角度看，若信心是靠人的力量（無論是信的人抑或是傳的人）去達成，傳道者也許會用盡各樣方法，甚至不擇手段，去引

19 參 Sinclair B. Ferguson, *The Holy Spirit*（Downers Grove, IL: IVP, 1996）, 126～129。

發人信耶穌。但若是連悔改的信心都是上帝的恩典憐憫，我們就應更迫切的為未信者禱告，求聖靈開他們的心去領受這奇妙的救恩。

2 巴特

二十世紀新正統派神學家巴特，重新詮釋揀選與遺棄的教義，使神學界重新檢視這富爭論性的神學課題。他的立論雖有創意，但也引起不少辯論。以下撮要了巴特的預定論：[20]

A. 以基督為中心的救恩歷史

巴特看以色列的歷史，是一個愈來愈狹窄的圈子，但皆以基督為中心。從亞伯拉罕、以撒、雅各開始，擴展至十二族長及整個國家民族；然後再逐步縮小至只有猶大，以致在被擄後只剩一個「餘民」（remnant）；在這餘民回歸後的數百年，大衛的子孫、耶穌基督降生。基督是以色列歷史、也是救恩歷史的中心。

B. 基督是那揀選人的上帝

正統神學以父上帝為那在永恆中定意、揀選的上帝，而基督是那蒙揀選的彌賽亞神人，所有選民在祂裏面也蒙揀選（參

20 參 Karl Barth, *Church Dogmatics*, vol. 2, part 2（Edinburgh: T. & T. Clark, 1957）, 3 ～ 506；Gerrit C. Berkouwer, *The Triumph of Grace in the Theology of Karl Barth*, trans. Harry Boer（Grand Rapids, MI: Eerdmans, 1956）, 89 ～ 122；Jewett, *Election and Predestination*, 47 ～ 56。

弗一 4；彼前二 4 等）。巴特卻認為，基督不單是那蒙揀選的人，也是那揀選人的上帝（約十三 18，十五 16、19），否則祂便不是選民的主和元首。巴特看「在基督裏蒙揀選」的意思是：人在祂的位格、旨意和神聖的揀選中得蒙揀選。巴特看基督不單是上帝揀選人的彌賽亞中保，也是揀選人的主；他認為如此構思只是回到正統神學所放棄了的「基督原理」（Christological principle），因為正統神學過分強調，父上帝在永恆中的揀選是隱藏的，這與歷史中顯明的基督救贖，形成兩條不同的路線，帶出兩個不同的原理，這兩個原理容易引致可能的矛盾。

C. 揀選是上帝所啟示的旨意

巴特認為，在基督裏的揀選，具有重要的意義，就是說：揀選的旨意是明顯的，不像加爾文所言，是隱藏的。假如上帝在永恆中揀選的旨意是隱藏的，信徒對自己是否蒙揀選，在今生便沒有把握；但假若上帝在永恆中的揀選與基督在歷史中的啟示是同一件事的話，信徒便可以有得救的確據，而傳統神學中，聖父的揀選和聖子的救贖二者之間的距離（甚至矛盾），便可以避免了。

D. 在基督裏的雙重預定

巴特接受雙重預定的教義，但賦予它一個新的意思。巴特認為，雙重預定是在基督裏顯明和成就的。基督是那位揀選的上帝，也是蒙揀選的人。祂也是那位被定罪、被遺棄者。祂雖然無罪，卻為我們成為罪（林後五 21），以致上帝在罪人身上的

「不！」，藉基督身上所受的刑罰，失去其權威，從而被上帝的「是！」所取代。結果是，人因著在基督身上的雙重預定，得到救贖，這就是上帝賜予人的好消息！

E. 恩典的得勝

對巴特來說，揀選是上帝主權中的恩典，這信息必須廣被傳揚，叫人相信。巴特深信，基督為普世的人而死，而這恩典是白白的。按此方向思想，也許有一天我們會發現，地獄不單不會有人滿之患，更有可能是空無一人哩！[21] 因此，對巴特來說，傳福音乃是使人知道，他在基督裏已被接納，因為上帝的公義審判，在基督身上已經執行了。[22]

F. 評論

巴特對預定論的新釋確是充滿創意，凸顯了上帝救贖的恩典性，並且以基督為中心，這理解可以算是二十世紀神學思想的一項「突破」，但可惜在聖經啟示的亮光中，巴特的論點確有不少值得商榷之處：

1. 在聖經中，揀選是父上帝的工作（例如：約六 37、39；弗一 4），而聖子則是神人之間的中保（提前二 5），特別是在創造和救贖的工作上。萬物藉基督造成（林前八 6；西一 16），而選民是「在基督裏」蒙揀選，也是父交託予基督的（約六

21 Berkouwer, *The Triumph of Grace in the Theology of Karl Barth*, 118.

22 Barth, *Church Dogmatics*, vol. 2, part 2, 738～739.

37、39，十七 2、6、7、9 等）。至於約翰福音十五章 16、19 節及十三章 18 節中所論及基督的揀選，新約學者卡森、布朗（Raymond Brown）等人，一致認為經文是指基督在地上揀選十二門徒的事，而非永恆中的揀選。因此篤信聖經者，不能支持「聖子在永恆中是揀選的上帝」的論點。

2. 巴特的預定論會引致「普救論」，這是福音派學者對他普遍的評價，由於巴特主張「恩典的得勝」及以基督為主的「雙重預定」——沒有人會失落，沒有人會被定罪，也沒有最後審判。曾一度是巴特的戰友、新正統派神學家卜仁納，也是這樣評價巴特，[23] 由於巴特主張人人在基督裏都蒙揀選，因而地獄也消失了。這普救論顯然與聖經的啟示相矛盾（參路十 15，十六 23 ~ 26；約三 16、18，五 28 ~ 29；羅二 1 ~ 11，五 1 ~ 19；啟二十 11 ~ 15 等）。巴特曾否認接受「普救論」，因為他不接受「萬物復興」（universal restoration）的觀念。然而，巴特對預定論的結構，及對恩典的至終得勝的看法，無可避免地指向了「普救論」的方向。若他否認「全人類在基督裏皆蒙揀選」的神學立場，他的整套救恩神學，包括他的預定論，恐怕要改寫了。

3. 對於被拒於救恩門外者（the rejected），即那些拒絕相信耶穌的人，巴特認為他們是「拒絕自己所蒙的揀選」（they reject their own election），這是由於巴特看人人都是蒙揀選的。但甚麼是「拒絕自己所蒙的揀選」? 朱偉特（Paul

23 Emil Brunner, *The Christian Doctrine of God: Dogmatics*, vol. 1, trans. Olive Wyon（Philadelphia, PN: Westminster Press, 1949）, 348 ~ 349.

Jewett）認為這是難以理解的，[24] 我也同意這看法。那麼，加略人猶大（出賣耶穌的門徒）的命運又如何？巴特認為他至終還是會得救的，原因是：猶大的罪不能抹殺和超越基督在十架上的工作——基督為他而死！按巴特的分析，保羅（不是馬提亞）才是猶大的代替使徒。正如猶大將耶穌交出來（delivered），保羅也將福音傳遞（delivered）出去。此外，那些被拒絕者（包括猶大）的地獄，其範圍受到限制，因為基督受苦的地獄，比他們個人地獄的範圍更大！我們對此的評論是：巴特認為猶大至終得救，這明顯缺乏聖經根據（太二十七 1～5；徒一 16～20），因為猶大雖後悔卻不能悔改，至終絕望而死。此外，地獄和永刑是真的（參猶 4～16；啟二十 11～15 等）。不錯，上帝的恩典、救贖、大能是奇妙真實的，但我們也不能否定祂的公義、審判、刑罰。我們不應顧此失彼。

3 古典預定論

古典預定論始於奧古斯丁，到中世紀阿奎那對之加以系統地闡釋，而在宗教改革時期藉著慈運理、路德、加爾文等改教者，古典預定論得以發揚光大，其中加爾文的觀點，成為往後數百年福音派教會（尤其是改革宗、長老會、聖公會等）的信仰立場。[25]

24 Jewett, *Election and Predestination*, 53.

25 參 Arthur C. Cochrane, ed., *Reformed Confessions of the 16th Century*（Philadelphia, PN: Westminster Press, 1966）；Joel R. Beek and Sinclair B. Ferguson, *Reformed Confessions Harmonized*（Grand Rapids, MI: Baker, 1999）, 28 ～ 36；Schaff, *The Creeds of Christendom*, vol. 3, 191 ～ 704。

加爾文的觀點，在他的《基督教要義》中有詳細的交代，當代荷蘭神學家告魯士德（Fred Klooster），在他的《加爾文的預定論》（*Calvin's Doctrine of Predestination*，1977 年）中，也清楚準確的分析了加爾文的預定論。以下是一些要點：[26]

A. 上帝的揀選

（i）聖經基礎與實用價值

加爾文認為，預定論的立論應根據聖經（特別是羅馬書和以弗所書），因此要避免：（1）過分好奇的推想，即對於上帝定意要隱藏的，聖經中亦沒有啟示的，我們不應過分臆測；（2）過分膽怯而不去了解，即對於上帝所啟示的，必是有益的，我們應盡力去了解。

加爾文看預定論為一個實用性的教義。它教導人依靠上帝的恩典憐憫，了解上帝永恆的揀選所帶給人的安慰、鼓勵，以及永生的盼望；其次，它高舉上帝的榮耀，也使人在上帝面前稱頌上帝，並謙卑俯伏敬拜上帝。

（ii）揀選完全是按上帝的主權和恩典

這包括了：（1）上帝永恆的旨意（eternal will；弗一 4～5、9、11），特別是父上帝的美意（約六 37、39）；（2）上帝旨意在歷史中的施行，配合祂全面的管治。加爾文的《基督教要義》在一五三九及一五五四年的版本中，將預定與管治放在同一章內，而在一五五九年的最後版本中，預定論卻被納入救恩論（第三冊）

26 參 Calvin, *Institutes of the Christian Religion*, vol 3, ch. 21～24。

中，但告魯士德認為，加爾文的基本原則沒有改變：預定論與管治論二者不能分割，關係密切，並且都源於上帝的主權。

(iii) 揀選是個人性，卻不是個人主義的

聖經中論及上帝的揀選，並涉及以色列民族、新約教會羣體，以及事奉領導職位的任命（如君王、使徒、彌賽亞），這些都是加爾文所肯定的；但上帝的揀選也同時是個人性的（individual），是創造主對每一位祂所造的人的主權之表達。羣體性與個人性二者是並存的，並不互相排斥，也沒有矛盾。

(iv) 揀選的因由與基礎

因由：是上帝主權的美意，而非人的善行（羅九 11～15；弗一 4～5）；也不是因為上帝預知人的信心或善行，因為全人類都在亞當裏敗壞失落了（羅三 1～20）。

基礎：是基督耶穌——父上帝的揀選將我們嫁接於基督的身體，父也把我們委託予主耶穌。所以，我們是在基督裏蒙揀選的。

(v) 揀選的目標、途徑與確據

目標：人的成聖（羅八 29；弗一 4）；上帝的榮耀（弗一 6、12）。

成全途徑：藉福音的傳講，呼召選民信而歸主（羅八 30，十 13～15）。福音宣講的範圍應該是普世性的，因為我們不知誰是選民，因此要向人人宣講；此外，人若有聽了福音，卻沒

有信，就是領受了一般呼召（general gospel call）；人若聽了而信，就是領受了有效的呼召（effectual gospel calling）；他是回應上帝的恩典，不能説是「神人合作」；而人的信心也不是上帝揀選人的條件；信心是人蒙恩的途徑，不是恩典的源頭。

確據：人如何確定自己是蒙揀選的呢？是靠自己嗎？是洞悉上帝永恆的旨意嗎？都不是！乃是透過基督！

人若是與基督相通、又能抓住上帝在基督裏的應許（如約六 37～38，十 27～28；腓一 6）、看到基督（在自己及聖徒身上）的工作，就能領受蒙揀選的確據，不致無所適從。

B. 上帝的遺棄

加爾文相信，遺棄的教義，與揀選的教義一樣，是聖經的教導，因為上帝的旨意使一些人蒙憐憫，卻也使另一些人的心剛硬。然而，人不可以向上帝頂嘴，因為祂是窰匠，我們是泥土。揀選強調上帝的恩典，遺棄卻顯明上帝的公義，二者都顯出上帝的主權。

（i）上帝遺棄的旨意

加爾文認為，上帝在永恆中預定一些人在罪中滅亡。馬太福音十五章 13 節及羅馬書九章 18 至 24 節就是支持這點的經文。前者論及「父所不栽種的」，而後者指出，有些人是「預備遭毀滅的器皿」、「上帝使之心剛硬者」，他們都是被上帝預定遺棄者。而上帝所遺棄的，不單是羣體或民族，也是個人。以掃就是典型的例子。

(ii)遺棄的因由

人被預定在罪中滅亡，是上帝主權的旨意，其終極的因由不是他的罪。不錯，人的罪使人被定罪(受刑罰)，但人的罪不是人被遺棄的終極因由，否則全人類都應該被遺棄了！

人被遺棄也不是因為上帝預知他們的罪或不信，乃是因著上帝主權中的旨意。被遺棄者被興起，乃是上帝按祂的美意藉他們來彰顯祂自己的榮耀(羅九 17)。換句話說，人被遺棄的終極因由是上帝的永恆的旨意，而不是人的行為。

(iii)反對者的質問

上帝按祂自己的美意遺棄一些人，豈不好像獨斷的暴君，對人是否也不公平？回答：上帝是至高、至善的上帝。因此，祂的旨意是公義的，也沒有不公平。此外，上帝沒有欠人任何東西——世人都在罪中，所以上帝定人的罪也是公平的。

至於有人問：為甚麼上帝揀選一些人、卻遺棄另一些人？這確是超過人所能了解的，因為上帝的旨意是至高的，也是人不能測透的。

此外，上帝按自己的旨意遺棄罪人，那祂豈不是人犯罪的源頭？回答：加爾文承認，亞當的罪是在上帝主權的旨意裏，但他否認上帝是罪的源頭，因為祂是絕對公義和良善的主；加爾文也認為，上帝的遺棄並沒有減少罪人的責任，人必須為自己的罪負責；這是一個似非而是的真理。不信者被定罪，是由於他的罪；但人被遺棄的終極因由，卻是上帝主權的預定，這是人的意志與上帝的主權的配合(concurrence)。

(iv) 遺棄的目的及途徑

目的：無論是從上帝永恆的旨意，或是人心的詭詐，或是公義上帝的審判的角度，人被遺棄、被定罪，皆顯出上帝的榮耀。這一切至終都是奧祕！

途徑：不錯，上帝任憑罪人犯罪、不施恩予他、使他眼瞎、心硬、讓容撒但敗壞他，有些人甚至沒有機會聽福音（參出四 19 ～ 20；賽六 9 ～ 10；耶一 10，五 14；結二 3，十二 2），但人仍然要為自己的罪負責，因為人故意犯罪、拒絕上帝和上帝所賜予的一切美善，包括否定普世恩典和拒絕上帝的自然啓示。

(v) 揀選和遺棄二者的異同

相同：二者終極的因由皆出於上帝主權的旨意。

相異：揀選完全是出於上帝的恩典，包括父上帝永恆的旨意、基督的工作，以及人在聖靈裏領受恩典的信心；遺棄卻顯明上帝公義的榮耀；然而，被遺棄者卻不是「在基督裏」被遺棄，他被定罪的近因，是自己的罪，而他被遺棄的終極原因，是上帝的定意。

C. 小結

根據以上加爾文預定論的簡介，我們可以作一個概括的總結：無論從聖經的啟示、上帝管治的主權，以及合理的推論等角度來看，加爾文所展示的古典預定論，包括揀選和遺棄的教義，在眾多神學立論中，仍然是最合乎聖經和福音派原則的，縱然有一些加爾文所引用的經文，我們也許不完全同意他的解釋（如箴十六 4；約十三 18），但畢竟這些是極少數的經文，不會影響其論點的整體方向。

有一點必須澄清。近代神學有一個傾向，就是將加爾文（Calvin）和加爾文主義（Calvinism）作了明確的區別。筆者認為，雖然後期加爾文主義的神學著作，有「理性化」（rationalistic）的傾向，但原則上加爾文和他以後的加爾文主義，在預定論的結構和內容上，大致上並沒有基本分別的。

本章第二部分「聖經的啟示」，其實大致上都是支持古典預定論的。雖然如此，古典預定論也帶來一些信仰難題，這些難題我們將會在下面稍作探討。

四　信仰難題探討

1 難題一

問：揀選與預定的教義，與福音的普世性是否有矛盾？究竟上帝是否真的願意萬人（所有的人）得救？聖經不是說「上帝愛世人」嗎？

答：對！聖經說：「上帝愛世人」（約三 16）、耶穌為普天下的人作了挽回祭（約壹二 2）、也吩咐門徒「往普天下去，傳福音給萬民聽」（可十六 15）。但這救恩的「普世性」與其「特殊性」二者並存，不可偏廢：

A. 普救論

近代自由主義神學，自士來馬赫以來，一直提倡啟示和救

恩是普世性的 —— 全人類都是上帝的兒女，上帝的家人人都有分。但這樣的普救論，卻與聖經的教導相違（參太二十五 31～46；羅九 22～23；帖後一 6～10；彼前二 6～8；啟六 16）。

B. 救恩的特殊性與普世性

在救恩的歷史中，上帝揀選呼召亞伯拉罕和他的後裔，與他立約，是要他成為萬國萬民的祝福（創十二 3，十七 5；羅四 17；加三 8），這應許在耶穌身上實現了，而耶穌給予新約教會的使命，乃是「使萬民作主的門徒」（太二十八 19）。因此，從一個選民（以色列）就興起一個新人類，永生上帝的教會包括猶太人和外邦人，也包括地上各民各族（八 11；弗二 14；啟五 9）。然而，這救恩的普世性，並非指世上每一個人，乃是指所有「在基督裏」的人（羅五 12～19）。[27] 而約翰論及聖城異象時，也說將有人不得進入聖城（啟二十一 27，二十二 15），因為他們的名字不在生命冊上。

可見，救恩的揀選真理，與其普世性特徵，二者是共存的，並不矛盾。舊約中的選民，是以色列（特殊民族），而新約則是各民各族（普世性）。此外，上帝救恩的目的，也是宇宙性的（弗一 10）：天上地上一切所有的，都將在基督裏同歸於一，因為祂是萬有之主宰。這並不是說，萬有都成了教會，乃是說，基督為了教會作萬有之首（一 22），而萬有因著教會就實現了它被造的目的。上帝在救贖中的揀選預定，最終會帶來整個

27 參 Jewett, *Election and Predestination*, 115～120。

宇宙的更新。可見，救恩的普世性、特殊性和宇宙性，皆是互相配合的。

C. 分辨上帝愛的普世性與特殊性

有許多人認為，上帝的愛的觀念往往是「博愛」、「人人一樣」的觀念，否則他們會覺得不對勁，好像上帝不公平、有偏心。

神學家巴刻（James I. Packer）在他的文章〈上帝的愛：普世與特殊〉中，指出我們應從上帝的行動去了解上帝的愛，包括：[28]

1. 對祂所造的萬物顯出祂的治理與關懷（詩一〇四 21，一四五 9、15～16；太五 45，六 26；徒十四 17 等）；這普世恩典是基於上帝普世的愛。
2. 上帝差遣愛子道成為人，完成救贖，並向普世的人發出福音的呼召，叫一切信的，不至滅亡，反得永生（約三 16；提前二 3～6；約壹四 8～10），這也是出於祂對世人的愛。
3. 上帝在我們仍「死在過犯中時」（弗二 1～7）便叫我們與主一同復活，一同升到天上，這是因祂的大愛而有的行動。我們憑信得稱為義、與主聯合，乃是按照祂在創世以前的計劃（約六 37～39；羅八 29；弗一 3～12），這是根源於上帝特殊的、救贖性的愛。

28 Schreiner and Ware, eds., *Still Sovereign: Contemporary Perspectives on Election, Foreknowledge and Grace*, 277～291.

可見，上帝的愛有不同的層次，按著不同對象，有不同的表現，而非千篇一律。麥銳也指出，上帝對普世人類的愛，表達於祂所賜的「普世恩典」（太五 44；路六 27～28、36；徒十四 16～17），那包括將福音傳予他們。[29] 另一方面，上帝對選民的揀選乃基於祂的「預知」（羅八 29）或「預愛」（弗一 5），可見，上帝對人的愛是有區分的，祂的愛是按祂的美意，而非按人的「平等」觀念。

D. 普世性福音的呼召

上帝的福音向普世傳開，這展示了救恩呼召的普世性（路二十四 47）。但這如何與揀選預定的教義協調？

在普世性福音的呼召中，上帝吩咐各處的人（all everywhere）都要悔改，因為世人都犯了罪，虧缺了上帝的榮耀。這呼召顯示，普世的人都需要福音，也應當悔改歸主。另外，普世福音的宣講與上帝特殊性（揀選）的啟示互相配合（太十一 25～30），上帝有主權向甚麼人顯示福音真道（特殊恩典），但這福音真道卻是臨到「凡勞苦擔重擔的人」（普世的人）。

那麼，福音所應許的福氣包括甚麼？這包括了上帝在基督裏一切的豐盛；具體的說，是「人與基督聯合」的福氣，一種救贖性的愛，而非普世恩典。福音呼召又對人有何要求？就是悔改與委身，即罪人信靠基督，以致得救，然後他才領悟自己是在創世以前蒙揀選的。他不是先相信自己已蒙揀選，乃是先相

29 John Murray, *Collected Writings of John Murray, vol. 1: The Claims of Truth*（Edinburgh: The Banner of Truth Trust, 1976）, 59～85.

信基督，因為主應許凡到祂面前來者，不會被丟棄（約六 37）。

透過普世性福音的呼召，上帝應許信的人可承受基督（即豐盛的生命）。普世的邀請，引發選民的回應，與上帝揀選的旨意相配合。

E. 分辨上帝的兩種旨意

派博（John Piper）清楚指出，上帝的旨意可分為兩種，它們是：

1. **上帝啟示的旨意**：包括上帝對人所講的話，是上帝的特殊啟示，先在歷史中，然後記於聖經（例如：結十八 23；提前二 4；彼後三 9）。這些經文啟示上帝明顯的旨意 —— 祂願意所有的人得救。
2. **上帝隱藏的旨意**：包括一切在歷史中發生，上帝不會預先向人啟示的旨意。其中包括：誰蒙揀選、人生的際遇、生死時間等。上帝將這些「旨意」向人隱藏，這有其美意，而人不要勉強去知（如用占卜、算命方法），因為預先知道對人沒有好處，並且上帝要我們每天、每時、每刻都依靠祂。

新約學者馬歇爾也同意，上帝的旨意可分為：（1）上帝所啟示的律例和祂一般意願（如願意人人得救）；（2）上帝所掌控的、至終會發生的事，它卻是暫時向人隱藏的（如只有部分人得救、猶大賣主等）。[30]

---

30 參 Schreiner and Ware, eds., *Still Sovereign: Contemporary Perspectives on Election, Foreknowledge and Grace*, 103 ～ 131。

這樣看來，上帝一面願意人人得救，卻至終又定意只有部分人得救，原因何在？派博認為，這是因為上帝要藉祂的公義與慈愛的彰顯（羅九 22～23），帶來更全面的榮耀，使人謙卑俯伏，為這白白恩典的救贖，將榮耀頌讚歸與上帝（林前一29；弗一 6、12、14）。派博的解釋具有聖經依據，也幫助我們更敬畏上帝。

F. 分辨上帝的三種旨意

我們認為，從上帝在宇宙中的管治這角度（providence）來看，「上帝的旨意」也可分為三類：（1）永恆隱藏的旨意（eternal will），就是事情發生後，人才知道的、上帝的最終美意；（2）在歷史中，上帝藉聖經和聖靈啟示予人的旨意（historical revealed will），其中包括上帝的應許和命令；（3）在個人生活中，上帝藉各樣方法，引導信徒作各種決定，這種「上帝的旨意」也可稱為「上帝的引導」。[31]

我們要懂得如何分辨這三種「上帝的旨意」，才不致產生混亂，也不會錯解上帝的旨意。這三種「上帝的旨意」對人們要求的分別是：（1）要求我們全然依靠上帝，用讚美和敬拜的心去將未來交給上帝；（2）要求我們信靠上帝的應許、順服上帝的命令，因為這些都是為我們的益處的（提後三 16～17）；（3）要求我們在禱告和生活中去體察上帝的引領，並隨時隨地配合聖靈的工作。

31 參 Paul Helm, *The Providence of God*（Downers Grove, IL: IVP, 1994）, 47～49, 114～115, 121～144。

G. 基督為誰而死——普世人類抑選民？

亞米紐斯學者認為，基督為普世人類而死，[32] 而改革宗學者則認為，基督為選民而死。[33] 柏克富乃指出問題的焦點，[34] 兩派的學者皆同意：（1）基督的代贖大功，足以拯救全人類；（2）不是所有人都得救；（3）凡聽聞福音者，皆被邀請得著救恩；（4）未信者都從上帝那裏得著「普世恩典」。兩派所爭論的問題焦點是：上帝在差遣基督來完成救贖工作時，祂的設計與目的是甚麼？是拯救選民抑拯救全人類？

可以這樣說：從實際蒙恩得救的角度來看，救恩是為選民而設的，改革宗學者引用不少經文來支持「確定救贖」（definite atonement）的立場（參太一 21；約十 11、15；羅八 32～35；加二 20，三 13；弗五 25～27；西二 14；多二 14 等），而這些經文皆指向「基督為祂子民而死」的觀點；然而，從福音在普世萬國萬民中宣講的角度來看，救恩亦可以說是為全人類而設的。[35] 無論如何，大家都同意，至終得救的人只是一部分，而非全人類，既是這樣，改革宗的「確定救贖」（或稱「有限度救贖」〔limited atonement〕）其實是說：上帝的救恩設計與功效的範圍

---

32 參 Clark H. Pinnock, ed., *Grace Unlimited*（Minneapolis, MN: Bethany Fellowship, 1975）。

33 Schreiner and Ware, eds., *Still Sovereign: Contemporary Perspectives on Election, Foreknowledge and Grace*, 277～291.

34 Louis Berkhof, *Systematic Theology*, 393～394.

35 參 Murray, *Collected Writings of John Murray, vol. 1: The Claims of Truth*, 74～80；Schreiner and Ware, eds., *Still Sovereign: Contemporary Perspectives on Election, Foreknowledge and Grace*, 287～289。

是一致的，範圍是收窄了，功效卻是全面的；而亞米紐斯主義的「普世救贖」(universal atonement) 其實是說：上帝的救恩設計與功效的範圍不一致，範圍是擴大了，卻只有部分的成效；可以說，它們是從兩個不同的角度看同一件事（基督所成就的救贖）。比較來說，「確定救贖」更能顯出救恩的貫徹果效，也沒有忽略上帝的普世性福音呼召。

2 難題二

問：若上帝有絕對的主權，而祂的揀選預定在創世以前已有定案，那麼我們還需要祈禱和傳福音嗎？禱告不是變成無意義的宗教禮儀，而傳福音和信耶穌，也豈不是變成不必要的活動了嗎？

答：上帝的主權與人的責任，二者不但不互相矛盾，而且是相輔相承的。

A. 腓立比書二章 12 至 13 節

使徒保羅在此勸勉信徒要顯出基督的榮美，以恐懼戰競的心，努力活出救恩的樣式，因為他們立志行事，都有上帝在他們心中運行，為要成就上帝的美意。

可見，上帝的能力和旨意，乃信徒生活之基礎。在此，人不是被動的，乃是積極、努力向前的，去活出與福音相稱的生活。這不是神人合作，乃是人在上帝的能力和旨意中，竭盡所能的，去回應上帝在他身上的主權和恩典。

同樣，上帝的揀選，並不會減少人傳福音與禱告的逼切性，反而是積極人生的推動力，而使徒保羅個人的經歷，就是最佳的例子。

B. 帖撒羅尼迦後書二章 13 至 14 節、三章 1 至 2 節

保羅在確定上帝的揀選和聖靈的工作之後，立刻要求帖撒羅尼迦信徒為他禱告，好叫主的道能成功的被傳開。可見，上帝的主權不單沒有廢掉人的本分（禱告和傳道），更是人努力的一種鼓勵。其實，上帝主權的彰顯，不單包括祂創世之前揀選的旨意，也包括人藉禱告和傳道，使上帝的選民得救。

C. 使徒行傳十八章 9 至 11 節

保羅蒙主指示，在哥林多城中有許多主的百姓，保羅便在那城裏住了一年半，殷勤地把上帝的道教導他們。上帝的主權不單沒有使保羅覺得不必傳道，反而成了他傳道工作的鼓勵，使他更努力，因為成功在望。上帝的揀選確定了人得救這最終目的，但確定目的並不廢掉那必然的途徑：人蒙差遣去傳道（參羅十 13 ～ 15）。上帝的揀選和人的宣講，二者皆是上帝所命定的。[36]

D. 羅馬書十五章 30 至 32 節

保羅請羅馬信徒與他一同禱告，求上帝救他脫離不信的猶太人的手，使他可以按上帝的旨意，到他們那裏去。使徒的請求，是真誠的，因為猶太人的威脅並不是虛假的。然而，保羅

---

36 參 Sam Storms, *Chosen for Life*, 172 ～ 178；Schreiner and Ware, eds., *Still Sovereign: Contemporary Perspectives on Election, Foreknowledge and Grace*, 307 ～ 323。

也需要明白上帝的心意，而禱告就是明白和成就上帝心意的最佳途徑。

E. 以弗所書六章 18 至 20 節

保羅請信徒為他禱告，使他在傳福音的時候有膽量，並能清楚地傳講福音的奧祕。他更稱自己為「福音的使者」（ambassador of the gospel）。可見，確定上帝揀選的主權（弗一 3～14），並不會抹殺宣講的重要；上帝定旨要救一些人，祂也定旨要藉禱告與傳道來成就祂的救贖旨意。

至於人必須運用意志，去信靠耶穌，這也是一理。主曾說，父所賜給祂的人，必到祂那裏去（信耶穌），而信祂的人，祂一定會接納（約六 36～40）。可見，信心是上帝揀選的實現，而至終不信者，就表現出是不蒙揀選的。羅馬書九章論上帝的揀選，而十章則論信心，保羅看二者互相配合，都是基於上帝的恩典，而非人的條件或義行（羅九 27～十 4）。信耶穌不單不是人的功勞，反而是接納神恩的表現，與上帝永恆的揀選同出一源。信心也是人回應上帝在歷史中所設立的恩典之聖約。這歷史中的約，是上帝永恆救贖旨意的具體實現，二者不相矛盾，相輔相承。

F. 小結

將上帝的主權與人的責任對立起來，不單是沒有必要的，也是不符合聖經的教導。二者也不是各佔一半，合成一個蘋果。揀選與救贖完全是上帝的工作，而禱告、傳道、信耶穌也完全是人的責任。二者在聖經中同被確定、相輔相承：上帝定旨人要藉禱告和傳福音得救；而人的禱告和傳道，必須依靠上帝在人心中的能力和指示，方能成就；上帝的揀選預定，不單不會使人失去傳道的動力，反倒是傳道者的一種鼓勵和安慰——傳福音有果效的保證。人若傳了福音，對方不信（或暫時未信），不應令我們灰心自責，我們應憑著信心、藉禱告將他交託予主，並找機會繼續幫助他。

著名講道學教授克羅尼（Edmund Clowney），論及「講道與上帝的主權二者的關係」時指出，上帝的主權在講道的職事中，有重要的地位。第一，講道的信息是福音，而福音是上帝的主權計劃；第二，講道的能力出於上帝的話，而這話是上帝大能的道，能擊碎人的驕傲，燃點信心之火（耶二十三29）；第三，講道者的職分出自上帝主權的呼召，因為福音的職事不單是一個領袖的職分，更是上帝永恆計劃之一部分。[37]

3 難題三

問：關於上帝的主權與人的自由意志，若上帝的管治與預定是涵蓋一切，包括人的意志抉擇，那末，人還有「自由意志」嗎？人豈非成了傀儡？這確是一個不容易解答的問題，讓我們從幾方面去思想：

---

37 Edmund Clowney, "Preaching and the Sovereignty of God," in Schreiner and Ware, eds., *Still Sovereign: Contemporary Perspectives on Election, Foreknowledge and Grace*, 325 ~ 340.

A. 上帝的治理

揀選與預定的教義，與上帝的治理的教義緊扣相連。[38] 在聖經中，論及上帝的主權是絕對的 —— 祂掌管控制一切，包括：

1. 宇宙間一切事物都從祂而來，都在上帝的掌控之中，包括大自然的現象（詩六十五 9 ～ 11，一三五 6 ～ 7，一四七 15 ～ 18），小如麻雀的供應、頭髮的數目（太六 26 ～ 30，十 29 ～ 30），大如國土的疆界（徒十七 26）、耶穌的死（二 23 ～ 24），或是個人的成長和生活（詩一三九 13 ～ 16；雅四 13 ～ 17）。
2. 人的自由選擇，也是上帝所管治的，例如，約瑟的兄弟決定把約瑟出賣，他們當然要為他們的惡行負責，但上帝也藉他們的行為，成就祂的計劃（創四十五 5 ～ 8）；上帝使以色列的敵人恨他們（詩一〇五 24 ～ 25），使法老的心硬（出四 21；羅九 18），使猶大、希律和彼拉多出賣殺害耶穌，為要成就上帝旨意所預定的事（徒二 22 ～ 23，四 27 ～ 28）。
3. 人悔改信靠耶穌、選擇歸向上帝，是上帝的工作（約六 44 ～ 45；弗二 8 ～ 10）。不錯，這些都是人的決定、是人選擇上帝；但我們不要忘記，是上帝在創世以前已揀選擇了人（弗一 4）。人的一切禍福、宇宙的萬事萬物，都在上帝手中，為要叫屬上帝的人得益處（哀三 37 ～ 38；羅八 28），按祂

38 Frame, *Salvation Belongs to the Lord*, 9 ～ 14.

美意，使萬物在基督裏最終都同歸於一（弗一 10～11）。

B.「自由意志」的不同定義

何謂「自由意志」（free will）？在神學討論中，自由意志有三個不同的定義：[39]

（i）道德上的自由

聖經中很清楚的論及，人在道德上是罪的奴僕（羅六 15～16），但藉著耶穌基督，人可以重獲自由（約八 36；羅六 17～18）。奧古斯丁及歷代許多神學家，都將人類的歷史分為四個階段：（1）亞當犯罪前：人有自由行善或行惡（人受試驗）；（2）亞當犯罪後：人喪失去了行善的自由（死在罪中）；（3）重生得救後：人重獲行善（不犯罪）的自由（在基督裏）；（4）得榮耀後：人有自由行善、沒有自由行惡（完全得贖）。按此定義，人的真正自由是在於有能力不犯罪、順服上帝、行善。因此，在榮耀中，人的道德自由（moral freedom）達到最高峯，雖然也許有人認為，到時人沒有犯罪的可能（約壹三 2）——他似乎是喪失了某方面（犯罪、不順服上帝）的自由哩！

（ii）人是有自由的個體

改革宗神學家麥銳認為，根據聖經和改革宗神學傳統，[40] 人

---

39 參 Frame, *Salvation Belongs to the Lord*, 94～97。

40 參 "Westminster Confession of Faith," ch. 9, Schaff, *The Creeds of Christendom,* vol. 3, 623～624。

有與生俱來的自由，能以運用意志作出決定，在行動上表達，並且人要為他所作的一切負責。[41] 麥銳還分析了人作為一自由的個體（a free agency）的一些特徵，包括：

1. 人的行動是真實，而非虛幻的。
2. 人要為他所作的負責任：人按上帝的形象受造，他也會按上帝的形象和律法受審判（參羅二 12 ～ 15）。人的行為是自由的，因為這些行為是他意志抉擇的結果，無論抉擇是他喜歡的、或是不喜歡的，他都要向上帝負責，並且須承擔抉擇的後果。[42]
3. 人的意志，乃按他的「品格」（character）而定，而「品格」包括人的喜好、動機、習性、信仰等，這一切聖經稱為人的「心」（箴四 23；太十二 34 ～ 35）。「心」乃人一切行為之源頭。
4. 人的意志是他自決的，而行動也是他自己決定的，而非被逼的。當然，人的決定受著許多不同的因素影響，但要作某事的決定，仍然是他作為自由個體所決定的。
5. 有關罪人在道德抉擇上的自由，也受了限制。人有自由選擇作不同的事（如吃飯或睡覺），這是「同類選擇」（alternative choice）的能力；但由於人是墮落的，因此，他沒有「相反選擇」（contrary choice）的能力，因為他「不能

41 Murray, *Collected Writings of John Murray, vol 2: Selected Lectures in Systematic Theology*, 60 ～ 67.

42 參 John Frame, *The Doctrine of God*（Phillipsburg, NJ: P. & R., 2006）, 119 ～ 126。

討上帝的喜悅」（羅八 5～8）。

弗雷姆也同意，聖經假設了人是「自由個體」，而這自由與上帝的預定、人的墮落或聖靈的影響，都沒有矛盾、沒有衝突。人作某事是因為他想作，他自己決定要作。因此他不能推卸責任。

或有人會問：如果人沒有能力/自由去討上帝喜悅，去離惡行善，他還須為所行的負責嗎？若須負責，豈非違反一般道德原理——「應該」假設了「能夠」（ought implies can）——嗎？答：對，許多道德理論都有此假設。伯拉糾就曾以此問難奧古斯丁，而路德與加爾文也曾在這方面受到不同神學觀點的人的攻擊，說他們看罪人在道德上無能，卻堅持要他們為一切罪行負全責。這是不合理的。

弗雷姆就曾探討聖經中論及能力/自由與責任的關係。[43] 大致來說，缺乏自由/能力，會減低人犯罪所須承擔的責任，卻不是完全免了他的責任。弗雷姆並承認在這問題上，沒有簡單的答案。

另一位學者沃倫（Scott Warren）撰文，探討道德自由，[44] 將這「自由」分為「能力」（ability）和「意願」（desire）兩個要素。他認為，只有當能力和意願配合，人才算是發揮了他的個體自由。很多時候，當人（或上帝）說他不能作某事，並非指他沒有

43 Frame, *The Doctrine of God*, 126～135.

44 Scott C. Warren, "Ability and Desire: Reframing debates surrounding Freedom and Responsibility," *Journal of Evangelical Theological Society*, 52/3（Sept. 2009）: 551～567.

能力，乃是說他極不願意作某事（例如：我不能欺騙太太；上帝不能說謊等）。沃倫認為，在亞當裏的人「不能」順服上帝，討上帝喜悅，並非不能（生理上、天然能力上），而是基於他那犯罪的本性和喜好（參弗二 2～3），不願意如此行（參約五 40，六 44，八 43）。

沃倫的分析和構思，不單為我們澄清了一些正統神學上有關道德能力和責任的不協調，也解決了罪人缺乏道德自由、卻仍然是自由個體，二者表面上的矛盾。當然，這構思也幫助凸顯出人的敗壞和道德責任，並指出人需要重生（約三 3～5）。

（iii）絕對的自由意志

主張人有絕對自由意志（absolute freedom）者認為，人的意志和行為並不受任何事物的左右或影響：不單不受上帝旨意的決定、也不受人自己「品格」和意欲之影響、也不受其他人的左右，而是絕對自由、自主的。然而，這樣的「自由意志」根本是不存在的，聖經沒有提到它，也從不鼓勵人運用這種自由意志。聖經的啟示與絕對的自由意志有衝突，因為聖經論及上帝的主權，也指出人的行為乃從「心」（品格）而來。此外，人既是自然世界的一部分，人的行為也受到自然因素（如遺傳因子、物理、化學、生理、心理、社會羣體等）的影響，所以「絕對的自由意志」（absolute free will）根本是不可能的！[45] 雖然驕傲自大的人往往要堅持、要爭取這樣的自由。

45 Frame, *Salvation Belongs to the Lord*, 95～96.

C. 心理學與人的自由個體

社會心理學家邁爾斯（David Myers）認為，人是上帝創造的一部分，因此他受自然律所決定，但人也是一個自由的個體，因此他也有抉擇能力和責任，二者並存。從外在因素來看，人的行為乃受許多環境和定律規限和決定（determined／caused），但從當下內心的自覺來看，人是自由自決的。二者並不矛盾！[46] 人可以從中學習：面對過去，我們應了解自己的行為受了甚麼因素影響，這會幫助我們追求進步；另一方面，面對今天與未來，我們卻應肯定自己乃自由個體，這會幫助我們為自己的決定負責任，過積極的人生。這兩方面並不互相衝突，因為自然決定論（natural determinism）和人的自由個體，二者是可以共存的。

（i）要相信自己有自由，能負責任，方能活得快樂和有意義

近代心理學（和一般社會科學）強調人受環境因素影響和控制，這所產生的結果是：許多人感到自己只是自然和環境控制下的生物，是被動的、無助的，也難以改變現實的；因此，現代人愈來愈覺得自己微不足道，難有任何突破性的改變和成就，這帶來悲觀負面的情緒。

其實，人必須同時肯定自己的自由、自主和主動性，方能活得有意義、有盼望。邁爾斯教授指出，近年心理學的研究發現，人愈相信自己有自由，有控制未來的能力，他就愈有成

46 David Myers, *The Human Puzzle: Psychological Research and Christian Belief*（New York: Harper & Row, 1978）, 232 ～ 266.

就，也愈有自制能力。人愈感到自己能以控制環境，他就愈變得健康有活力。比方說，老人康復中心的長者，若有機會參與制定康復中心的政策，他們就會更活潑、健康、快樂；若院方為老人安排一切，不給予機會參與政策，他們的病情會迅速惡化。此外，個人自發性的行為，較被強迫的行為，更為有效。成功的老師，是幫助學生們負起責任，使他們主動的學習，而不是用規條強迫學生去完成他們「應作的」功課！

(ii)相信人受社會環境影響，幫助我們對他人有同情心

近年社會心理學的研究發現，社會處境對人的行為，影響極大。例如，在繁忙的街道上，有一個人身處險境，卻沒有人伸出援手，大家都袖手旁觀；若換了一個環境，街上沒有其他行人，結果往往不一樣；監獄中的衝突與鬥爭，與監獄中的環境有很大的關係，而不一定反映囚犯的「個性」。了解人受環境及外界因素影響，這能幫助我們增加對人的同情心，也使我們更有信心相信，社會中的「壞分子」是有可能改變的。若我們堅持說他們的「壞行為」是基於他們的「品格」(本性難移)，那我們也許會覺得他們「難以改變」，也暗暗的慶幸自己不是「與他們一樣」，這心態就是「自義」和「驕傲」。

(iii)小結

一面倒的強調人的「自由個體」，或「外界環境的決定」，都是會有所偏差的；其實二者是相輔相承，不可或缺。一方面我們要相信人是有自由的，這會幫助我們為自己所行的負起

責任，不會將自己所有的錯誤，都推卸給環境：「都是社會的錯！」另一方面，也要相信人是受許多因素所影響和決定的，這會幫助我們更了解人，使我們更多幫助人，更小心不要隨便論斷人。

社會心理學和聖經啟示，都不約而同否定人有絕對的自由意志——一種獨立、自主、不受任何外界因素影響的自由。但二者皆肯定人是一個自由的個體，同時也是受外界（包括自然界、環境、遺傳因子等）因素所影響，從而決定了他的行為。這與人的雙重身分——是上帝的形象、也是被造的人——相吻合。

D. 決定論、上帝的主權與人的自由

(i) 接受「決定論」會否貶低人的自由與價值？

答案是：不會！近代心理學和社會學研究，皆假設了「自然決定論」。就是說，人的行為，往往受自然和環境因素的左右。當然，人的行為並非可以完全預測，但人的行為，是有相當程度的秩序與規律，因為它都受到自然和環境的影響。

有些人認為接受「決定論」會貶低人的自由，引致非人性化、相對主義、宿命論、非道德化等結果。邁爾斯認為不會，因為「決定論」只是描述人的行為，受到甚麼自然、遺傳，以及環境因素所影響，卻沒有強逼人去作他所不願意作的事。人還是有自由去作出決定，他也要為他的決定負責，因為人始終是一個自由的個體。[47] 與「決定論」真正有衝突的，是「絕對的自

47 參 Myers, *The Human Puzzle: Psychological Research and Christian Belief*, 201～212。

由意志」。正如上文所說，這種形式的自由意志，根本不存在！

(ii)上帝的主權與人的自由二者有何關係？

人的自由是聖經中的假設，也是人日常生活的經驗，但人的自由並非表示他不需要依靠上帝，因為人的生活、動作、存留都在乎上帝(徒十七 28)。作為受造之物，人必須順服、依靠上帝，方能發揮他的潛能，實現他的自我，因為造物主最了解他。此外，作為自由的個體，人可以選擇他所願作的，而他的行為也不是被逼的。然而，他的抉擇和行為，都在上帝的計劃中，正如邁爾斯所說：「自由的行動不是被逼的，卻不是沒有因由的。」(uncompelled, not uncaused)[48]

上帝的主權是絕對的，這是聖經的教導。上帝的主權涵蓋一切宇宙、歷史、個人所發生的事，因為上帝的管治是全面的。從救恩的角度看，這主權在聖經中以上帝的「預知」(預先關注、愛與揀選)、「預定」、「上帝的美意」等清晰的觀念來表達。

上帝的主權是人的自由和努力的基礎(腓二 12～13)。然而，有些人認為上帝的恩典和主權既需要人信心的配合，那就表示需要神人合作方能成就救恩工作。這說法也是不通達的，因為人的信心只是人兩手空空的接受，而連信心也是上帝「賜予」的禮物的一部分(見上文)。信心並不表示人「有」甚麼，乃是表示人「甚麼也沒有」。人不能借「信心」之名，否定上帝絕對的管治。

48 Myers, *The Human Puzzle: Psychological Research and Christian Belief*, 213.

我們不能減少上帝的主權，以留空間讓人可以發揮他的自由；我們也不能貶低人的自由與責任（將人變成傀儡），以使上帝的主權顯得更偉大。上帝有絕對的主權，人也有確定的自由和責任，二者並非各佔一半，乃是各有百分之百。這是「超理性」（suprarational）、「似非而是」（paradoxical）的真理，它反映了上帝的「深不可測」（incomprehensibility）和人的理性的限制。在這方面，邁爾斯的比喻值得我們深思：[49]

> 誠然，我們的頭腦不容易接納一些邏輯上似非而是的東西；倘若碰到一個較令人滿意的解決方法，我們大多會放棄前者。可是，我們目前的情況就像一個掉下井裏的人，抓著兩條長繩索。他抓著的一條只令他愈墜愈深，而當他抓著另一條繩子時，他仍是繼續下墜，他惟有同時抓著兩條繩子，才能自井中爬出來。他爬出來後，發覺原來手中的繩子只有一條，只是在井旁的一個轆輪上繞過而已。單緊抓著決定論（不論是自然界或是神學的預定論）或人的責任，都會使我們掉進井底。把兩條繩子都捉住，雖然聽來有點無稽；但只有這樣，我們才可以向上爬，直至看見兩條繩子其實是連結一起的。不過如今還沒有足夠的光線，我們好像隔著紗觀看，難怪看的不清楚，如約伯一樣，「我所説的，是我不明白的；這些事太奇妙，

49 邁爾斯：《人性的探索：基督教信仰與心理學研究》，許志超、陳秉華譯（香港：宣道，1992），頁 216。

是我不知道的。」我能接納這奧祕，因為我不要求上帝一定讓我完全了解祂。

是的，上帝的主權與人的自由二者之關係，十分微妙，這關係是有限的理性所不能測透的。我們既不能單顧某一方面，也不能把兩個真理稍作調整使之更符合人的邏輯，因為如此行，將把我們陷在錯謬之中。

五 預定論教義的今日意義

1. 我們要為上帝的揀選常存感恩、讚美、並俯伏敬拜，因為救恩，從計劃、成就、到具體實施，完全是上帝的恩典、源於上帝的慈愛、並透過祂大能的主權臨到我們身上。人只有以「信心」接受，而「信心」其實是宣告人的無有與無能，並且「信心」作為領受救恩的橋梁，也是上帝所賜的禮物。
2. 上帝的揀選與遺棄，乃是基於祂的主權、慈愛與公義。對於上帝永恆的旨意，人有限的智慧是不能完全測透的。但人可以肯定的是，人必須了解，上帝救贖的至終目標是要彰顯祂自己的榮耀（弗一 6、12、14），因此，人不能以人或自我為中心，卻須心存謙卑敬畏上帝。
3. 人的自由：人被造是一個自由的個體，因此，人能作決定、也必須作決定，並且要為他一切的決定與行為負上責任；至於蒙上帝拯救的人，更應靠賴上帝的能力，竭力完成上帝的託付、努力運用恩賜、作上帝忠心良善的僕人。

4. 人雖是自由的個體，但卻沒有「絕對的自由意志」，因為除了遺傳基因和自然規律的規範與影響外，人至終是在上帝的管治之中，為要成就上帝的美意；至於人的「道德自由」，也須靠賴上帝救贖的大能，方能在基督裏得以重建，並須依靠聖靈的能力來具體實踐。因此人不能自誇。

5. 傳福音、禱告、事奉，不單是人的本分，更是上帝實施祂救恩工作之必然途徑。傳福音和事奉的成功確據，是父上帝的揀選、基督的復活、與聖靈的工作。並且信徒蒙上帝揀選，不單要忠心事奉上帝，也要努力成聖，長成基督的身量，因為這是上帝揀選人的重要目的（弗一 4）。

6. 人有責任在一切事上作好計劃，但他要將一切計劃交託予上帝（雅四 13～16），並承認上帝是主，是人的計劃能否實現的主宰。還有，人的計劃往往並不完全，人的決定也往往不是最好的，但上帝掌管一切，祂能使萬事互相效力，叫愛上帝的人得益處（羅八 28），這是我們信心的基礎。

7. 我們要相信上帝絕對、無微不至、「非冒險性」（no-risk）的主權（出三十四 23～24；箴二十 1；太十 28～31），方能面對人生的困境、試探和試煉。我們至終並不是受環境或人的掌控，乃是在上帝大能的保護與管治之中。人惡意的傷害，也許可以使我們暫時受傷，但這傷害至終會在上帝的手中，叫屬上帝的人得益處，並且成就祂的美意。何況上帝在祂的「普世恩典」中，也會制約人犯罪的意圖與行為。這是我們在困境中的安慰與鼓勵。

8. 人雖不能測透上帝永恆的旨意（eternal will），但他卻能活在上帝啓示的旨意（revealed will）中，並透過明白、順服聖經的啓示，活出上帝所喜悅的生活。此外，聖靈也會幫助我們，每天在大小事上，心意更新而變化，作智慧的決定，活在上帝的引導中。
9. 現代的科學與社會科學（如心理學、社會學），都致力解開在宇宙和人類羣體中種種運作原理，這不但不會影響我們對上帝管治的信心，反而有助人明白人性和宇宙的種種現象，從而引導人在上帝的治理中，盡自己的本分，過有創意的生活，作忠心的管家。並且，許多宇宙和社會現象，雖然我們可以知其然，卻不能知其所以然，所以它們仍是「深不可測」的。這事實幫助我們更謙卑、更知道自己的限制，並將一切榮耀歸與三一真神。

討論問題

1. 上帝的「揀選」和「預定」二者有何分別？在基督教救恩論中有甚麼地位？
2. 請簡單介紹在初期教會、中世紀教會，宗教改革與現代中，「揀選、預定」教義之重要發展。在這些歷史發展中，你學到甚麼功課？
3. 在舊約聖經中，上帝揀選以色列的原因何在？這揀選帶來甚麼福氣和責任？這歷史揀選與上帝的永恆揀選有何分別？
4. 在新約聖經中論及救恩神學中「上帝的揀選」，這揀選有甚麼特徵，試引經文列出十項，並說明之。
5. 根據羅馬書九章 6 至 29 節，保羅論上帝的揀選預定，對下列問題有何回應？
   (i) 上帝揀選人的旨意有何歷史和神學根據（6～13 節）？
   (ii) 上帝按祂的主權行事，祂是否霸道和不公義（14～18 節）？
   (iii) 若人不能抗拒上帝的旨意，上帝對人的指責是否不公平（19～21 節）？
   (iv) 外邦人如何成為上帝的子民（24～29 節）？
6. 「遺棄」的教義有聖經依據嗎？試引經文證明之。「揀選」與「遺棄」二者有何異同？
7. 亞米紐斯主義的預定論有何特色？你的評價如何？
8. 巴特的預定論有何特色？是否合乎聖經啓示？試評論之。
9. 「古典預定論」的主要論點為何？這些論點有甚麼聖經依據？若答案是正面的，為何一些相信聖經的信徒和神學家，常常抗拒這古典的理論呢？試分析之。

10. 上帝的特殊揀選與福音的普世性，二者是否有矛盾？二者又是否有關連？試分析討論之。
11. 若上帝的揀選和預定，在創世以前已有定案，人藉祈禱、傳福音帶領人信耶穌還有意義嗎？請引用聖經回應之。
12. 若揀選與預定均被上帝全面而絕對的治理所涵蓋，那人還有「自由意志」嗎？人豈不是成了傀儡？這問題當如何解決？
13. 請就這「揀選、預定、自由意志」教義，提出十方面具體的今日應用。

參考書目

Barth, Karl. *Church Dogmatics*. Vol 2, part 2. Edinburgh: T. & T. Clark, 1957.

Bavinck, Herman. *The Doctrine of God*. Translated by W. Hendriksen. Edinburgh: Banner of Truth, 1997.

Berkhof, Louis. *Systematic Theology*. Grand Rapids, MI: Eerdmans, 1996.

Berkhof, Hendrikus. *Christian Faith*. Translated by S. Woudstra. Grand Rapids, MI: Eerdmans, 1978.

Berkouwer, G. C. *Divine Election*. Grand Rapids, MI: Eerdmans, 1972.

________ . *The Triumph of Grace in the Theology of Karl Barth*. Translated by Harry Boer. Grand Rapids, MI: Eerdmans, 1956.

Calvin, John. *Institutes of the Christian Religion*. Vol 2. Edited by J. T. McNeill. Philadelphia, PA: Westminster Press, 1967.

________. The *Bondage and Liberation of the Will*. Edited by A. N. S. Lane. Grand Rapids, MI: Baker, 1996.

Carson, D. A. *The Gospel According to John*. Leicester: IVP, 1991.

Ferguson, Sinclair, B. *The Holy Spirit*. Downers Grove, IL: IVP, 1996.

Erickson, M. J. *Christian Theology*. Vol. 3. Grand Rapids, MI: Baker, 1985.

Frame, John M. *The Doctrine of God*. Phillipsburg, NJ: P & R, 2006.

________. *Salvation Belongs to the Lord*. Phillipsburg, NJ: P & R, 2006.

Freedman, David N., ed. The *Anchor Bible Dictionary*. Vol. 2. New York: Doubleday, 1992.

Grudem, Wayne. *Systematic Theology*. Grand Rapids, MI: Zondervan, 1994.

Hawthorne Gerald F., Ralph P. Martin and Daniel G. Reid, eds. *Dictionary of Paul and His Letters*. Downers Grove, IL: IVP, 1993.

Helm, Paul. *The Providence of God*. Downers Grove, IL: IVP, 1994.

Hodge, Charles. *Systematic Theology*. Vol. 2. Grand Rapid, MI: Eerdmans, 1970.

Hoekema, Anthony A. *Saved By Grace*. Grand Rapids, MI: Eerdmans, 1989.

Jewett, Paul K. *Election and Predestination*. Grand Rapids, MI: Eerdmans, 1985.

Klooster, F. H. *Calvin's doctrine of Predestination*. Grand Rapids, MI: Baker, 1977.

Moo, Douglas, J. *The Epistle to the Romans*（NICNT）. Grand Rapids, MI: Eerdmans, 1996.

Murray, John. *Collected Writings of John Murray*. 2 vols. Edinburgh: Banner of Truth, 1976, 1977.

________. *Epistle to the Romans*. 2 vols.（NICNT）. Grand Rapids, MI: Eerdmans, 1968.

Myers, David G. *The Human Puzzle: Psychological Research and Christian Belief*. New York: Harper & Row, 1978.（中譯：邁爾斯：《人性的探索：基督教信仰與心理學研究》。許志超、陳秉華譯。香港：宣道，1992。）

Oden, Thomas C. *Life in the Spirit*. San Francisco: HarperSanFrancisco, 1992.

________. *The Transforming Power Of Grace*. Nashville, TN: Abingdon, 1993.

Pinnock, C. H., ed. *Grace Unlimited*. Minneapolis, MN: Bethany Fellowship, 1975.

O'Brien, Peter T. *The Letter to the Ephesians*. Grand Rapids, MI: Eerdmans, 1999.

Schaff, Philip. *The Creeds of Christendom*, 3 vols. Grand Rapids, MI: Baker, 1993.

Schreiner, T. R., B. A. Ware, eds. *Still Sovereign: Contemporary*

Perspectives on Election, Foreknowledge and Grace. Grand Rapids, MI: Baker, 2000.

Storms, Sam. *Chosen for Life*. Wheaton, IL: Crossway Books, 2007.

Warfield, B. B. *Studies in Theology*. New York: Oxford University Press, 1932.

Warren, Scott C. "Ability and Desire: Reframing debates surrounding Freedom and Responsibility." *Journal of Evangelical Theological Society*, 52/3 (Sept. 2009): 551 ~ 567.

楊牧谷主編：《當代神學辭典（下冊）》。台北：校園，1997。

聖靈——生命之主

二十世紀初的「五旬節運動」（Pentecostalism），為過去一百年的普世教會，帶來一浪接一浪的靈恩現象，也引來不少聖靈神學的討論和爭辯。踏進二十一世紀，福音派教會有必要從教會歷史、救恩歷史，以及當代處境，重新檢視聖靈的位格與工作，使個人與羣體的生活、事奉、和宣講，更符合聖經的啓示、更彰顯聖靈的能力。首先，讓我們重溫聖靈教義的歷史軌迹。

一　聖靈教義的歷史發展

1 初期教會

初期教會對聖靈教義的研究不多。最早期教父論及聖靈的其中一個重點，就是把聖靈的工作與聖經的寫作連在一起。二世紀末，聖靈的位格和神性身分漸受重視。三二五年，教父們在尼西亞召開首次大公會議，通過〈尼西亞信經〉，其中對聖子的神性有詳盡的宣告，這宣告主要是針對亞流主義否認基督是上帝的立論。大會和信經清楚回應了「聖子只是受造者，頂多是一位次等的上帝」這個謬誤。然而，信經在提及聖靈時，只有「我們相信聖靈」一句，非常簡短；雖然簡短，但卻是直截了當地肯定了聖靈的神性，也肯定了祂與聖父及聖子同為上帝的地位，並清晰地將教會的聖靈信仰，建基於使徒的傳統及聖經中的三一上帝觀上。到了三八一年的〈尼西亞—君士坦丁堡信經〉，大公教會才進一步較詳細宣告聖靈的身分與工作：

> 我們相信聖靈，
> 賜生命的主，
> 從父出來，
> 與父及子同受敬拜、同受尊榮，
> 祂曾藉眾先知說話。

初期教會的聖靈觀，是與教會的崇拜息息相關的，因為「神學教義與崇拜禮儀都是同一個信仰事實的兩面——禮儀決定教義的內涵；反之，神學也影響崇拜的方式」。[1] 此外，教父的聖靈觀也不是獨立發展的，乃是建立在早期教會的三一上帝觀。不但如此，教父的聖靈論與基督論二者關係密切，因為在創造、救贖和啟示的工作上，聖靈與聖子緊密合作，彼此配

1 陳若愚編：《聖靈工作的神學課題》（香港：中國神學研究院，1996），頁 137。

搭。[2] 當然，早期教父如貴格利、該撒利亞的巴西流（St. Basil of Caesarea）等，極力持守聖靈是有位格的上帝，但仍有不少人持不同的觀點，更有些激進的基督教團體，反對聖靈完全的神性。

初期教會另一個特別的現象，是靈恩團體的出現，其中最矚目的是二世紀後期的孟他努派（Montanism）和三世紀的諾窪天派（Novatianism）。孟他努（Montanus）是弗呂家（Phrygia）的一個信徒，他在受洗時，已開始說方言和預言；孟他努宣稱聖靈藉他說話，而他與兩位女弟子乃聖靈的代言人；他們預言基督快再來，並預告有更多的先知將會被興起及傳講上帝的預言；孟他努主義的信徒主張嚴謹、高標準的基督徒倫理，並致力實踐教會紀律。這些靈恩教派，在當時的確吸引了一批支持者，然而對整體教會卻沒有太深遠的影響。[3]

2 中世紀教會

中世紀教會的聖靈教義主要集中在「和子論」（*filioque*）的辯論上，對於聖靈對信徒內在經歷的課題，較少探討，而聖靈教義在這時代也普遍受忽略。中世紀時期，羅馬教廷傾向強調人的功德、注重聖禮主義、煉獄等教義，因此關於聖靈方面的真理，得不到應有的重視。在歷史中，東西方教會在一〇五四年分裂，是由於「和子論」的爭論。早在三八一年的〈尼西亞—君士坦丁堡信經〉中，東方教父宣告聖靈是「從父而出」，他們

2 陳若愚編：《聖靈工作的神學課題》，頁 141 ~ 145。

3 參 Millard Erickson, *Christian Theology* (Grand Rapids, MI: Baker, 1983), 851 ~ 852。

沒有加上「和子」的字眼。其後，西方教會在這原來的信經中，加上「和子」，成了「聖靈從父和子而出」，這引起了東方教會極大的反應。他們除了質疑西方教會有何權力單獨修改信經之外，他們也認為，西方教會在三一教義上，犯了神學上的大錯。東方教會認為，若把聖靈看為在永恆中「從父和子而出」，這會引致「聖靈居次位」(subordination)的後果，並且會把聖靈「非位格化」；西方教會卻認為，不加「和子」是不對的，因為既然聖靈是父和子所差來的(在歷史中)，祂也應該是在永恆中從父和子而出，因為永恆的三一關係理應反映於歷史中的三一關係；此外，西方教會承接奧古斯丁的三一論，認定聖靈是聖父和聖子之間愛的連結，因此，聖靈是「從父和子而出」，應該是一個合理的構思，因為父與子在聖靈裏彼此相愛。[4]

東西方教會於一〇五四年分裂，正式結束了教父時代，但「和子論」的爭辯，至今仍未停止。無論如何，聖靈在永恆中是「從父而出」抑「從父和子而出」，似乎都各有理據。嚴格來說，聖經並沒有直接論及聖靈在永恆中「從父(和子)而出」(the eternal procession of the Spirit)。約翰福音十五章26節論及「從父出來真理的聖靈」，是指在歷史中聖靈的「被差」(sent)，而非永恆中的「被出」(proceeded)。[5]

4　參 Roger E. Olson, *The Story of Christian Theology* (Downers Grove, IL: IVP, 1999), 307～310；Sinclair B. Ferguson, *The Holy Spirit* (Downers Grove, IL: IVP, 1996), 72～78。

5　參 Donald A. Carson, *The Gospel According to John* (Leicester: IVP, 1991), 528～529；Leon Morris, *The Gospel According to John,* NICNT (Grand Rapids, MI: Eerdmans, 1971), 683～684。

3 宗教改革時期

踏入宗教改革時期，聖靈教義大致上是承接過往的構思，沒有很大的改變。路德跟隨奧古斯丁，視聖靈為信徒心中「愛的注入」，帶給聖徒經歷上帝的同在，使人的意志與上帝的美意配合。路德的神學思想也論及聖靈與舊人在信徒心中的爭戰。

加爾文在聖靈教義的獨特貢獻，與聖經的權威有關。他認為，人相信聖經是上帝的話，最重要的原因是聖靈的印證。不錯，教會的肯定、理性的思辯，以及外面的證據，都有它們的功用，但人確信聖經是上帝的話語，有絕對的權威，最終是聖靈在人心中光照見證的結果。當然，聖靈也是聖經的終極作者——聖經是聖靈默示的聖言，而聖靈也將這聖言深印在人的心中，叫人明白信服。加爾文更強調，聖靈與聖經二者不可分割，因為聖靈不會脫離聖經（耶穌的話）去做教導的工作（約十四 26）。

加爾文另一貢獻，是闡釋聖靈在信徒心中，藉著信心，使人與基督聯合和契通。[6] 人得以稱義、成聖、堅忍，是由於聖靈藉信心，使他與主聯合。其實，與基督聯合等於與聖靈聯合，而這聯合也產生「聖化」（sanctification）的功效。這方面的構思，顯出加爾文的聖靈觀，乃植根於新約使徒保羅的神學思想。

6　參 David W. Hall and Peter A. Lillback, A *Theological Guide to Calvin's Institutes*（Phillipsburg, NJ: P. & R., 2008）, 270～300。

4 十七、十八世紀

十七、十八世紀基督教思想，承接宗教改革所強調的因信稱義及靠恩得救，並更多探討聖靈在救恩工作的角色。雖然東方教會繼續批判西方教會的「和子論」，但西方教會卻逐漸更多探討聖靈在人心中的工作，注重信徒的內在屬靈經驗，這是由於敬虔主義（pietism）和清教徒主義（puritanism）的影響。

十八世紀的聖靈神學，可分兩個階段。前半段學者較注重聖靈的神學構思，而後半段則較強調聖靈的大能工作，這與當時福音派的復興運動（the Evangelical Revival）有關。[7] 英國的傳道人約翰．衛斯理在這運動中扮演重要的角色。他十分關注聖靈使罪人「重生」、使信徒「成聖」的救恩工作；他並認為，成聖可以是漸進的，也可以是瞬息間的事，而這「瞬息間的成聖」（instantaneous sanctification），是信徒所應該追求的。雖然衛斯理並沒有用「聖靈的洗」來描述這種經歷，但他的構思與後來二十世紀五旬節派的「靈洗」觀念很相似。

十八世紀在美國的大覺醒運動（The Great Awakening），明顯是聖靈大能的工作，這運動也引起教會與信徒對聖靈工作的興趣，和對屬靈經驗的渴求。然而，十八、十九世紀歐美的主流教會，普遍對聖靈信仰的探討，都缺乏興趣。分析這現象，艾利克森（Millard Erickson）認為，這是受了歐美三個思潮的影響，包括：[8]（1）源於墨蘭頓的信義宗經院神學：重視教義而輕

7 參 Howard Watkin-Jones, *The Holy Spirit from Arminius to Wesley*（London: Epworth Press, 1929）, 13～55。

8 Erickson, *Christian Theology*, 853～855.

忽聖靈的工作；(2)理性主義：強調信仰的普遍性和合理性，對聖靈與人的關係、和祂的神祕工作，難以認同；(3)浪漫主義：強調人的宗教感情，傾向否定超然的經歷與啟示的真理。就是這些思想浪潮，使教會忽略聖靈的神性位格和大能作為，而信徒普遍不渴慕屬靈經驗。另一方面，福音派教會過分強調內在屬靈經歷，而缺少深入的聖經研究及神學反思，容易走向另一極端，結果帶來了兩極化的現象。一般來說，十八、十九世紀的歐美教會，缺少對聖靈工作的神學探討。

教會經歷了十九世紀的自由主義神學，和二十世紀初的社會福音，加上兩次世界大戰帶給人類的創傷和失落，許多人的心靈枯乾，渴望重拾人生的真愛、盼望、能力，這間接帶來二十世紀教會對聖靈工作重新的重視。

5 二十世紀

二十世紀初的神學，承接十九世紀的自由主義思想，強調「人的靈」(spirit)與「神的靈」(Spirit)二者有密切的關係。英國神學家亨利．羅賓遜(Henry W. Robinson)於一九二八年的著作《基督徒聖靈的經驗》(*The Christian Experience of the Holy Spirit*)，就是典型的例子。羅賓遜認為，人心中的「靈」，彰顯於其社會合一、更新和教會聖禮的現象中，而這也是上帝的靈的工作；羅賓遜看耶穌的道德及宗教情操，乃神人契通所帶來人性的實現；耶穌是人，祂回應上帝的靈在創造、救贖和成聖等方面工作的模範，並帶來人的靈與上帝的靈的相通和神人的契合。

瑞士新正統神學家巴特所倡導的「辯證神學」(dialectical

theology），卻走往另一方向。巴特認為，上帝的靈是超然的（transcendent），與人的靈有截然的分別；正如上帝的啟示，是超越的，也是人所不能測透的；他因此認為，自由主義將上帝的靈與人的靈二者緊密相連，是不對的，因為有違上帝的超越。面對自由神學與辯證神學之對立和爭辯，北歐學者赫倫（Alasdair I. C. Heron），主張把二者結合，他提倡藉「道成肉身」的神學，兼容自由主義的「神人契合」及辯證主義的「神人對立」；赫倫認為，基督的道成肉身，不單包括了上帝的靈在人的靈中的個人體驗，更可涵蓋上帝在歷史中超然的啟示，帶來一個完整的聖靈神學。赫倫的構思很有創意，也為二十世紀的基督教的聖靈觀，帶來新的契機與方向。[9] 然而，福音派神學家弗雷姆卻認為，有關上帝的超然性與內住性二者之定義與關係，還需回到聖經的啓示中，否則也會落在錯誤中。弗雷姆認為，自由主義中上帝的內住性（immanence）和新正統主義中上帝的超越性，都不正確。[10] 弗雷姆的看法若然正確，赫倫把二者結合，就顯得有點不倫不類！

二十世紀的聖靈運動，包括古典的五旬節運動（Classical Pentecostalism，1901 ～ 1950 年）、靈恩運動（Charismatic Movement, 1950 ～ 1980 年），以及第三波（The Third Wave，1980 ～年），它們為傳統基督教會的信仰和生活帶來極大的挑戰和衝擊。五旬節運動始於一九○一年，在美國堪薩斯州（Kansas）

9 Alasdair I. C. Heron, *The Holy Spirit*（Philadelphia, PA: The Westminster Press, 1983）, 120 ～ 130.

10 John Frame, *The Doctrine of God*（Phillipsburg, NJ: P. & R., 2006）, 103 ～ 115.

的一位牧師帕勒姆（Charles Parham）與他的學生經歷了「聖靈的洗」（藉方言證實），並將這運動從康州（Connecticut）、延展到整個美國，甚至到拉丁美洲及第三世界，帶來迅速的教會增長，到了二十世紀中葉，這運動大大影響了全球的教會。

五旬節運動強調「聖靈恩賜」、「聖靈的洗」（藉方言證實人經歷了「第二次祝福」），並傾向批評傳統教會缺乏經歷聖靈大能的工作。其他教會對五旬節教會的批評卻是：宗教狂熱、錯誤解釋及應用聖經，甚至有邪靈活動的可能。這種對立的現象，近年來有轉趨溫和的傾向，彼此之間逐漸有更多的交流和接納。

五旬節運動主要影響中下階層人士和福音派非主流教會；一九五〇年開始的靈恩運動，卻影響基督教主流教會及中上階層的人，甚至天主教及東正教會。這運動強調信徒應活在聖靈中、運用超自然的屬靈恩賜，包括講方言、神蹟醫治等。這運動也帶來教會快速的增長、新的敬拜和佈道形式、文化及教會新結構等。

自一九八〇年代於美國加州開始的第三波，推行權能佈道及醫治、趕鬼、作先知預言，在各地建立了「葡萄園教會」，它影響美國及世界各地的福音工作與教會，據估計信徒超過數千萬。第三波的聖靈運動低調處理方言恩賜，以「靈洗」為信徒歸主經歷之一部分，強調多次聖靈充滿，它在神學上較接近福音派的立場。[11]

---

11 參 Stanley M. Burgess and Gary B. McGee, eds., *Dictionary of Pentecostal and Charismatic Movements*（Grand Rapids, MI: Zondervan, 1988）, 843 ~ 844；Peter Wagner, ed., *Signs and Wonders Today*（Altamonte Springs, FL: Creation House, 1987）。

上述三個浪潮的聖靈運動是二十世紀最明顯的靈恩事工現象，當然也帶來不少「靈恩神學」著述。[12] 影響之下，二十世紀無論是主流基督教、天主教、東正教會，在神學研究、屬靈操練、教會增長上，都逐漸重視聖靈的工作。華人教會方面，一般的基要派和保守福音派信徒，仍傾向視靈恩運動為一種極端。

究竟聖經如何看聖靈的位格與工作？我們先看看舊約。

二　舊約中的聖靈

約翰福音記載，耶穌在住棚節的最後一天高聲說，人若渴了，可以到祂那裏喝，並且信祂的人，從他裏面要流出活水的江河。福音書的作者跟著解釋：「耶穌這話是指著信祂之人要受聖靈說的。那時還沒有賜下聖靈來（直譯：還未有聖靈），因為耶穌尚未得著榮耀。」（約七 39）

「還未有聖靈」（"The Spirit was not yet"）這句話，並不是說，聖靈在五旬節以前不存在，因為聖靈是上帝，祂與聖父、聖子，永遠同在，是永恆的上帝。這句話也不是說，聖靈在舊約時代中沒有工作。按修辭學，這句話乃是一個「誇張法」（hyperbole）的文學表達——相比五旬節以後聖靈充溢的表現，在五旬以前，聖靈的工作就顯得「未有」了。

12 如 John R. Williams, *Renewal Theology*（Grand Rapids, MI: Zondervan, 1996）；Yves Congar, *I Believe in the Holy Spirit*, trans. David Smith（New York: Seabury Press; London: G. Chapman, 1983）；Walter J. Hollenweger, *The Pentecostals*, trans. R. W. Wilson（London: S.C.M. Press, 1972）等。

簡單來說，舊約時代聖靈的工作，可分五方面：

1 創造與賜生命的靈

A. 創造的上帝

在創世記一章 1 節，作者宣告：起初，上帝創造天地；第 2 節記載原始創造的情況：大地不適宜人居住，並且有水淹蓋著，而上帝的靈好像一隻鷹，覆蓋水面，守望著，準備有所行動。這情況一直維持到上帝說：「要有光」，就有了光。於是開始了上帝六日的創造——就是將那原始、不適合人居住的天地，裝飾成為極美好、適合人居住的世界。而這六日的創造工作，是上帝的靈和上帝的話同工的結果，正如詩篇三十三篇 6 節所說：「諸天藉耶和華的命而造；萬象藉祂口中的氣而成。」又如詩篇一百零四篇 30 節所說：「你（耶和華）發出你的靈，牠們（有生命的活物）便受造」（參伯二十六 13）。

B. 維持、更新生命

自然神論者（Deism）構思一個只有創造，但沒有治理的上帝；然而，三一真神不單創造世界，也不斷的管治、維持這個世界，特別是對有生命的受造物。約伯記三十四章 14 至 15 節說，上帝可以按祂的旨意，將祂的靈和氣收回，而人就會死亡，歸回塵土。聖靈也是那生命更新之靈（詩一○四 30；結三十七 9～14），祂使人有聰明（或作「理解」），祂也無所不在，充滿貫通宇宙萬有（詩一三九 7）。從反面看，一切受造的生靈，若沒有聖靈的維持與更新，就不可能存活，這是舊約的啟示（創六 3；賽四十 7）。

C. 今日意義

自從上帝藉祂的道和祂的靈，創造這個充滿生命力、美麗、有秩序的宇宙後，上帝的靈就一直在維持、更新這個宇宙，以及其中的生靈。當然，由於始祖犯罪，地受了咒詛，帶來許多天災人禍，這使受造之物服在虛空之下、歎息勞苦（羅八 19～22），而信徒也與萬物一同歎息勞苦（八 23），一切似乎都失去了上帝所賦予的光采與意義。但感謝上帝，由於基督的救贖，祂為我們受死、復活，賜下聖靈，給我們帶來盼望。首先，那位使我們重生、住在我們心裏的聖靈，也會親自「用說不出來的歎息替我們禱告」（26 節）；其次，聖靈在信徒心中，也成為睡了之人「初熟的果子」（23 節；林前十五 20～22），保證我們最終身體復活、全人得贖；最後，聖靈作為更新之靈，也將帶來天地之更新改變，正如祂更新改變基督和屬基督的人一樣。

今天我們活在基督復活後、再來前的日子，要多學習好好的按上帝的美意、保護、管理上帝的創造。一切破壞上帝的創造和生態的行為，都會使上帝不悅，當然也會叫聖靈憂傷。因為這個宇宙雖然是墮落，但卻仍是一直有上帝的維持、管治，並且在等待著那榮耀的一天。

2 賜能力的靈

在舊約時代，聖靈賜予某些人特殊的恩賜和力量，去完成一些上帝所差派的工作，以服事上帝和祂的子民。

A. 較明顯的例證

- **出三十五30～三十六1**：比撒列和亞何利亞伯，有上帝的靈充滿，能以作各樣巧工，建造會幕。這是藝術創作的恩賜，用於建造敬拜上帝的聖所。
- **士三10，六34，十一29，十三24～25，十四6、19，十五14～15**：士師時期的領袖，從聖靈得著特殊的力量、勇氣，和領導才能，為上帝的子民擊退敵人，打了不少勝仗，成為以色列的民族英雄。但要注意，這些領袖如參孫，都有他們的軟弱。屬靈恩賜並不保證人的品格完美。
- **掃羅**：以色列的首位君王掃羅，有多次被聖靈感動的經驗，有一次以色列被亞捫人恐嚇，上帝的靈感動掃羅王，他就大大發怒，帶領以色列人打敗亞捫人（撒上十一6～11）；掃羅也曾被聖靈感動，受感說預言（十6～10），而他整個人也有了改變（6、9節），因為上帝賜給他一個「新心」。但撒母耳記上十六章14節也記載，上帝的靈離開掃羅後，便有惡魔來擾亂他。

B. 摩西的品格

- **賽六十三11～14**：在以色列人過紅海的經歷中，上帝藉摩西領他們從海裏上來，並將祂的靈（聖靈）降在他們（子民）中間。聖靈是上帝賜以色列民的禮物，也帶給他們許多的祝福。
- **民十一16～17**：在面對以色列人的怨言時，摩西自覺力不能勝，求上帝把他殺了，不必面對這痛苦。耶和華便為摩西設立七十位長老，與摩西共同管理百姓，並將降在摩西身上的聖靈，分賜予這些領袖。在此可見摩西的謙和：他雖然有恩賜，有上帝的靈，仍自覺不足，並且樂意與人一起分擔領導之責任。在此也看見上帝對他的體恤。

- **民十一 24～29**：當七十位長老被聖靈感動，受感說話時，其中二人卻沒有到會幕那裏去，就在營裏說預言。摩西的助手約書亞要求摩西禁止他們，但摩西對他說：「你為我的緣故嫉妒人嗎？惟願耶和華的百姓都受感說話！願耶和華把他的靈降在他們身上！」可見摩西雖身處高位，有權柄、有能力，但沒有絲毫排他和嫉妒的心，卻寬大地容納他人，顯出他具有屬上帝的品格。
- **民十二 3**：摩西面對批評毀謗，不為自己辯護，顯出他極度的謙和，勝過世上一切的人。這是一種屬靈的品格。但其後上帝為他說話，並向亞倫和米利暗發怒（十二 4～15）。

C. 其他例證

- **創四十一 38～39**：法老認為約瑟裏頭有上帝的靈，因此有智慧管理埃及。
- **但四 8～9**：尼布甲尼撒王認為，在但以理裏頭有聖神的靈，能以解夢。
- **申三十四 9**：約書亞由於摩西曾按手在他頭上，他便被智慧的靈充滿，以色列人因此都聽從他，接受他的領導。

D. 綜合：舊約時代中聖靈工作的特徵

1. 賜予人事奉的能力與才幹、創作力與技巧、領導的才華與勇氣。這些都是美善的，是正面的恩賜。
2. 聖靈的工作往往是突然臨到人，令人感到驚奇。
3. 聖靈給予人的恩賜，有時是與人的軟弱、野心和破壞力混在一起的，因此不容易分辨。這也讓我們知道，有恩賜的人，在品格上不一定成熟。
4. 聖靈所賜的能力（包括體力），是有可能被誤用的。
5. 人若堅持不順服上帝、行事愚昧，上帝的靈有可能離開他。
6. 從摩西身上，明顯上帝的靈賜予他有能力和權柄，但他卻是謙和、不嫉妒、不為自己辯護（民十二 1～15），不求一己之利益（參十四 10～19），這是事奉者的典範。

3 先知預言的靈

A. 假先知和他們的靈（耶二十三 9～32；彌三 5～7）

以色列民中的假先知，道德敗壞、缺乏勇氣，也沒有上帝的差遣與使命，因此他們是耶和華所憎惡的，而他們所發出的預言，不單不會應驗，也成為上帝審判他們的證據。

B. 上帝的先知和上帝的靈

- 上帝的靈藉摩西教導以色列人（尼九 20），又藉先知警戒他們（九 30）。

- 聖靈在舊約時代催促先知傳講耶和華的話，這在先知巴蘭身上的工作，特別明顯（民二十二～二十四章）；雖然摩押王巴勒強烈要求他咒詛以色列，先知巴蘭還是不由自主的、多次祝福以色列，因為他不能抗拒聖靈的感動（二十四 2）。從巴蘭的經歷，可以看見聖靈的大能和主權。
- 以賽亞先知說，耶和華差遣祂的僕人（先知）和祂的靈（賽四十八 16）。因此，先知不是獨自來的，乃是帶著聖靈的能力，去事奉上帝（說預言）。彌迦先知說：「我藉耶和華的靈，滿有力量、公平、才能，可以向雅各說明他的過犯，向以色列指出他的罪惡。」（彌三 8）
- 以西結先知在說預言的時候，聖靈便進入他裏面，使他站起來，將耶和華的話，向以色列宣告（結二 1～2，三 12～27）；上帝的靈又將他舉起，使他看到以色列人的罪（八 1～18），耶和華的靈降在他身上，他就向以色列家宣告審判的信息（十一 1～14）。
- 在著名的枯骨復活的異象中（結三十七章），先知被上帝的靈帶到充滿骸骨的平原，奉命向這些骸骨發預言，使它們長出筋、肉、皮；他又向風發預言，使「風」（也是「靈」）吹進骸骨，令它們復活、站起來，成為極大的軍隊。這個異象告訴我們，上帝的靈，藉先知的預言，復活更新以色列全家，這異象也預言和預表新約聖靈的降臨、上帝子民的復活，以及在末日新天新地中，上帝榮耀的臨在。
- 撒迦利亞先知對以色列人說：上帝藉祂的靈、透過從前的先知所宣告的信息是，真理的靈也是公義、憐憫的靈（亞七 7～

12），但以色列人一直不聽，因此上帝向他們發怒。此外，上帝藉彌迦先知，對子民發出命令，吩咐他們，每天活出在聖靈裏的公義和憐憫，存謙卑的心，與上帝同行（彌六 8）。

4 膏立君王的靈

A. 舊約中的君王

他們是上帝用油膏立的，象徵聖靈的膏立（參路四 18 ～ 19）。掃羅被撒母耳膏立為首位以色列君王，隨即有聖靈的感動使他説預言（撒上十 1、6、10），使他有能力領導以色列；可惜這膏立沒有保證他對上帝忠誠，最後掃羅還是以失敗結束。大衛的膏立也是藉著油和聖靈（十六 1 ～ 13），他與掃羅不同的是：他全心全意順從耶和華，因此被稱為「合上帝心意的人」（十三 14）。大衛對上帝專一的順從與信靠，配合了上帝對他的膏立。絕大多數以色列的君王，都缺乏像大衛這樣對上帝的忠誠。

B. 那將要來的君王

以賽亞先知預言，將來有一位耶和華的僕人，會被膏立為王（賽十一 1 ～ 5，三十二 1 ～ 8，四十二 1 ～ 7，六十一 1 ～ 3）。這位君王將會被差遣，去完成上帝的使命，就是以色列民在舊約時代未能完成的。這僕人將是一位有公義、有憐憫的君王，也為人帶來光明和自由（四十二 1 ～ 4、7），因為在他身上有聖靈。這些預言在新約時代，在耶穌基督身上應驗了（路四 18 ～ 21）。當聖靈從上澆灌下來的時候，公平、公義、喜樂、平安、豐盛，將滿滿的臨到上帝的子民（賽三十二 15 ～ 20）。

基督復活以後，升到天上、坐著為王，與父上帝一同差遣聖靈（徒二 29～36）。這位被聖靈膏立的君王，也藉聖靈澆灌天國的子民，將新約教會帶進了末世的時代（二 16～21），就像約珥先知所預言的（珥二 28～32）。

5 個人生命更新的靈

以西結先知預言在新約時代，上帝要藉聖靈給予祂的子民一個新心、一個更新的靈（結三十六 26～28；參耶三十一 31～32）。這是舊約先知對未來新約時代的預告。但舊約中的聖靈，與聖徒的內在生命，也有密切的關係。

從挪亞時代起，由於人的罪，聖靈不會永遠住在人心裏，他的壽命不會超過一百二十年（創六 3）；然而，在以色列人出埃及後，在曠野中，上帝賜下聖靈教導以色列人（尼九 20）；並且，掃羅王也曾被聖靈感動說預言，變成一個「新人」（撒上十 6），或作「另一個人」。

舊約中最清楚論及聖靈更新人的內心的，是詩篇五十一篇 10 至 11 節。詩人大衛求上帝給他有「清潔的心」、「正直的靈」，並且懇求上帝不要從他收回「祢（上帝）的聖靈」。可見聖靈是那位創造新的心，和更新人心靈的神聖之靈！詩篇一百四十三篇 10 節，詩人祈求上帝教導他行上帝的旨意，並藉上帝的靈引導他走平坦之地。以賽亞書六十三章 10 至 11 節也指出，在曠野時代，以色列人的悖逆，使上帝的聖靈擔憂，可見上帝引導祂的子民，走聖潔生命的道路。

聖靈在個人內心的更新與改造，是舊約中少見的現象，經文也不多，但我們可以肯定，聖靈這方面的工作，在舊約中是存在的，我們不容忽視。[13]

三　基督與聖靈

耶穌基督在地上的日子，與聖靈的關係非常密切。作為父上帝所差來的彌賽亞，聖子耶穌在人類歷史中，必須親身經歷聖靈大能的工作，並藉聖靈復活，方能在祂升天後，藉那從天上被澆灌下來的同一位聖靈，在人間和宇宙中施行救贖。

1 降生與成長

A. 降生

耶穌的母親馬利亞，從天使加百列聽到天使的信息，告訴她將要懷孕生一個兒子，名叫耶穌，是至高者的兒子，又是從大衛家出來的君王（路一 30～33）。馬利亞的反應是：「我沒有出嫁，怎麼有這事呢？」（一 34）天使回答說：「聖靈要臨到你身上，至高者的能力要蔭庇你，因此所要生的聖者必稱為上帝的兒子。」（35 節）

「臨到」（come upon）和「蔭庇」（overshadow），是指上帝在馬利亞身上所施行的大能作為。[14] 聖靈的「臨到」，是前瞻五

13 參 Christopher Wright, *Knowing The Holy Spirit Through the Old Testament*（Downers Grove, IL: IVP, 2006）；Benjamin B. Warfield, *Biblical Doctrines*（Edinburgh: Banner of Truth, 1988）, 101～129。

14 Joel Green, *The Gospel of Luke*（Grand Rapids, MI: Eerdmans, 1997）, 90～91.

句節聖靈的澆灌（參賽三十二 15；徒一 8），而「蔭庇」則是回顧聖靈在創造時和以色列人出埃及時，上帝的大能作為。[15] 上帝的靈在創造時覆蓋著水面，帶來天地的創造（創一 2），就好像祂覆蓋馬利亞，使她能以生耶穌、藉末後的亞當帶來新的創造（the new creation）；在出埃及事件中，聖靈如鷹，藉榮耀的雲彩，覆蓋並保護上帝的子民（出四十 35；詩九十一 4），同樣地，聖靈也覆蓋並保護真神的兒子，使他脱離危險，帶來一個新的「出埃及」（A new Exodus；參太二 13 ～ 15；路九 30 ～ 31）。

聖靈大能工作的結果，是童女馬利亞生了一位稱為「上帝的兒子」、「被分別為聖」的耶穌；前者指向耶穌獨特的本體，而後者則指向他那神聖的彌賽亞使命。

馬利亞懷孕生子，也肯定了耶穌完全的人性。耶穌卑微的降生，顯明祂是完全的人，有人的限制和軟弱，也會受試探、經歷苦難和死亡。然而，由於祂是聖靈感孕而生的，祂的人性從起初就得到聖靈的保護，免去從亞當而來的罪辜（羅五 12 ～ 21）。若問：那耶穌為何要死？答案是：為了世人的罪。正是因為耶穌沒有從亞當而來的罪辜，也從未犯過罪(依靠聖靈得勝)，因此，祂有資格為人類在十架上承擔罪的刑罰，並且在升天以後，也有資格作我們的大祭司和元帥，帶領我們在祂裏面得勝。

B. 成長

福音書對耶穌的成長，沒有太多的記載，對祂從孩童到成

15 Ferguson, *The Holy Spirit*, 38 ～ 41.

年間的生命歷程，沒有很多描述，只有一些簡單的撮要和一個故事。

可以肯定，耶穌在地上的成長，與一般正常的人沒有太大分別（參撒上二 26；路一 80，二 40、52），因為祂是完全的人，有人的需要、有人的性情、也有人漸進的成長過程。因此，祂也需要學習律法，在教師中「一面聽、一面問」（路二 46）；在希伯來書五章 8 節也告訴我們，祂雖然是上帝的兒子，還是要透過所受的苦難「學了順服」。不錯，由於祂從來沒有不順服天父，祂的學習是「從順服到順服」，不像一般人，要經歷上帝的管教才學到順服（參來十二 5 ～ 11）。

作為一個真正的人，耶穌一生還是要不斷的學習，而祂的成長，也與聖靈有密切的關係。路加福音二章 40 節說：「孩子漸漸長大，強健起來，充滿智慧（filled with wisdom），又有上帝的恩在他身上」。「充滿」是連續不斷、被動式動詞，而「智慧」乃是從上帝而來的品德（雅一 5，三 17）。路加福音二章 52 節又撮要了耶穌的成長：「耶穌的智慧和身量，並上帝和人喜愛他的心，都一齊增長」。「智慧」、「神人喜愛」的品格，顯然是聖靈在耶穌身上不斷工作的結果。這樣的成長，正是實現以賽亞書十一章 1 至 3 節的預言。以賽亞書四十二章 1 至 4 節這樣描述耶和華的僕人：耶和華將祂的靈（就是聖靈）賜給祂，使祂有公義、有憐憫、有勇氣。

如此的品格和行動，如何培養？以賽亞先知指出，上帝的僕人每天操練，有「受教者的舌頭」和「受教者的耳朵」（賽五十 4 ～ 5）。耶穌基督在地上的日子，能以面對各樣艱難、困苦、反對、敵視，仍能以忍耐和愛心完成救贖大功，相信這也是藉賴他每天默想上帝的話、在聖靈裏與上帝交通，不斷操練的成果吧。

希伯來書五章 8 至 9 節論到耶穌的順服，是一個學習的過程，而這順服的高峯，是十字架的捨身。從某一角度來看，耶穌一生的順服，與十架的順服分不開；若非一生在聖靈裏不斷經歷順服，到了面對十架時，也許很難作出「然而，不要照我的意思，只要照你的意思」(太二十六 39)的禱告吧！耶穌的順服有救贖的功效，它能使信的人「成為義」(羅五 19)。希伯來書也告訴我們，基督藉苦難得以「完全」(實現了祂的「忠誠」與「救贖」)，成了順服祂的人永遠得救的根源(來五 9)。[16]

2 受洗、試探與事奉

A. 受洗

福音書記載耶穌出來傳道之前，領受施洗約翰的洗禮(路三 21～22)。藉這洗禮，耶穌與上帝的子民認同(太三 15)。當時祂在禱告中，獻上自己面對十架的洗禮(路十二 50；約十七 19)；藉這洗禮，耶穌看見天開了，上帝的啟示臨到人(可一 10)；藉這洗禮，聖靈好像鴿子降在耶穌身上。聖靈的降臨與內住，證明耶穌是上帝所膏立的彌賽亞君王(約一 32～34；徒十 38)、是猶太人所等待的先知(申十八 18)，而聖靈的膏立，也成了基督公開事奉的起點(路四 16～21)；最後，藉這洗禮，天父宣告耶穌是祂所喜悅的愛子(太三 17；路三 22)，實現了

16 Philip E. Hughes, *A Commentary on the Epistles to the Hebrews* (Grand Rapids, MI: Eerdmans, 1977), 187～188.

詩篇二篇 7 節君王登基的彌賽亞預言。天父的話，成為聖靈臨在耶穌身上最佳的詮釋，是聖靈與聖道的完美配合。

施洗約翰論及基督的身分與職事時，也特別指出自己與基督的分別，乃是在於後者將用「聖靈與火」為人施洗，而約翰自己只是「用水施洗」（太三 11 ～ 12）。聖靈的臨在，是耶穌彌賽亞身分的最重要的證據。

B. 試探

受洗以後，耶穌被聖靈引到曠野（太四 1；路四 1）。馬可用了一個更強有力的動詞：「催」或「趕」（drove；*ekballo*；可一 12），凸顯了聖靈主動、積極的角色（參太九 38；可一 34）。聖靈不單帶領並催促耶穌，也與耶穌同在，與祂一起面對四十天的試探。

耶穌在曠野中所受的試探，主要不是要作我們的榜樣，乃是要站在末後亞當的地位，得勝試探，救拔人類脱離首位亞當的罪所帶來的可怕後果（參路三 23 ～ 38；將耶穌的家譜追溯至亞當）。換句話説，這曠野的試探，基本上是彌賽亞的試探，其首要的目的，是救贖性而非榜樣性的（redemptive, not exemplary）。耶穌在聖靈的引導下，藉上帝的話（參申六 13、16，八 3；詩九十一 11 ～ 12），得勝試探。

三個試探與耶穌的回應，有豐富的屬靈意義。[17] 簡單來説，這三個試探分別是要：（1）引誘耶穌用自己的方法，滿足自己

17　參 Geerhardus Vos, *Biblical Theology*（Edinburgh: Banner of Truth, 1975）, 330 ～ 339；Ferguson, *The Holy Spirit*, 48 ～ 49。

的需要，不相信父上帝的供應，不等候父上帝的時間和方法；(2)引誘耶穌試探父上帝，看上帝是否可靠，要逼天父給他一個保證；(3)引誘耶穌敬拜撒但，逃避十架，以走一條捷徑，達到祂到世上來統治萬國的目的。耶穌在聖靈裏的得勝，顯出祂對父上帝的忠誠與順服，這與以色列人四十年在曠野中背叛，叫上帝的聖靈憂傷(賽六十三 7～14)，形成對比。耶穌的得勝，扭轉了人類和宇宙的命運。耶穌的得勝，也使魔鬼暫時離開祂，等候另一機會(太四 10；路四 13)。

C. 事奉

耶穌三年的事奉，是在聖靈裏的事奉。從曠野的試探回到加利利，路加就指出「耶穌滿有聖靈的能力」(路四 14)，直到耶穌被聖靈復活、向門徒顯現，差遣他們出去作見證，聖靈的角色一直非常重要。門徒領受大使命之前，「耶穌開他們的心竅，使他們能明白聖經」(二十四 45)，這也明顯是聖靈的工作(參林前二 8～13)。

從事奉的起始，聖靈就膏抹祂，使祂傳福音給貧窮的人，差遣祂報告被擄的得釋放、瞎眼的得看見、叫受壓制的得自由、報告上帝悅納人的禧年(路四 18～19)。這一切的聖工，耶穌都是靠賴聖靈的能力。其中，耶穌傳道所顯出的權柄，也肯定是聖靈在人心中的印證(四 32)。然而，聖靈的大能作為，最明顯的莫過於耶穌趕鬼的工作，正如祂說：「我若靠著上帝的靈趕鬼，這就是上帝的國臨到你們了。」(太十二 28)

耶穌的趕鬼，是「進壯士家裏，搶奪他的家具」(太十二

29），而要如此作，先要「捆住那壯士」，就是指耶穌那四十天得勝試探的行動。[18] 耶穌趕鬼的大能，顯明上帝國的臨在，這對魔鬼來説，也是意想不到的，因為魔鬼似乎認為「時候還沒有到」（太八 29）哩！由於靠聖靈趕鬼是上帝國臨在的表現，那些否定這能力是出於聖靈的法利賽人，就是犯了褻瀆聖靈的罪，而褻瀆聖靈是不得赦免的。這是一個可怕的罪（十二 22 ～ 32）。

耶穌不單靠聖靈事奉，祂自己的品格，也受到聖靈的影響。路加記載耶穌在加利利會堂中教導，眾人都稱讚他（路四 15）。馬太福音十二章 18 至 21 節引用以賽亞書四十二章 1 至 4 節，描述耶穌所顯出的溫柔、憐憫、不爭競、不喧嚷、追求公義等美德，因為祂領受了上帝的靈。此外，祂在事奉中遭到拒絕之際，卻在聖靈中滿有喜樂、感謝父上帝，並與父上帝有美好的交通（十 21 ～ 22）。祂的智慧、公義、慈愛、謙卑，在福音書中多有記載，顯出祂結滿聖靈的果子，並且與父上帝經常保持親密的關係。

3 受死與復活

希伯來書九章 14 節論到基督的十架，那裏説祂「藉著永遠的靈，將自己無瑕無疵的獻給上帝」，可見基督能以完成十架救贖，是藉著聖靈的能力。至於基督的復活與聖靈的關係，使徒的書信中有更具體清楚的描述：

18 參 Vos, *Biblical Theology*, 330 ～ 332。

- **羅一 4**：基督從死裏復活，乃是藉著聖靈，被父上帝宣告為上帝大能的兒子（參徒十三 33；來一 5）
- **羅四 25；提前三 16**：基督的復活，是祂「在聖靈裏稱義」；因此，信祂的人也可以在基督裏得稱為義。
- **彼前三 18**：基督在十架上為罪受苦，在「肉體」（屬亞當的舊時代）中，祂被治死，但在「聖靈」（在基督的新時代）中，祂被復活了。
- **羅八 11**：是聖靈使耶穌復活，也是同一位聖靈將會使信徒身體復活（參腓三 21）；而信徒復活的身體，將與主榮耀的身體相似。
- **羅八 9～10**：信徒有聖靈住在心裏，就不屬「肉體」（舊時代），乃屬「聖靈」（新時代）了。聖靈內住，等於基督的內住。
- **林前十五 44**：復活的身體是「屬靈」的，即是被聖靈完全改變的身體；與「屬血氣」（屬地）的身體不一樣。後者不能承受上帝的國。
- **林前十五 45**：基督復活以後，就成了「叫人活的靈」。換句話說，基督的工作（首位保惠師）與聖靈的工作（第二位保惠師）完全吻合、等同（參林後三 17：主就是那靈）。
- **林後三 18**：信徒的成聖過程，乃是被聖靈更新改變，也就是愈來愈像主耶穌的一個成聖過程。

總的來說，基督的復活，是聖靈大能的工作；而復活後的基督，與聖靈有完美的配合，二者在救贖的工作上，完全一樣，雖然在本體位格上，聖子與聖靈仍是有別。這配合的救贖工作，在信徒身上顯明：他是在基督裏、也是在聖靈裏，得了新的生命。

四　五旬節的聖靈

耶穌在復活之後、升天之前，吩咐門徒說：「不要離開耶路撒冷，要等候父所應許的，就是你們聽見我說過的。約翰是用水施洗，但不多幾日，你們要受聖靈的洗。」（徒一 4～5）五旬節的聖靈，在耶穌升天之後，門徒禱告等候十天之後，沛然降臨（一 12～二 4），引進了末世的新時代（二 16～21），應驗了舊約先知的預言，開始了新約的救恩時代，正如使徒保羅所說：「看哪！現在正是悅納的時候；現在正是拯救的日子。」（林後六 2）

五旬節聖靈的降臨，是三一上帝大能的作為，又如使徒彼得所言：「他（基督）既然被高舉到（父）上帝的右邊，從父領受了所應許的聖靈，就把他澆灌下來」（徒二 33；《聖經新譯本》）。五旬節也是救恩歷史的重要里程碑，把基督的降生、受死、復活、升天的救贖行動，帶至一個新的歷史的高峯。究竟五旬節事件對我們有何意義？

1 路加的見證

A. 巴別塔審判的逆轉

自從巴別塔事件（創十一 1～9），人類的口音變亂，人因語言的隔閡，不能對話溝通。五旬節當日，聖靈降臨，信徒都照著聖靈所賜的，用別種言語講說上帝大能的作為（徒二 4～11），象徵上帝藉聖靈消解了巴別塔的咒詛。從正面來看，這指向一個和好合一的教會羣體（包括猶太人和外邦人），在聖靈裏彼此溝通、合一的團契（徒二 42～47；弗二 11～18，四 1～6）；從反面來看，這也指向上帝對以色列的審判：由於他們的心剛硬、拒絕上帝，上帝就藉著外邦人的舌頭，審判他們，將上帝國的福氣，轉而賜予外邦人（賽二十八 11～13；太二十一 43；林前十四 21～22），直到以色列再度回轉歸主（羅十一 25～26）。[19]

B. 恩典之約的實現

聖靈的降臨，實現了耶和華上帝對亞伯拉罕恩典之應許——地上萬族都要因他得福（創十二 3；徒二 39；加三 13～14）；此外，上帝藉先知預言「新約」的應許（結三十六 27）和向「彌賽亞僕人」所宣告的新作為（詩二 8；賽五十二 15，五十三 12），也因此得以成就。這一切皆凸顯上帝的信實與能力。

C. 律法時代的結束

耶和華上帝領以色列人出埃及，在曠野西奈山向摩西和百姓說話，當時有火焰、暴風和說話的聲音（來十二 18～21）；五旬節聖靈降臨，也有大風、響聲和火焰（徒二 1～4）。兩件事件明顯的有相似的地方，但也有基本的分別。

---

19 參 Ferguson, *The Holy Spirit*, 60～61。

摩西上西奈山，當他下山時，帶著法版和上帝對以色列人的審判。這審判是由於他們敬拜金牛犢。耶穌升天，在五旬節時賜下聖靈，將上帝的律法刻在子民的心版上（來八 10～12），並將各樣恩賜給予他們（弗四 7～8）。顯然地，五旬節所帶來的，是恩典和聖靈的祝福，因為新約信徒不是來到西奈山，乃是來到錫安山（來十二 22～27）。在兩個相隔千多年的事件中，雖是同一位上帝在祂的百姓子民面前顯現，但卻帶出完全不同的結果。

D. 新約先知預言的出現

在舊約時代，先知預言只是上帝所選召的極少數宣講上帝話語的僕人，並且絕大部分是男性（如民十一 24～29；撒上十 10～11）；五旬節的聖靈，卻帶來先知預言的普及化（徒二 17～18）：包括男與女、年青和年長的，都會說預言、見異象、作異夢。

新約聖經中的「預言」，在哥林多前書十四章中有清楚的描述和教導，那是指在教會中從上帝領受，為要「造就、安慰、勸勉人」的講論（林前十四 3～4）。保羅說，信徒都可以作先知預言、得造就、得鼓勵（十四 31）。可見先知預言在初期教會中，是一個普遍的現象，也是使徒所鼓勵的，但可惜在今天福音派的華人教會中，這恩賜似乎消失了。[20]

20 參 Wayne Grudem, *The Gift of Prophecy in the New Testament and Today*（Westchester, IL: Good News Publishers, 1988）。

2 約翰的詮釋

A. 約翰福音二十章 21 至 23 節

約翰福音記載耶穌復活那一天，向門徒顯現，對他們說：「『願你們平安！父怎樣差遣了我，我也照樣差遣你們。』說了這話，就向他們吹一口氣，說：『你們受聖靈！你們赦免誰的罪，誰的罪就赦免了；你們留下誰的罪，誰的罪就留下了。』」

我們可否像一些近代的釋經家一樣（如巴雷特〔Charles K. Barrett〕、比斯利—默里〔George R. Beasley-Murray〕等），看這記載為「約翰版本的五旬節」（the Johannine Pentecost）？當然不可！因為如此看，便是容讓神學的詮釋，遮蓋了史實的記述。首先，約翰福音的歷史觀，雖然有強烈的神學色彩，卻仍是尊重歷史事件的先後次序的；其次，當我們比較使徒行傳二章和約翰福音二十章 19 至 23 節時，兩個記載之分別，也實在太多和太明顯了。[21]

那末，我們當如何了解這一事件（耶穌復活後賜聖靈），與五旬節聖靈的關係？卡森認為，耶穌在復活當日，以一個行動的比喻（an acted parable），指向那未來的五旬節聖靈降臨的事件；[22] 然而，我認為更合理的解釋是，這是一個真正的聖靈賜予，是五旬節聖靈的「先嘗」（foretaste）。這復活之日的賜予，是那位已經被聖靈所改變、也與聖靈（在工作上）合而為一的基督（參林前十五 45；林後三 17），向使徒們吹一口氣，使他們

---

21 參 Lawrence Y. Chan, "An Easter Impartation of the Holy Spirit in John 20:22,"（unpublished thesis, 1975）, 9 ~ 27, 97 ~ 102。

22 Carson, *The Gospel According to John*, 649 ~ 655.

領受聖靈、得著赦罪的權柄，預備他們(和其他信徒)在五十天之後，領受那更充沛的五旬節聖靈。[23]

B. 約翰福音七章 37 至 39 節

耶穌是那活水的泉源，信徒可以到祂面前來得到滿足；而信徒的生命，由於有聖靈的祝福，也將湧流出活水江河，使他人得福。然而，當耶穌作這宣告時，聖靈「仍未有」(The Spirit was not yet)，「因為耶穌尚未得著榮耀」(39 節)。

這裏的「未有」，並非指聖靈的位格和工作不存在(參本章「舊約中的聖靈」及「基督與聖靈」)，乃是指五旬節的聖靈仍未來臨，其實約翰福音十四章 7 節記載耶穌說，聖靈當時已經與門徒在一起，但是他們要到五旬節，即耶穌「受死、高升」之後，才會經歷聖靈的內住與充滿。因此，這「未有」是對比聖靈在五旬節前後的工作，而非祂的本體存在，這「未有」是一種誇張法的文學表達。

C. 約翰福音十四至十六章

耶穌在上十架前，向門徒預告五旬節聖靈的來臨，說：「我要請求父，他就會賜給你們另一位保惠師，使他跟你們永遠在一起。」(約十四 16；《聖經新譯本》)聖靈是「另一位保惠師」(another Paraclete)，暗示耶穌是那「第一位保惠師」(first Paraclete)。學者布朗正確地指出，聖靈與基督至少有四方面相

23 參 Chan, "An Easter Impartation of the Holy Spirit in John 20:22," 103。

同的特徵：[24]

1. 聖靈從聖父那裏被差，耶穌也是被父所差（約三 17）。
2. 聖靈是真理的聖靈，耶穌自己就是真理（約十四 6）。
3. 聖靈與門徒關係密切，耶穌亦然（約十四 20、23，十五 4～5，十七 23、26）。
4. 聖靈乃世界不能接受的，耶穌亦然（約五 43，十二 48）。

可見，聖靈的來臨，乃是要代表或代替那將要升天到父那裏去的耶穌，實現耶穌「回來」、「住在門徒裏面」的應許（約十四 18～21），因為基督與聖靈二者的工作，在基督復活以後，是重疊的。

按照約翰所載，耶穌在上十架之前，預告聖靈獨特的角色，有以下幾方面：

（i）啟示與教導的靈

聖靈被稱為「真理的聖靈」，因為祂要引導門徒進入一切的真理，也會叫門徒想起耶穌的話（約十四 26）。這裏基本上是指使徒們會得到聖靈的默示（inspiration），而這默示是聖靈與使徒們共同的見證（十五 26～27）；也就是說，聖靈要榮耀基督，並且會把將來的事，就是從基督所領受的，都告訴使徒們（十六 13～15），並繼續耶穌在地上的教導工作（十四 25，十五 15，

---

24 Raymond E. Brown, *The Gospel According to John* (Garden City, NY: Doubleday, 1966), 1140～1141.

十六 6～7）。

在這聖靈默示的基礎上，新約使徒的見證就是上帝的話，在新約聖經上記載下來，供後世的信徒閱讀、領受這從上帝而來的權威啟示。換句話説，聖靈是使徒和歷代信徒的教師，只是後者受教，是根據聖靈藉使徒的默示，透過聖靈在眾聖徒心中的光照（illumination）而成的。

（ii）生命契通的靈

耶穌應許祂必回來與門徒在一起（約十四 18），這不單是指祂復活後的顯現，更是指那五旬節聖靈降臨的時候。到那時候，聖靈的同在與內住，就是基督的同在與內住（十四 19～20；參羅八 9～10）。到那日，聖靈就成了三一上帝與人同在、與人契通的連結（約十四 23）。這樣，三一上帝的救贖大恩，藉著聖靈在人生命中的工作，就實現了。

（iii）使人知罪的靈（約十六 7～11）

耶穌説：「他（聖靈）來了，就要在罪、在義、在審判各方面指證世人的罪。在罪方面，是因為他們不信我；在義方面，是因為我到父那裏去，你們就再看不見我；在審判方面，是因為這世界的統治者已經受了審判。」（8～11 節；《聖經新譯本》）

傅格森（Sinclair Ferguson）指出，這裏所提到聖靈在三方面的指證，與使徒行傳二章 22 至 24 節論基督的十字架有關：[25]

25 Ferguson, *The Holy Spirit*, 69～70.

1. **罪方面**：猶太人的不信，使他們「藉不法之徒的手，把他釘死了」(23 節下；《聖經新譯本》)。
2. **義方面**：耶穌去到父那裏，是指「上帝卻把死的痛苦解除，使他復活了」(24 節上；《聖經新譯本》)，父上帝藉復活為基督伸冤，使基督「在聖靈裏稱義」(參提前三 16)，又升天回到天父那裏去。
3. **審判方面**：「因為他(耶穌)不能被死亡拘禁」(24 節下；《聖經新譯本》)。基督的復活，也是撒但的被定罪，和最後審判的保證(徒十七 31)。

聖靈光照人的心，使人知罪(徒二 37)，引致人認罪、悔改、歸主、罪得赦免、領受聖靈的生命(二 38、41)。對當時的猶太人如是，對今天聽福音而信耶穌的人，也如是。

3 五旬節——可否重現？

二十世紀的五旬節運動和靈恩運動教會，看五旬節聖靈降臨為當日信徒的第二次經歷，並且是今天也可以重現的屬靈經驗。靈恩運動認為，五旬節當日的信徒(約一百二十人)，已經是重生歸主的信徒；因此，五旬節的經歷，是「聖靈的洗」，是他們「第二次的經歷」，而在時間上和觀念上，它是有別於重生，也是今天的信徒可以經驗的第二次經歷。一些二十世紀的信仰復興運動(revivalism)，也傾向祈求五旬節聖靈澆灌的再臨。

這種看五旬節為今日可以重現的觀點，基本上是將救恩歷史和個人的屬靈經歷混淆了。不錯，救恩歷史的事件，對當時親身體驗事件的人而言，也是個人的屬靈經歷。然而，五旬節若是救恩歷史的事件，好像基督的十架、復活、升天一樣，那麼，五旬節事件就是不能重複的。換句話說，救贖工作的完成（redemption accomplished）和救贖工作的實施（redemption applied），二者是有分別的，而前者是獨特的歷史事件，因此是不會、也不可能重複的。

A. 耶穌的門徒與聖靈

五旬節前，主耶穌的門徒，已經是真正的信徒。他們認識耶穌為基督、為上帝的兒子；他們得著永生之道，也得了潔淨（太十六 15 ～ 20；約六 66 ～ 68，十五 1 ～ 11）。在他們的生命中，已有聖靈的工作，只是他們仍未經歷「聖靈的洗」（徒一 5）。

這一批門徒的經歷，是獨特的，因為他們從舊時代過渡到到新時代，經歷了兩個歷史階段，但卻是體驗了同一位聖靈。

B. 五旬節的兩面

首先，五旬節事件有它獨特的一面。它是基督復活升天之後，從父領受所應許的聖靈。將祂澆灌下來這獨特救恩歷史事件，是不可重複的。使徒行傳一章 12 節至二章 4 節記載強風與響聲、舌頭的火焰、門徒用十天的禱告等候，以及講說眾人的鄉談等，皆是獨特的。五旬節聖靈降臨，是劃時代的事件，因為它開始了新約教會；在聖靈大能的澆灌下，開始了福音從耶路撒冷傳到地極的新旅程（徒一 8）。

另一方面，門徒在當天也經歷了聖靈的充滿、能力的彰顯、恩賜的運用、講道的大能、心中的喜樂平安，這些經歷卻是可以重複的。

我們應該清楚區分五旬節事件的兩面，才不致陷在錯謬之中。

C. 如何理解五旬節以後的聖靈降臨？

使徒行傳八章9至25節、十章44至48節、十九章1至7節記載了聖靈在該撒利亞、撒瑪利亞，以及以弗所的三次降臨。若問這些事件是不是「第二階段」的聖靈經驗？是不是二十世紀靈恩運動所強調的「第二次經驗」(second experience)？答案是否定的。

使徒行傳十章44至48節記載彼得到意大利百夫長家中傳福音，聖靈降在聽道的人身上，路加用了與五旬節事件同樣的字眼，去形容這次的經歷：聖靈的澆灌(徒二17～18、33，十45)、聖靈的洗禮(一5，十一16)、恩賜/禮物(二38，十一17)、方言(二4，十46)。這表明五旬節的聖靈降臨和哥尼流的聖靈經歷，是同類事件(參十一15～17)，這為要表明，外邦人在歸主時，與猶太人所領受的，是同一樣的聖靈；因此，猶太信徒不能排斥外邦人，要接受他們是上帝的子民。使徒彼得當時的見證，叫眾人折服，也使猶太信徒將榮耀歸與上帝(十一18)。

再看，使徒行傳八章9至25節和十九章1至7節所記載的，是撒瑪利亞人(半外邦人)和以弗所人(外邦人)，領受五旬節聖靈降臨的經驗。這些都不是日後可重複的「第二次經驗」，乃是歷史性五旬節聖靈降臨的分階段實現，就像購物的「分期付款」(pay by instalments)。福音傳到撒瑪利亞和外邦人之地，正如使徒行傳一章 8 節所預告的，也帶來五旬節聖靈的降臨。這些都是教會和福音發展的歷史性里程碑，而並不是可重演的個人經驗。[26] 這些不同階段的五旬節，成了以後信徒悔改信主、領受聖靈的個人經歷的救贖歷史基礎，而非信徒「第二次經驗」的先例。

D. 聖靈的洗

五旬宗及靈恩運動一般看「聖靈的洗」(baptism in the Holy Spirit) 為信徒歸主以後的聖靈澆灌經歷，而這經歷 (又稱為第二次經歷) 又往往與說方言的恩賜掛鈎。[27]

按新約聖經，「聖靈的洗」有雙重意思：(1) 五旬節聖靈的降臨 (可一 8；約一 33；徒一 4～5)，是救恩歷史事件；(2) 信徒歸主時受了聖靈的洗 (林前十二 13)，這是新約信徒個人歸主的經驗 (徒二 38；羅八 9；弗一 13～14)。

在五旬節那一天，聖靈降臨、落在一百二十個信徒身上，他們說方言、從舊時代進到新時代，經歷了歷史性的一刻；其後當日有三千人歸主，誠心悔改、受洗、領受聖靈，成為基督徒。對那一百二十人而言，五旬節的經驗是獨特的，因為他們站在救恩歷史的關鍵時刻。而那三千人的歸主經驗，也是日後所有新約信徒的「標準」經歷，因為所有信徒在聖靈裏，都成為

26 參 Ferguson, *The Holy Spirit*, 81～87。

27 參 Burgess and McGee, eds., *Dictionary of Pentecostal and Charismatic Movements*, 40～48。

一了(林前十二 13)。況且，這三千個歸主的人，聖經並沒有記載他們都有說方言的表現。可見，領受聖靈、接受「聖靈的洗」，是不一定會說方言的。當然，其中有些人領受了方言的恩賜，也是可能的(參十四 13～25)。

我們認同斯托得的看法，就是「聖靈的洗」是新約時代每一位信徒都領受了的禮物，人人有分，而不是人信主以後的第二次祝福。聖靈的內住，是信徒得基業的憑據，是一個人「在基督裏」得生命的必然結果，絕非一些特殊的信徒方能享有的、更高的祝福。[28]

E. 聖靈充滿

「聖靈的洗」是人歸主時一次過的經驗，而「被聖靈充滿」(be filled with the Spirit)，卻是人歸主後，須不斷持守的生命狀態，而這狀態是有可能會失去的(例如：弗四 30；當信徒「叫上帝的聖靈擔憂」時)，但也可以藉悔改、順服、更新而再得著。

(i)「聖靈充滿」是甚麼意思？

斯托得將新約聖經關於「被聖靈充滿」的討論，分為三種情況，包括：[29]

- **委身信徒的品格**：(1)初期教會所選立的七位管理寡婦飯食

28 John Stott, *Baptism and Fullness: The Work of the Holy Spirit Today* (Downers Grove, IL: IVP, 1979), 19～46.

29 參 Stott, *Baptism and Fullness: The Work of the Holy Spirit Today*, 48～52。

者。他們除了「被聖靈充滿」外，還有好名聲，以及智慧充足（徒六3、5）；（2）巴拿巴和彼西底的安提阿信徒皆「被聖靈充滿」，並且巴拿巴也是個「好人」、「大有信心」；而安提阿信徒也是「滿心喜樂」（十一24，十三52）。

- **上帝印證祂所選召的僕人的職位和裝備**：（1）施洗約翰被召為先知（路一15～17）；（2）保羅被召為使徒（徒九17）。
- **上帝對人短暫的賜予，使他可以有能力作成聖工**：（1）撒迦利亞和伊利沙伯被聖靈充滿，開口說預言（路一41～45、67）；（2）門徒被聖靈充滿、有能力傳道、殉道、責備人（彼四8、31，七55，十三9）。

斯托得的分類很有幫助，但傅格森將「被聖靈充滿」簡單分為兩種情況：（1）信徒不間斷地、活在聖靈中（參路四1；徒六3；弗五18等），他們有屬靈的品格、結出聖靈的果子、被聖靈所掌管（原文用 *pleroo* 及有關詞語）；（2）信徒在事奉中，得著聖靈特別的能力和恩賜（參路一41、67；徒二4，四8、31，九17等），產生美好的事奉果效（原文用 *pimpleimi* 及有關詞語）。我認為傅格森的分類更簡單、更清楚。聖靈充滿包括了人的品格（靜態）和事奉能力（動態），日常生活和特殊情況。

（ii）信徒要「被聖靈充滿」，是甚麼回事？

「被聖靈充滿」不單是信徒生命的狀態，也是上帝對信徒的命令：「不要醉酒，酒能使人放蕩；乃要被聖靈充滿。」（弗五18）「被聖靈充滿」（*pleirousthe*）這動詞是「現在被動命令式」。

換句話說，保羅在此勸勉信徒，要不斷保持自己在「被聖靈充滿」的狀態中。因此，信徒一方面是被動的，而另一方面，他也有責任除去一切的攔阻（包括犯罪、不信、不順服等），不斷活出「聖靈充滿」的生活方式。以弗所書五章 19 至 21 節就用了四個分詞，帶出了「被聖靈充滿」的人應有的四種表現：

1. **彼此對說**：信徒當用「詩章、頌詞、靈歌」彼此交通團契，透過敬拜而有「被聖靈充滿」的樣式——愛心的溝通，主裏的建立。
2. **口唱心和讚美主**：聖靈樂意高舉耶穌，因此祂會感動信徒高聲讚美主，全心全意地唱出頌讚的詩歌。
3. **向父上帝感恩**：「凡事感謝父上帝」是被聖靈充滿者應有的表現。「奉主的名」是因為信徒與主聯合，並且主也是神人之間的中保。缺少感恩、常常埋怨和不滿，都是沒有被聖靈充滿的結果。
4. **彼此順服**：有釋經家認為，在這裏保羅教導信徒要「互相順服」（mutual submission），在愛裏以捨己的態度互相忍讓（參弗四 2～3；腓二 3），而以弗所書五章 22 節至六章 9 節的家庭守則，就運用這大原則，從而要求人在三種人際關係中，在平面的互動中，彼此相愛、互相順服，而不再是在權柄的架構中生活。我們不贊同這樣的解釋。新約學者歐白恩（Peter O'Brien）對此有更合理的解釋。他認為五章 21 節是一個大原則，它勸勉信徒在聖靈的管理下，過順服權柄的生活，就是順服那些上帝所設立要我們順服的人，如丈夫、父親、主人等（弗五 22～六 9），而不是要夫妻、父母兒女、主人僕人，互相順服。

因為：（1）「順服」一詞，一般用法是指順服一些在上有權柄者；再者，在人際關係中，聖經吩咐妻子順服丈夫、兒女順服父母、僕人順服主人，而從來沒有相反的說法（如父母順服兒女）。五章 21 節的焦點不在夫妻相互的關係（22 至 24 節才是），乃是在信徒應順服那些上帝所指定有權柄的（參彼前五 5）；（2）「彼此」（to one another）一詞不一定是指「互相」（mutual；參加六 2；啟六 4）。按這段經文的前文後理，「彼此順服」不是指「互相順服」，乃是指順服那些合宜的權柄；（3）五章 21 節在經文的發展中，是提綱挈領地帶出一個「順服」的主題，然後在五章 22 節至六章 9 節作具體的應用。在原文中，五章 22 節並沒有「順服」這動詞，「順服」的意思是按五章 21 節的動詞及其意義而有的。[30] 由此可見，使徒保羅看我們順服那些在上帝所定的權柄結構中應順服的人，是信徒「被聖靈充滿」的表現，而這「順服」，也是出於信徒心中敬畏基督（21 節）。

總的來說，以弗所書五章 18 至 21 節所展示的「被聖靈充滿」的生活，是一種集體榮耀上帝、以基督為中心、順服聖靈、有和諧人際關係的生活模式。當中並沒有提到任何特殊恩賜（如方言）的表現，卻是反映了聖靈所結的果子的生活。這裏所指的

---

30 參 Peter O'Brien, *The Letter to the Ephesians*（Grand Rapids, MI: Eerdmans, 1999）, 401～405。

「被聖靈充滿」，也絕對不是指信徒的「第二次經驗」，乃是一種不間斷的、在基督裏順服聖靈的品格和美德，並且不單是個人性的，也包括了整個教會羣體。[31]

F. 聖靈所結的果子

使徒保羅在向加拉太信徒論及如何在聖靈與肉體（Spirit and flesh）的爭戰中得勝時，列出下面的「果子」（一個果子，有九方面的表現）：仁愛、喜樂、和平、忍耐、恩慈、良善、信實、溫柔、節制（加五 22～23）。

這些品格的表現，正如斯托得所言，是基督耶穌的肖像。[32] 被聖靈充滿的人，就是像基督的人（林後三 18）。這是一個全面基督徒品格的描述。

這樣的品格，是源於聖靈，而非靠人的「自力更新」或「自我塑造」、「自我修行」。當人順著聖靈行事，便能結出這果子，勝過「肉體的情慾」，即那些出於亞當的敗壞性情（加五 19～21）。這樣的人，人人都樂於親近，因為在他的身上，有聖靈的印證。

聖靈果子的成長，是有機性、生命成長的過程，因此也必然是漸進性的，它需要不斷的培養，達至成熟。這種因果關係（加六 7～8），也要求信徒「順著聖靈撒種」，而不要「順從情慾撒種」。人有當盡的本分，不能用「一切都是上帝的恩典」，作為懶惰不負責任的藉口。生命的操練、日常生活中的愛心、

31 參 Stott, *Baptism and Fullness: The Work of the Holy Spirit Today*, 52～66。

32 Stott, *Baptism and Fullness: The Work of the Holy Spirit Today*, 77.

節制和忍耐，對信徒在生命中的成長，是非常重要的。

當然，一切皆根源於聖靈裏的生命。沒有生命，一切努力都會至終歸於徒然。

G. 小結

五旬節聖靈降臨是獨特的救恩歷史事件，是不能、也不必重複的。然而，聖靈在個人生命和教會羣體的不斷更新改變，卻是可以、也是必要的。「聖靈的洗」乃是人藉著悔改信主，從上帝領受上帝救贖的恩典，開始基督徒生活的旅程，與主聯合，也與眾聖徒聯合。「被聖靈充滿」則是信徒在歸主後，每天活在聖靈中應有的表現，包括得勝罪惡、提升品格、事奉有力。而信徒生命不斷被聖靈塑造，漸漸被更新成熟，就能結出「聖靈的果子」，有基督榮美的形象。

4 聖靈——末世救恩的靈

新約教會時代，是末世的時代，也是聖靈的時代。在這時代中，救恩臨到凡求告主名的人（徒二 17）。新約的末世分兩個階段實現：（1）已然階段——基督成就救恩、聖靈來臨；（2）未然階段——基督再臨、審判萬民，帶來新天新地。

在這末世中，聖靈是救恩的靈。這包括：

A. 兩個階段的復活

- **羅八 11**：父上帝既藉聖靈使耶穌基督復活了，祂也必藉同一位聖靈，在末日使眾信徒復活，就是那些在今天藉信與主耶穌聯合的人。

- **加六 8**：聖靈的種子與永生收割是緊密相連的，這裏的「永生」是指信徒在末日審判後所承受的永恆生命。
- **羅八 23；林後五 5**：聖靈是「憑據」、也是「初結的果子」，祂今天的內住，保證信徒將來必然完全得贖。
- **弗二 5～6；西三 1～4**：信徒盼望將來身體復活，但他在今天，已經藉聖靈與主同死、同復活、同升天了。

B. 兩方面的福氣

在基督教的神學著述中，對救恩論有兩個不同的看法，其一是强調法律上「稱義」的福氣，其二是強調生命上的「更新」。其實這兩方面是救恩的雙重福分，二者沒有矛盾，它們都是上帝在基督裏，藉聖靈的工作。

(i) 地位上的稱義

- 「稱義」是客觀的、在法理上不被定罪（羅八 34），有得救的地位與身分。
- 保羅說，主耶穌的高升是「在聖靈裏稱義」（提前三 16），而信徒藉信靠耶穌、並與耶穌一同復活，也得以稱義（羅四 25，十 9～10）。
- 信徒的稱義，與聖靈有關，因為：(1) 聖靈藉著義，帶給信徒生命（羅八 10）；(2) 加拉太信徒靠聖靈入門，得稱為義（加三 5）；他們也同時因信得了聖靈（三 14）。

- 人的稱義與成聖（與主聯合的兩方面），皆是藉聖靈（林前六 11）而成的。因此，聖靈不但使人得生命，也使人在上帝面前得稱為義，就是被宣告無罪釋放、得著自由（加四 4～6）。
- 與稱義同屬客觀方面的救贖，是「作上帝兒女」（adoption）的福分。稱義是聖靈的工作，而作上帝兒女、成為後嗣，也是上帝藉基督和聖靈的工作（多三 6～7）；再者，信徒得以稱上帝為「阿爸，父」，也是聖靈在人心中作見證的結果（羅八 15～16）。
- 「稱義」是信徒今日已領受的福氣，但也同時是他們對未來的盼望（加五 5）；同樣，「作上帝兒女」也是今日信徒的地位（羅八 14），但也是我們對未來的盼望（羅八 23；加五 5；多三 7）。這正是保羅神學思想中的「已然—未然」的末世結構！

（ii）生命的更新

- 救恩不單是信徒客觀地位上的稱義，也是主觀生命中的更新，二者皆是上帝在聖靈裏賜予信徒的福氣（多三 5～7），相輔相承、缺一不可。這兩方面都是信徒「與主聯合」的必然結果。
- 聖靈在信徒心中與「情慾」（在亞當裏敗壞的性情）相爭（加五 16～26），並幫助信徒過得勝的生活。順從聖靈者在生命中結出聖靈的果子（五 22～23），得以成聖（帖前五 23），滿有愛心（羅十五 30）、信心（林前二 4～5）、喜樂（羅十四

17；帖前一6）、平安（羅八6；弗四3）、盼望（加五5；弗一18），以及聖靈賜生命的表現（羅八2；林後三6）。

C. 在末世中的生活

- 今日信徒所經驗的聖靈，幫助他盼望那永恆的福氣（羅五3～5；加五5）。不但如此，那未來永恆的實在，信徒今日得以預嘗，因為活在聖靈中，就是「永生」。
- 使徒保羅常用「末世—永恆」的詞語，描述今日信徒在聖靈裏的境況。如「新創造」（林後五17；加六15）；「聖靈的新樣」（羅七6）；「新約」（林後三3～6）等。
- 此外，信徒「活在聖靈中」，等於是「活在基督裏」，因為基督復活後，就成了「賜生命的聖靈」（林前十五45；林後三17～18）。榮耀的基督就是那末世的基督，而聖靈也是那末世的靈，因此信徒的新生命，本身就是末世性的了。
- 信徒今日在聖靈裏的生活，是一種屬天的（heavenly）新生活（弗一3、20～21；腓三20；西三1～2）。對保羅來說，舊時代的生活，是屬地、在亞當裏的生活，而新時代（末世）的生活，卻是屬天的。今天信徒要落實過屬天的生活，便需要憑信心、而不憑眼見（林後四18，五7），因為新天新地還未可見，只是這「新創造」經已開始了它的旅程（五17）。
- 聖靈的啟示工作也是末世性的：保羅指出，福音的啟示，在舊時代中是隱藏的（林前二6～8），也是這世代中有權有位的人所不知道的，但上帝卻藉著聖靈，向人啟示了（二10），而這聖靈的啟示就是末世的啟示。不但如此，這福音只有「屬靈的人」(被聖靈所啟迪的人)才能了解(14～16 節)，「屬血氣」(屬舊時代、沒有聖靈)的人，是完全不能領會的。

五 聖靈與成聖的生活

1 成聖三階段

在新約聖經中，「成聖」可分三個階段：

A. 確定成聖

上帝拯救人，是要人從世界中被分別為聖，使人歸向祂，作祂的子民(出十九 4～6)、成為聖徒(羅一 7；西一 2，三 12)，並且有聖靈的引導(羅八 14)。這分別為聖的身分是在基督裏、藉聖靈所成就的(林前一 30，六 11)。人藉著洗禮或信心，與主同死同復活(羅六 1～11)、脫離罪的權勢，並且得以與眾聖徒在光明中同得基業(徒二十 32，二十六 18；西一 12)，這是人得救的起點。

B. 漸進成聖

「成聖」也是信徒一生不斷更新、彰顯上帝在基督裏的榮美(林後三 18)的一個過程。成聖的功夫並非一朝一夕可以促成的，就像一棵樹要結出豐碩的果子，需要培植(加五 22～23)。信徒生命的成熟、在品格上像主、順服聖靈、不斷被聖靈充滿，是需要不斷的操練，方能生效。

C. 完全成聖

主再來時，信徒將會經歷身體復活（林前十五 22～49），一切痛苦、罪惡都成為過去，屬主的人將完全像主（腓三 21；約壹三 2；啟二十一 4、27）。這榮耀的盼望，是我們今日追求聖潔的動力（約壹三 3）。

2「成聖」的兩方面

A. 對付罪惡

經驗告訴我們，歸主後的聖徒，仍受罪惡的剩餘勢力所影響；聖經也是這樣說（約壹一 8，二 2，三 3）。無可置疑，信徒歸主後，仍未達至完全，只是開始學習、過成聖的生活，而上帝揀選人、拯救人的目的，是要人成為聖潔，無有瑕疵（弗一 4）。

對付罪惡（mortification）是「成聖」的消極面。這方面的教導，保羅說得很清楚：「弟兄們，這樣看來，我們並不是欠肉體的債，去順從肉體活著。你們若順從肉體活著，必要死；若靠著聖靈治死身體的惡行，必要活著。」（羅八 12～13）

作為與主聯合的人（羅六 1～10），信徒並不欠「肉體」（亞當裏的罪性）任何的債，去順從它而活；況且，在「肉體」中的生活只會帶來「死亡」（與上帝隔絕）。雖然如此，罪性仍未消失，因此信徒要不斷「治死」那些藉身體行出來的罪，這就是「對付罪」的過程：

- 「對付罪」就是依靠聖靈的能力去勝過罪，而不是靠自己的能力。禱告是得勝的關鍵。

- 「治死」乃是信徒靠著聖靈、運用意志、去「釘死」(crucify)、或「餓死」(starve)這些罪。縱容罪、允許它繼續在我們身上有活動的空間，就像容許疾病細菌在身體中滋長，或提供環境讓老鼠在家居中繁殖，這是非常危險的；惟有靠賴聖靈的能力去對付它，將它治死或餓死，不容許它有活動和滋長的空間，使它的力量逐漸減弱，才是上策。對付罪的方法，並非去滿足它。我們不同意一些現代心理學的理論：人的慾望若來找你，你滿足它，它以後就不再攪擾你。這理論是錯的，因為罪的慾望得到滿足後，只會加强，不會減退。惟一對付方法乃是要釘死它、餓死它，否則你對罪的抵抗能力就會愈來愈弱，結果是一直活在罪中，不能自拔。

這個「對付罪」的過程，在歌羅西書三章 5 至 9 節有清楚的教導。信徒已經與主同死、同復活(1～3 節)，就開始了「漸進成聖」的過程(5～17 節)；消極方面，就是「治死」那些「在地上的肢體」——那些屬於舊時代的罪惡(5～9 節)，其中包括：「淫亂、污穢、邪情、惡慾、和貪婪……以及惱恨、忿怒、惡毒、毀謗，並口中污穢的言語。不要彼此說謊……」(5～8 節)

同類的教導在以弗所書四章 20 至 32 節中出現。而加拉太書五章 16 至 26 節把這成聖的過程，看為一個不斷進行中的屬靈爭戰，是聖靈與情慾(亞當裏的罪性)的爭戰。在這爭戰中，信徒若願意順從聖靈，情慾是絕對無法控制他的(16、18 節，22～24 節)；屬聖靈的人，有把握成功對付罪惡、並且順從聖靈，結出聖靈的果子。

至於羅馬書七章 14 至 24 節中所論及的「爭戰」，經文所描述那在律法之下生活的人，由於沒有聖靈的幫助，是無能、無助的。他的境況，是被罪「擄去」(23 節)，這是無可能得勝的情況 (23～24 節)；因此與加拉太書五章 16 至 26 節所描述的人，不是同一類的人。羅馬書七章 14 至 24 節所描述的，不像是那有聖靈內住、從罪中得釋放的人 (參羅六 17～18)，乃是那仍舊活在舊時代的、企圖努力守律法的、卻沒有能力勝過罪惡的人。[33] 對這段經文的了解，筆者與一些改革宗學者如麥銳及傅格森等人的看法不同。[34] 這些學者大致追隨奧古斯丁的解釋，認為羅馬書七章 14 至 24 節是描述重生得救基督徒內心的掙扎。這觀點與這段經文及整體保羅神學思想不協調，並且容易引致信徒錯以為自己雖有聖靈內住，卻不能勝過罪惡，使他感到悲觀絕望。

總的來說，信徒既有聖靈內住的生命 (羅八 9～10)，就當靠祂過成聖的生活，不斷的對付罪惡，正如保羅在哥林多後書七章 1 節所說：「親愛的弟兄啊，我們既有這等應許 (參林後六 14～18)，就當潔淨自己，除去身體、靈魂一切的污穢，敬畏上帝，得以成聖。」這經文強調「全人」的成聖，以及人在「成聖」功夫上有應負的責任；也強調「對付罪」的目的乃是為了達至像上帝的生命 (太五 48；約壹三 2～3)。

---

33 參 Lane Tipton and Jeffrey C. Waddington, eds., *Resurrection and Eschatology* (Phillipsburg, NJ: P. & R., 2008), 3～59。

34 見 John Murray, *Collected Writings of John Murray, vol 2: Selected Lectures in Systematic Theology* (Edinburgh: Banner of Truth, 1977), 294；Ferguson, *The Holy Spirit*, 155～161。

B. 聖化更新

基督徒生命的聖化（sanctification）始於全人的獻身及心靈的更新變化（羅十二 1～2），具體察驗上帝那些善良、純全、可喜悅的旨意。這更新變化是聖靈的工作，因為當聖徒臉上的帕子被揭開，與主耶穌相會，看見、並反映主的榮光時，他的生命就會更新改變，有主的形象；這是復活主的工作，也是聖靈的工作（林後三 17～18）。

當聖徒在生命上愈來愈像主，他就有一些很明顯的表現與結果：[35]

- **腓一 9～11**：知識和見識增加、能分辨是非、結出公義的果子，叫榮耀稱讚歸與上帝。
- **彼前二 2**：愛慕靈奶、在救恩中成長。
- **彼後三 18**：在主耶穌的恩典和知識上有長進。
- **弗一 17，四 12～16**：有知識、有愛心。
- **加五 22～23**：結出聖靈的果子。

3 成聖的羣體意義

漸進成聖是個人的、也是集體的。每一位信徒的成長，都是藉著個人意志的行動，靠著聖靈的能力去作成；同時，也是在教會中，透過聖靈的團契，去一同達致的。

羣體的重要性，在於我們同「在基督裏」、同蒙揀選、同得

35 參 Murray, *Collected Writings of John Murray, vol 2: Selected Lectures in Systematic Theology*, 94～104。

救贖、我們是一個新人、一個身體（弗一3～4，二15）；聖徒成長是以基督的身體，長成基督的身量，這「身體」和「身量」是教會，而非個人（四12～13）；況且教會，作為基督的身體，是上帝救贖性的豐滿（一22～23），與基督自己（祂是上帝本體性的豐富；西二9）互相結連。因此，信徒和教會的成長，必然是羣體性的。基督徒不應、也不能走「個人主義」的路線，這在生活和事奉中都應如此（羅十二3～21；林前十二4～26）。

4 成聖的典範

信徒成聖的典範是上帝，一生學像上帝：祂是完全的、聖潔的（利十一44～45，十九2；太五48；彼前一15～16）；而具體上帝的形像，則是基督（弗四24；西三10）。

要像上帝，我們要先了解：神人有別。蛇對夏娃的試探是：引誘人與上帝一樣、與上帝平等（創三5）。錯誤地追求「像上帝」，與造物主分庭抗禮、並且向上帝宣告獨立，不受祂的管治、約束，甚至不要上帝，像夏娃聽信蛇的話，這是不智的。

「成聖」的行動，乃是對上帝恩典的回應，活出上帝所賜的生命，遵行上帝的命令。這命令在舊約時代是藉著律法表達出來，也同時顯明在人的良心裏（羅二12～27）；在新約時代，基督一生成全律法，並且以祂的生命和教導、加上使徒的教訓，成了新約信徒聖潔生活的規範。

基督是上帝的終極啟示（約一18，十四9），因此祂生命的榜樣，也成了信徒成聖的榜樣，包括謙卑的服事、受苦中的忍耐、愛心的施予等（可十44～45；約十三15；腓二5～8；彼前二 21）。基督是上帝的形像，因此學像基督就是學像上帝。當然，基督為人擔當罪孽，作我們的救贖主，並作為三一真神的第二位的神性本質，這是我們不能學的。[36]

如何學像基督？羅馬書六章 3 至 14 節給予我們很好的指導：

- **3 至 10 節**：認識基督和我們聯合的事實——信徒藉著洗禮／信心，已經與主同死、同復活。
- **11 節**：認定這事實——向罪看自己是死的，向上帝在基督裏，看自己是活的。
- **12 至 14 節**：在意志和行動上不斷地「除罪」與「成聖」，將自己獻予上帝，並將肢體作義的器具獻給上帝，並且知道我們有得勝的把握（14 節）。這意志的行動，是靠聖靈成就的（參羅八 1～13）。

除了基督的生命是我們的榜樣外，基督與使徒們的教導也是我們的規範，這教導與舊約的律法不是割斷的（discontinuous），這教導乃是成全律法（fulfillment of law；太五 17～20）。「成全」就是「確定並超越」（confirm and transcend）的意思。舊約中律法的倫理，與新約中基督和使徒的倫理，二者的關係，在萊特（Christopher J. H. Wright）所著《認識舊約倫理學》（*Living as the People of God: The Relevance of Old Testament Ethics*）中，有清楚的分析。簡單的説，摩西的律法，

36 參 Murray, *Collected Writings of John Murray, vol 2: Selected Lectures in Systematic Theology*, 305～312。

在新約時代的應用，有三個層面：

1. **預表的層面**：如律法中的禮儀，在基督身上成全了，因此新約信徒在基督裏已不必再持守。
2. **原理的層面**：舊約一切律法的道德原理，在新約時代仍是適用的。
3. **末世的層面**：律法中的末世救恩應許，可以成為新約信徒聖潔生活的動力。

可見，舊約的律法，在今天仍扮演重要的角色，不容忽視。只是我們不可將舊約律法直接應用在新約時代，否則會陷入「律法主義」（legalism）的危險中，也會將新約教會帶回「神權社會」（theocracy）和「神律制度」（theonomy）中，這是不適當的。際此新約時代，我們應透過基督的十架和復活，去了解和應用舊約的律法。[37]

5 成聖的最終目標

麥銳指出，漸進成聖最主要的目的，是上帝得榮耀，其次就是人與上帝同享榮耀。[38] 上帝的榮耀是祂拯救人（包括成聖）之至終目標（弗一 6、12、14；腓一 11）。這目標沒有否定救恩

---

37 參 Vern S. Poythress, *The Shadow of Christ in the Law of Moses* (Brentwood, TN: Wolgemuth & Hyatt Publishers, 1991)；萊特：《認識舊約倫理學》，王仁芬譯（台北：校園，1995）。

38 Murray, *Collected Writings of John Murray, vol 2: Selected Lectures in Systematic Theology*, 313 ～ 317.

是為了人得福氣，但至終卻是要彰顯上帝的榮耀。這幫助我們不致落入「以人為本」的陷阱，也幫助我們了解為何上帝對罪人公義的審判和刑罰，至終仍是有意義的（羅九 14～18）。

當信徒全然成聖，上帝就得榮耀；而上帝的榮耀，是信徒在今生的工作和生活的終極目標（帖前二 12；彼前五 10）。到那日，信徒也將分享上帝的榮耀。因為上帝的心意，也是信徒和教會至終與主一同得榮耀（羅八 17、19、30），並完成上帝預定人得救之目標——像主基督，而因為基督既是父上帝的長子，父上帝的眾兒女們，將與祂一起，與父同享榮耀（八 29～30）。

6 信徒在今生可以完全成聖嗎？

對這個問題，歷代教會有不少的爭辯。近代福音派中有「完全論者」（perfectionist），也有「非完全論者」（nonperfectionist）；前者的代表包括約翰 · 衛斯理和復興家芬尼（Charles Finney），以及五旬宗的神學等，後者的代表包括華菲德、麥銳，以及艾利克森等。

完全論者主張信徒在今生可達至不犯罪的境界——不是不能犯罪，乃是可以不犯罪（支持此點的經文包括：太五 48；弗四 13；帖前五 23；來十三 20～21 等）。

非完全論者從約翰一書一章 8 至 10 節中，指出今生不可能達到不犯罪的境界，若有人以為自己沒有罪，便是自欺，真理不在他心裏。但人若犯了罪，認罪、悔改便是得赦之途徑。然而，部分非完全論者引用羅馬書七章 14 至 24 節為證，指出若此經文是保羅的自述（這解釋當然是具爭論性的），則「完全論」便難以成立；此外，艾利克森也指出，罪不單是指外表的行為，也包括內心的動機（太五 21～28），要完全不犯罪，事實上難以想像。他也解釋馬太福音五章 48 節中的「完全」、以弗所書四章 13 節中「長成基督的身量」，以及五章 22 至 23 節中「結出聖靈的果子」等，都不代表人可以完全不犯罪，只是生命成熟的表現。[39] 不錯，信徒有得勝罪惡的應許和把握（羅六 14；林前十 13），但這並不表示他每次都能得勝，因此，主禱文中也有「免我們的債」這一項；況且，聖經所載的屬靈偉人（例如：來十一章），甚至偉大如保羅，都不是完全的（腓三 12～14）。事實上，除了耶穌基督以外，在今生（主再來前），有哪一個人是完全的呢？有誰能誇口說自己可達至完全？

明顯的，上帝對使徒保羅和眾聖徒明確的要求是：竭力追求、效法那聖潔完全的基督，以祂為成聖的典範和目標（腓二 5～8，三 12～16），但新約聖經卻沒有明示或暗示，人在今生可以達至完全聖潔、不犯罪的境界。這叫我們謙卑，也使我們心存盼望、等候那榮耀之日的來臨（三 17、20～21）。

六　聖靈與恩賜的運用

聖靈本身就是上帝的賜予（路十一 13；徒二 38），使凡悔改信靠耶穌基督的人，都有聖靈的內住、受了聖靈的洗（林前十二 13），並且與眾聖徒一起成為上帝藉聖靈所居住的殿（弗二

39 Erickson, *Christian Theology*, 972～974.

18、22）。

聖靈不單內住於聖徒，也將不同的恩賜給他們，使他們有能力去事奉、建立教會（林前十二 4～30；弗四 7～13）。

恩賜與才幹（natural talent）不同。後者是天生的，是上帝給人的「普世恩典」的一部分，是上帝美善的賜予（雅一 17）；前者則是聖靈對信徒事奉本能的賜予（林前十二 11）。二者有分別，但也有關連，因為才幹有時（但不一定）也會被聖靈轉化成為恩賜，如教導、治理、關懷等。當然在轉化過程中，一位教會的教師，他教導的內容、目標、動機，以及具體果效，與他未信主之前作中學教師的，都會有基本的分別。[40]

1 恩賜的合一與多元

教會是一個身體，卻有許多肢體。這合一而多元（unity in diversity）的現象，是教會中恩賜配搭的基礎，這也是使徒保羅在哥林多前書十二章的信息。

論到屬靈的恩賜，保羅首先提醒哥林多信徒，他們從前是敬拜偶像的「外邦人」，但現今他們的生命有聖靈內住，以致他們可以口稱耶穌為主（林前十二 1～3），這是生命的原理、事奉的基礎。

跟著保羅提出上帝是獨一而多元（三個位格）的，反映於信徒有多種恩賜、卻是同屬一個身體（林前十二 4～6、12～13）。教會只有一位聖靈、卻有多種上帝所給予的恩賜；有一位

40 參 John Stott, *Baptism and Fullness: The Work of the Holy Spirit Today*, 90～94。

主、卻有多重職事（服事崗位）；有一位父上帝、卻有不同功用（功能）。可見「統一而多元」的原理，是建基在三一真神的屬性和上帝主權的安排上，也是教會蒙恩的表現，而不是一個人為的現象。此外，聖靈藉恩賜彰顯在各人身上，是為了眾人得益處（十二 7），因此，上帝給予不同的恩賜，是為了建立教會。

針對哥林多信徒在恩賜問題上所犯的錯誤，其中包括「自卑」（林前十二 14～20）、「自大」（十二 21～25），保羅勸勉他們，一方面要肯定自己從上帝領受的恩賜，因為每一種恩賜都是教會所需要的；另一方面，也不要驕傲，因為若沒有其他恩賜的配搭，無論你有多大、多明顯的恩賜，也不能成事；每個肢體皆有其功用，而上帝也會賜「不體面的」有更多的「體面」（23～24 節）。

恩賜各有不同，但都是上帝藉著聖靈賜予各人的，這提醒我們，不要勉強人與你有相同的恩賜，也不要比較誰的恩賜比誰的大，乃是要存謙卑的心、彼此同心、一同事奉（林前十二 25～26）。然而，信徒也不可存「宿命論」心態，乃是要「切切地求那更大的恩賜」（十二 31 上），就是「先知講論」（prophesy）的恩賜，因為這恩賜能造就教會（十四 1～19）。

當然，在恩賜的運作上，連那「更大的恩賜」，也會被誤用，除非有愛心，這是哥林多前書十三章的重要信息。「愛」就是那「最妙的道」（the most excellent way；林前十二 31 下）。

2 恩賜的種類和先後次序

新約聖經所列舉出的屬靈恩賜如下：

林前十二 8～11	林前十二 28	羅十二 6～8	弗 四 11	彼 前 四 11
智慧的言語	使徒	說預言/先知	使徒	講道
智識的言語	先知	執事	先知	服事人
信心	教師	教導	傳福音	
醫病的恩賜	行異能的	勸化	牧師	
行異能	醫病的恩賜	施捨	教師	
說預言	幫助人的	治理		
辨別諸靈	治理事的	憐憫人		
說方言 翻方言	說方言的			

這裏五個清單所列出的恩賜共有二十一項，無論是任何一個清單，或是五個加起來，大概都不是一個完整的恩賜表。[41] 此外，在恩賜排列的次序上，也似乎沒有一定的先後次序，但保羅在哥林多前書十二章 11 及 28 節兩次將「方言」放在最末，也許是針對哥林多人過分高舉這恩賜罷。[42] 至於這些恩賜的清單，有人問：保羅是否有界定「神蹟性」(超自然)和「非神蹟性」(自然)的恩賜？答案是否定的，因為保羅從來沒有將恩賜如此分類。嚴格來說，所有恩賜皆是「超自然的」，因為都是聖靈所賜的(林前四 7，十二 7)，雖然有些恩賜在表現上似乎是較為「神奇」，而另一些則好像比較「平凡」。

41 Donald A. Carson, *Showing the Spirit: A Theological Exposition of I Corinthians 12～14* (Grand Rapids, MI: Baker, 1987), 32～35.

42 Carson, *Showing the Spirit: A Theological Exposition of I Corinthians 12～14*, 36.

3「終止論」

近年來，有一些屬靈恩賜特別受到重視，如神蹟治病、趕鬼、方言、先知預言等。其中關注的問題是：這些恩賜今天仍然存在嗎？若是存在，信徒是否當追求的呢？

「終止論」(cessationism)者認為，神蹟奇事的恩賜，在使徒時代以後就再沒有了，以下是一些主要的支持理由：[43]

1. 耶穌昔日差遣門徒(路十 1～17)，給予他們行神蹟奇事的權柄。終止論者認為，我們不能將這些權柄同樣應用在今日的信徒身上，因為耶穌給初期門徒的使命，是獨特和有時空限制的。
2. 哥林多前書十三章 8 至 10 節論及先知預言、説方言、知識等恩賜，都會在「那完全的來到」時就終止。「終止論」者認為，「完全」是指基督的來臨，或新約正典的完成，或教會在愛裏已經成熟了。
3. 以弗所書二章 19 至 21 節中指出，使徒和先知是教會的根基，這根基奠立好，就不需要再建造；因此，終止論者説，先知(一個神蹟性的恩賜)在今日教會中應該是不存在的了。
4. 在教會歷史中，公元二世紀至十九世紀，神蹟奇事的確很少出現。
5. 神學立場：「終止論」者認為，神蹟奇事的作用，是要證實

43 參陳若愚編：《聖靈工作的神學課題》，頁 115～125。

昔日基督、使徒的身分，以及福音的可信性（參徒十四 3；羅十五 18～19；林後十二 12；來二 2～3）；此外，方言、先知等恩賜皆是「啟示的恩賜」，因此不會在今日出現，否則會挑戰聖經啓示的權威和充足性了。

另一方面，反對「終止論」的人卻認為：

1. 耶穌昔日如何給門徒行神蹟奇事的權柄，今日也可以將這些賜給我們，而實際上，今日神蹟奇事仍有發生，就證實了這一點。
2. 有關哥林多前書十三章 8 至 10 節，一般新約學者皆認為，「完全」是指基督的再來。[44] 因此，在祂再來之前，預言、方言，以及其他「神蹟性」的恩賜，應該仍未停止。
3. 以弗所書二章 19 至 21 節中論及「使徒和先知」，可以是指同一批人，是使徒也是先知，[45] 他們是新約教會的根基，也是新約正典的作者；然而，另有一些新約先知，他們只是先知，不是使徒（林前十四章；徒十三 1），因此不是教會的根基，他們的恩賜，原則上不一定在使徒時代後終止（參林前十四章）。
4. 從教會歷史來看，要證明這些「神蹟奇事」的恩賜在使徒時

44 Donald A. Carson, *Showing the Spirit: A Theological Exposition of I Corinthians 12～14*（Grand Rapids, MI: Baker, 1987）, 69～72; Grudem, *The Gift of Prophecy in the New Testament and Today*, 231～233.

45 參 Grudem, *The Gift of Prophecy in the New Testament and Today*, 82～105。

代以後就消失，是很難的。[46]

5. 福音派正統神學，定義「先知」和「啟示」為絕對有權威的話語，不會再在使徒時代以後重現。這神學性的定義，不一定是聖經中的定義（例如：林前十四30；弗一17；腓三15；經文中的「啟示」，皆是個人性和「非權威性」的）。

總的來説，「終止論」者將「神蹟奇事」的恩賜規限在使徒時代中，似乎未有足夠的聖經、神學及歷史的證據支持。

4 靈恩生活、方言、先知講道

福音派神學家對靈恩派神學的評價，從極端保守的到極度開放的都有。巴刻在他的著作《活在聖靈中》（*Keep in Step with the Spirit*），對靈恩生活採取較中肯的立場，一方面肯定靈恩生活的優點，另一方面也指出它的一些缺點，撮要如下：

巴刻這種「批判性肯定」的立場，是福音派學者中較為溫和的，避免了過分消極的批判，和不假思索的認同。總的來説，巴刻肯定靈恩生活的真實性和積極性，但認為靈恩運動的神學有必要修正和改善。

巴刻和一些福音派神學家，對五旬宗及靈恩運動的批判主要有兩方面：（1）以「靈洗」為信徒歸主後第二次經驗，並且將這些經驗直接與「五旬節」的歷史事件連起來，是錯誤的。這方面我們在上文「五旬節的聖靈」部分，已作了交代。[47]（2）以「超

46 Carson, *Showing the Spirit: A Theological Exposition of I Corinthians 12 ～14*, 165 ～ 169.

47 參巴刻：《活在聖靈中》，霍玉蓮譯（香港：宣道，2007），頁 220 ～ 230。

自然恩賜」如方言、先知預言等，為人領受「靈洗」的印證，也強調這些經驗的重要性和普遍性，也是偏激之言論。以下我們將稍為探討「方言」和「先知講論」這兩種恩賜：

靈恩生活：巴刻的評價	
正面現象	負面現象
1. 以基督為中心	1. 精英主義
2. 從聖靈得力的生活	2. 門戶之見
3. 情感得以表達	3. 感情主義
4. 常常禱告	4. 反智主義
5. 充滿喜樂	5. 倚賴主觀亮光
6. 人人投入敬拜中	6. 靈恩狂熱
7. 全教會總動員事奉	7. 超級超自然主義
8. 熱心宣教	8. 幸福主義
9. 小組職事的進行	9. 受魔鬼迷惑
10. 對教會架構的更新	10. 全體一致
11. 建立社羣生活	
12. 慷慨的捐獻	

巴刻：《活在聖靈中》，霍玉蓮譯（香港：宣道，2007），頁 199～210。

A.「方言」的恩賜

假如我們接受：(1) 方言為一種聖靈恩賜，只有某些信徒、而非人人可得；(2)「靈洗」乃指當五旬節，聖靈澆灌予新約教會，而每一位信徒在歸主時所共有的經驗；那末，我們就不能贊同說，每一位接受「靈洗」的信徒，都應該說方言了。當然，有些較保守的人會認為，「方言」乃屬「神蹟性恩賜」，在使徒時代以後，便不再出現。這立場我們上文已有評論。可以肯定的是：今天方言的恩賜仍在，只是部分人有的，目的是為建立教會，因此若沒有人翻譯，就不要在教會中說方言。

新約學者卡森，在他的書中探討了有關「方言」的幾個問題：[48]

(i)哥林多教會中的「方言」，是否屬於「狂喜」、失控的情況？

一般會說方言者，都認為不是。他們認為說方言的人，都是有自制能力的。因此，這不屬於「狂喜」(ecstatic)或失控的情況。

(ii)哥林多教會的「方言」，是否真正的語言？

當代的語言學家都認為，哥林多教會及現代說方言者，他們所說的，都不是真正的語言。卡森卻不以為然；他認為既然哥林多教會的方言(林前十四章)需要翻譯，這方言本身就應該是可以化成能以理解的語言，雖然當時說方言的人也許並不知道自己在說甚麼。因此，卡森看方言的恩賜是真正語言的恩賜，是可以理解的(經過翻譯後)言語，有可能是人或天使的話語。

(iii)對於今日的「方言」，語言學者的評價是甚麼？

評價是：今日的「方言」不是人的真正語言，因為缺少一般

48 參 Carson, *Showing the Spirit: A Theological Exposition of I Corinthians 12～14*, 77～88。

語言的模式和結構。這評價帶來兩個可能的推論：

1. 有人認為今日的方言既非人的真正語言，就是假的「方言」，應該被禁止！
2. 巴刻卻認為它雖不是真的語言，仍是可取的，因為對人的敬拜、禱告和信心都會有幫助。只是，這些方言沒有足夠的聖經基礎。[49]

卡森則認為可以考慮波伊思雷斯（Vern S. Poythress）的意見，就是：這些「方言」雖不是真正的語言，卻在密碼的排列上，有語言的模式，它可以帶出一些可理解的信息（參林前十二10、28，「各類的方言」）。

（iv）翻方言的恩賜如何幫助我們分辨現代的「方言」?

第一，它為我們肯定，哥林多教會的「方言」，是有可理解的內容。第二，它證明許多現代「方言」，不是真正的方言，而翻譯上的問題，也使我們對現代「方言」的現象，產生懷疑！

總的來說，我們同意卡森所言，方言的恩賜今天仍然存在，但在教會中運用，必須有人翻譯，否則就不要公開的講說（林前十四 5～25）。此外，現代方言恩賜的運用、辨別及翻譯，都存在不少仍待解決的問題。

---

49 James I. Packer, *Keep in Step with the Spirit* (Grand Rapids, MI: Fleming H. Revell, 1984), 207ff.

B. 先知的恩賜（林前十四章）

新約先知恩賜的功能，是個人（先知）領受了上帝對他的啟示（林前十四 30），並根據這啓示對會眾作出分享（十四 29～33），使弟兄姊妹得到「造就、安慰、勸勉」（3 節），在愛中得著建立（18～19 節）。

新約先知的恩賜，在《和合本》譯為「先知講道」，更準確的，應譯作「先知預言」或「先知講説」，因為它與「講道」或「教導」（teaching）的職分有別。「講道」或「教導」，是將上帝在聖經正典中的啟示，作講解與應用，是帶有正典啓示的權威；而「先知講説」則是分享上帝對個人的啟示，在聚會中作勸勉和安慰，間中會有「預告」（foretelling）的成分，但主要乃是傳達上帝的旨意（forth telling）；「教導」是有系統、有準備的分享，而「先知講説」則是聚會中即時的分享。

有學者認為，新約先知的恩賜，與舊約先知一樣，是宣告上帝的啟示，因此皆有絕對的權威，並且以弗所書二章 20 節中說，使徒和先知都是新約教會的根基，因此這兩個職分，今天已不再存在了，因為「根基」時期已過。這「終止論」的立場，在傳統改革宗（Classic Reformed）和時代論（dispensational）的神學中，尤為顯著。[50]

但我們較同意新約學者古德恩所言，新約聖經中的「啟示」，不一定是指具有絕對權威的啟示（如舊約先知的預言，或正典聖經的默示），也可以指上帝對個人的指示（參林前十四

---

50 參上文及 Richard B. Gaffin, *Perspectives on Pentecost*（Grand Rapids, MI: Eerdmans, 1979）, 58～72。

30；弗一 17；腓三 15）。其次，他也指出，舊約先知在新約時代的繼承者，不是新約先知，乃是新約的使徒。使徒的教導和宣講，有絕對的權威，反倒新約先知的講論，卻要接受會眾的評價和分辨（林前十四 28；帖前五 19～21），因此新約先知沒有絕對的權威，除非這先知的講說，同時也是使徒的啟示（例如啟示錄）。再者，以弗所書二章 20 節和三章 5 節中的「使徒和先知」，是指同一班人，而不是指兩班人（參弗四 11，「牧師和教師」）。使徒的先知預言，有絕對的權威，但另一些不是使徒的新約先知，他們的講論就沒有絕對的權威（例如：徒十三 1，二十一 8～11）。

這樣看來，我們不一定要堅持，新約先知的恩賜和預言，是權威性的，且在今日已終止了。事實上，今天的教會若有先知的預言，我們都須慎思明辨。[51]

此外，哥林多前書十三章 8 至 13 節的教導，特別是 10 節所說：「等那完全的來到，這有限的（包括先知講說）必歸於無有了」，我們也不必堅持這恩賜在使徒時代以後就終止了，因為關於「完全的來到」，大部分學者都認為它是指基督的再來，而非正典的完成。[52]

保羅在哥林多前書十四章中強調：（1）從建立教會的角度，「先知講說」的恩賜，比較「說方言」的恩賜更優勝（1～5、18～19 節）；（2）運用先知恩賜，要按規距行（26～33 節）。此外，保羅容許女人可以在崇拜中禱告和作先知講說（林前十一

51 Grudem, *The Gift of Prophecy in the New Testament and Today*, 17～65.

52 Grudem, *The Gift of Prophecy in the New Testament and Today*, 227～252.

5），但不可以在會中判斷先知講說的好壞（十四 34 ～ 35），因為以聖經的啟示來判斷先知的講說，與作權威性的教導是同一性質的活動，而使徒保羅則基於上帝創造男女時先後次序的原則，是不贊成婦女在會中參與那活動的（提前二 11 ～ 14）。[53]

哥林多前書十四章 30 節告訴我們，新約教會中的「先知講說」，源於從上帝而來的「啟示」，這啟示是聖靈在會中即時的工作，是上帝對人的啟示，是當事人知道而其他人不知的，除非他自己分享出來，而他是否分享，是他自己可以決定的（林前十四 32）。

至於問：先知的恩賜是否「神蹟性」的恩賜？可以如此回答：從恩賜的來源（所有皆源出於上帝）來看，先知恩賜並不比其他恩賜更「神蹟」性；從這恩賜會引發人驚訝的程度來看，先知恩賜可以說是「神蹟性」的（林前十四 23 ～ 25），因為它向信徒顯示，上帝在他們當中；而對未信者，先知講說也會引發他們的驚歎！

保羅在哥林多前書十四章中的結語，也可以成為這討論的結論：「你們要熱切的追求講道的恩賜，也不要禁止說方言。凡事都要規規矩矩的按著次序行。」（林前十四 40；《聖經新譯本》）

53 參 John Piper and Wayne Grudem, eds., *Recovering Biblical Manhood and Womanhood*（Wheaton: Crossways Books, 1991）, 179 ～ 193；馮蔭坤：〈保羅與婦女事奉的再思〉，《中國神學研究院期刊》第二期（1987），頁 111 ～ 115。

七 宇宙的靈

1 基督和宇宙的更新

耶穌基督所成就的救贖工作，不單是個人性、羣體性，也是宇宙性的。上帝的美意，是藉著基督的受死和復活，叫萬有與祂和好(西一 19～20)，並且「使天上、地上、一切所有的都在基督裏面同歸於一」(弗一 9～10)，而當上帝的兒女身體復活、得享自由的榮耀的時候，一切受造之物也能脫離敗壞的轄制(羅八 21)，得著自由和完全的更新(啟二十一 1～二十二 5)。

2 宇宙的靈——普世救恩之源？

當代一些歐美神學家，論及宇宙中的靈（The cosmic Spirit)，強調聖靈的內住性（immanence)和非位格性(impersonal)，他們認為上帝與世界認同，祂藉「靈」與世界同在、相連、並互相依賴。

福音派神學家傅格森批評，這個神學的潮流很容易引致「普救論」的錯謬。[54] 這趨勢在「普世教會協會」(World Council of Churches)的會議和論著中尤為明顯。與此有關、並和「宇宙的靈」同出一轍的，是當代天主教神學家拉納(Karl Rahner，1904～1984 年)所提出的，「無名的基督徒」(the anonymous Christian)的論點。拉納認為，上帝藉挪亞與普世的人在基督裏立約，而上帝是全人類的救主(提前二 4)；因此，上帝藉著聖

54 Ferguson, *The Holy Spirit*, 242～248.

靈，和非命題式（non-propositional）的真理知識在人心中工作，使人得救；拉納更認為，當人接受自己的時候，他就是接受了上帝在宇宙中的啟示，也是接受了基督，因為基督就是上帝的啟示。

傅格森指出，普救論的聖靈論，與新約的教導不符，因為新約聖經中，似乎沒有正面提及聖靈在普世全人類中的救贖工作。[55] 從聖經全面真理的角度來看，聖靈在宇宙中的更新工作是肯定的，只是我們不應混淆了祂在新創造中的更新和祂在子民中的救贖，兩者是不同層面的工作。

從「普世恩典」的角度，一切美善的恩賜，皆從上帝而來（雅一 17），但我們不能看這些普世性美善的恩賜，為上帝特殊性救贖的證據！比撒列的手藝才華，是聖靈的賜予（出三十一 1～15），但我們不能推論說，一切藝術才華，皆顯出聖靈的重生和更新的生命！不錯，上帝叫萬事互相效力（羅八 28），但目的很明顯，是叫愛上帝的人（蒙上帝呼召、拯救的人；參八 29～30）得益處，不是叫普世的人都自動得救！

「普世恩典」彰顯上帝在創造中的榮耀，和祂對普世的人的恩慈，給予人機會去聆聽福音、有機會悔改歸主（羅二 4；彼後三 3～9）；但這恩慈不一定會引致所有的人信主得救。「普世恩典」是上帝在社會中、世界中、宇宙中的工作，但必須與上帝救贖性的「特殊恩典」分別出來。後者帶來聖靈內住、生命更新，和最終的得贖。在永恆的新天新地中，只有蒙基督寶血洗淨和

55 Ferguson, *The Holy Spirit*, 244～245.

聖靈重生的人，才能有分參與其中（啟二十一 6 ～ 8）。

舊約的先知預言將來宇宙的更新（賽三十二 15 ～ 17，六十五 17 ～ 25，六十六 22 ～ 23），這預言先藉基督的復活（林後五 17），再藉新天新地的臨在（啟二十一 1 ～二十二 5）於信徒和宇宙中實現。聖靈是這宇宙更新的執行者，而這宇宙的更新，與信徒生命的成聖更新（林前六 11；林後三 17 ～ 18）和最終的復活得榮耀（林前十五 45 ～ 49）相配合。聖徒的更新及得榮耀，因此成了整個宇宙更新及得榮耀的模樣（paradigm）和核心（core；羅八 19 ～ 23）。此外，既然在基督復活之後，聖靈的工作與基督的工作完全認同（林前十五 45；林後三 17），我們有理由相信，宇宙在基督裏的更新，也是在聖靈裏的更新，而這新天新地，是今日基督徒榮耀的盼望。

新天新地的來臨，顯示上帝的信實、能力、與慈愛——在亞當裏宇宙落在「虛空」（futility）之下，在基督（聖靈）裏，宇宙重獲它的榮美和意義，這是救恩至終的目的。不但如此，正如末後亞當的榮耀，較起初亞當（犯罪前）的榮耀更大，我們深信，更新了的宇宙的榮耀，會遠遠的超越起初被造天地的榮耀。願頌讚歸與三一上帝！

討論問題

1. 試簡介聖靈教義在早期教會、中世紀、宗教改革時期、十七、十八，以及二十世紀中的重要發展。
2. 舊約中的聖靈是「創造的靈」。祂的工作有何特色，對我們今日新約信徒的生活和事奉有何意義？
3. 舊約時代中聖靈賜予人能力、恩賜和職分（如先知、君王），這些工作有何特點，與新約時代中，聖靈同類的工作有甚麼分別？
4. 聖靈與基督的降生、成長和事奉有甚麼關係？這些關係如何裝備基督、完成彌賽亞的使命？而這些關係，又如何對比新約教會時代信徒與聖靈的關係？
5. 復活的基督與聖靈的關係為何？這對我們今日的福音信息、我們在生活和教會中的事奉，有甚麼具體的意義？
6. 從救恩歷史的角度看，五旬節事件有甚麼獨特的歷史意義？它可以在今日重複嗎？為甚麼？
7. 約翰福音二十章22節中復活的主所賜的聖靈，與五旬節的聖靈有甚麼分別？二者又有何關係？
8. 使徒行傳中的聖靈降臨（八9～25，十44～48，十九1～7），是不是五旬節後信徒的「第二階段」的聖靈經驗？試從經文本身及救恩歷史尋找證據以支持你的答案。
9. 請按聖經啟示，分辨「聖靈的洗」、「被聖靈充滿」及「聖靈果子」三者之涵義？今日信徒如何得以經歷這些聖靈的祝福？
10. 「稱義」與「更新」是末世救恩的兩個重要祝福。若缺乏了其中一方面，將會產生甚麼問題？也請正面闡釋聖靈與二者之關係。

11. 何謂「成聖」？基督徒如何依靠聖靈，經歷「漸進成聖」？
12. 在成聖的旅程中，信徒在今生可以達至「完全」嗎？為甚麼？
13. 在聖靈恩賜的探討中，「終止論」的立場為何？這立場是否合理？請引用聖經以支持你的論點。
14. 方言和先知的恩賜，在新約教會中的功用為何？它們在今日的教會中當如何運作？
15. 聖靈是「宇宙的靈」嗎？請提出反面和正面的論點，並探討其今日意義。

參考書目

Brown, Raymond. *The Gospel According to John*. Vol. 2（The Anchor Bible）. Garden City, NY: Doubleday and Company, 1976.

Bruce, F. F. *The Book of Acts*（NICNT）. Grand Rapids, MI: Eerdmans, 1971.

Burgess, S. M., and G. B. McGee, eds. *Dictionary of Pentecostal and Charismatic Movements*. Grand Rapids, MI: Zondervan, 1988.

________. *The Holy Spirit: Ancient Christian Traditions*. Peabody: Hendrickson, 1984.

________. *The Holy Spirit: Eastern Christian Traditions*. Peabody: Hendrickson, 1989.

________. *The Holy Spirit: Medieval Roman Catholic and Reformation Traditions*. Peabody: Hendrickson, 1997.

Calvin, John. *Institutes of the Christian Religion*. 2 vols. Edited by John T. McNeill. Philadelphia, PA: Westminster Press, 1967.

Carson, D. A. *Showing the Spirit: A Theological Exposition of I Corinthians 12～14*. Grand Rapids, MI: Baker, 1987.（中譯：卡森：《聖靈的大能》。何劉玲譯。美國：美國麥種傳道會，2005。）

________. *The Gospel According to John*. Leicester: IVP, 1991.

Chan, Lawrence Y. "An Easter Impartation of the Holy Spirit in John 20:22." Unpublished thesis, 1975.

Congar, Yves. *I Believe in the Holy Spirit*. 3 vols in one. New York: Crossroads, 1999.

Erickson, M. J. *Christian Theology*. Vol. 3. Grand Rapids, MI: Baker, 1986.

Fee, Gordon D. *The First Epistle to The Corinthians*,（NICNT）. Grand Rapids, MI: Eerdmans, 1987.

Ferguson, S. B. *The Holy Spirit*. Downers Grove, IL: IVP, 1996.

Frame, John M. *The Doctrine of God*. Phillipsburg, NJ: Presbyterian and Reformed, 2002.

Gaffin, R. B. *Perspectives on Pentecost*. Grand Rapids, MI: Eerdmans, 1979.

________., ed. *Redemptive History and Biblical Interpretation*. Phillipsburg, NJ: P. & R., 1980.

Green, Michael. *I Believe in the Holy Spirit*. London: Hodder and Stoughton, 1986.

Grudem, Wayne. *The Gift of Prophecy in the New Testament and Today*. Westchester, IL: Good news Publishers, 1988.

Heron, A. I. C. *The Holy Spirit*. Philadelphia, PA: The Westminster Press, 1983.

Hollenweger Walter J. *The Pentecostals*. Peabody: Hendrickson, 1988.

Hughes, Philip. A *Commentary on the Epistle to the Hebrews*. Grand Rapids, MI: Eerdmans, 1973.

Kuyper, Abraham. *The Work of the Holy Spirit*. Grand Rapids, MI: Eerdmans, 1973.

Moltmamn, Jürgen. *The Spirit of Life*. Translated by Margaret Kohl. London: SCM, 1992.

Morris, Leon. *The Gospel According to John*（NICNT）. Grand Rapids, MI: Eerdmans, 1971.

Moule, C. F. D. *The Holy Spirit*. Grand Rapids, MI: Eerdmans, 1978.

Murray, John. *Collected Writings of John Murray, vol 2: Selected Lectures in Systematic Theology*. Edinburgh: Banner of Truth, 1977.

O'Brien, Peter. *The Letter to the Ephesians*. Grand Rapids, MI: Eerdmans, 1999.

Piper, John, and W. Grudem, eds. *Recovering Biblical Manhood and Womanhood*. Wheaton, IL: Crossways Books, 1991.

Poythress, V. S. *The Shadow of Christ in the Law of Moses*. Brentwood,

CA: Wolgemuth and Hyatt Publishers, 1991.

Prenter, Regis. *Spiritus Creator*. Translated by J. M. Jensen. Philadelphia, PA: Muhlenberg Press, 1953.

St. Athanasius. *The Letters of Saint Athanasius Concerning the Holy Spirit*. Translated by C. R. B. Shephard. London: Epworth Press, 1951.

Stott, John R. W. *Baptism and Fullness: The Work of The Holy Spirit Today*. Downers Grove, IL: IVP, 1979.

Tipton, L., and G. J. C. Waddington, eds. *Resurrection and Eschatology*. Phillipsburg, NJ: P. & R., 2008.

Turner, Max. *The Holy Spirit and Spiritual Gifts*. Peabody: Hendrickson, 1998.

Vos, Geerhardus. *Biblical Theology*. Edinburgh: Banner of Truth, 1975.

Warfield, B. B. *Biblical Doctrines*. Edinburgh: Banner of Truth, 1988.

Watkin-Jones, Howard. *The Holy Spirit from Arminius to Wesley*. London: Epworth Press, 1929.

________. *The Holy Spirit in the Medieval Church*. London: Epworth Press, 1922.

Wright, Christopher J. H. *Knowing The Holy Spirit through the Old Testament*. Downers Grove, IL: IVP, 2006.

巴刻：《活在聖靈中》。霍玉蓮譯。香港：宣道，2007。

陳若愚主編：《聖靈工作的神學課題》。香港：中國神學研究院，1996。

楊牧谷主編：《當代神學辭典》上、下冊。台北：校園，1997。

馮蔭坤：〈保羅與婦女事奉的再思〉，《中國神學研究院期刊》第二期（1987 年 1 月），頁 98 ～ 146。

人名中英對照

兩劃

卜仁納 Emil Brunner

三劃

士來馬赫 Friedrich D. E. Schleiermacher

四劃

巴文克 Herman Bavinck
巴西流〔該撒利亞的〕St. Basil of Caesarea
巴克萊 William Barclay
巴刻 James I. Packer
巴特 Karl Barth
巴雷特 Charles K. Barrett
比斯利—默里 George R. Beasley-Murray

五劃

加爾文 John Calvin
卡森 Donald A. Carson
古德恩 Wayne Grudem
古鐵雷斯 Gustavo Gutiérrez
史特朗 Augustus H. Strong
史密兹 Lewis Smedes
史懷哲 Albert Schweitzer
尼羅哲 Roger Nicole
布士內納 Horace Bushnell
布朗 Raymond Brown
布特曼 Rudolph Bultmann

弗雷姆 John Frame

田立克 Paul Tillich

立敕爾 Albrecht Ritschl

六劃

伍瑞德 William Wrede

休伊特 Thomas Hewitt

休斯 Philip Hughes

多倫斯 Thomas F. Torrance

多特 Charles H. Dodd

多馬修 Gottfried Thomasius

安瑟倫 St. Anselm

朱偉特 Paul Jewett

米利根 William Milligan

艾利克森 Millard Erickson

七劃

伯拉糾 Pelagius

伯撒 Theodore Beza

克雷格 William L. Craig

克羅尼 Edmund Clowney

克蘭 Meredith G. Kline

告魯士德 Fred Klooster

坎伯爾 John McLeod Campbell

希克 John Hick

杜仁田 Francis Turretin

沃倫 Scott Warren

沃爾特 Walter Künneth

里涵 Robert Letham

里爾 William Lane

八劃

亞他拿修 Athanasius

亞米紐斯 James Arminius

亞波里拿留 Apollinaris

亞流 Arius

來馬魯斯 Hermann S. Reimarus

坡旅甲 Polycarp

孟他努 Montanus

孟沃偉 John W. Montgomery

屈梭多模 John Chrysostom

帕勒姆 Charles Parham

拉納 Karl Rahner

波伊思雷斯 Vern S. Poythress

祁克果 Søren Kierkegaard

芬尼 Charles Finney

阿伯拉德 Peter Abelard

阿奎那 Thomas Aquinas

阿特侯斯 Paul Althaus

九劃

俄利根 Origen

哈納克 Adolf von Harnack

客勒爾 Martin Kahler

柏克富 Louis Berkhof
柏寇偉 Gerrit C. Berkouwer
派博 John Piper
耶利米亞 Joachim Jeremias
胡克 Samuel H. Hooke
革利免〔羅馬的〕Clement of Rome

十劃

韋爾斯 David F. Wells
哥特沙勒 Gottschalk
庫爾曼 Oscar Cullmann
格魯修 Hugo Grotius
泰萊 Vincent Taylor
涅斯多留 Nestorius
馬斯科爾 Eric L. Mascall
馬歇爾 I. Howard Marshall

十一劃

區利羅〔亞歷山太的〕Cyril of Alexandria
曼信 Thomas W. Manson
康恩 Harvie Conn
康德 Immanuel Kant
梅欽 John G. Machen
理德博 Herman Ridderbos
莫特曼 Jürgen Moltmann
莫禮士 Leon Morris
麥里奧 Donald Macleod
麥鋭 John Murray
范泰爾 Cornelius van Til

十二劃

傅格森 Sinclair Ferguson
凱利 John N. D. Kelly
博尼諾 José M. Bonino
斯托得 John Stott
游斯丁 Justin Martyr
華菲德 Benjamin B. Warfield
萊克 Kirsopp Lake
萊特 Christopher J. H. Wright
貴格利〔拿先斯的〕Gregory of Nazianzus
黑格爾 George W. F. Hegel
富勒〔但以理〕Daniel Fuller
富勒〔雷金納德〕Reginald H. Fuller

十三劃

奧古斯丁 St. Augustine
奧連 Gustaf Aulen
慈運理 Ulrich Zwingli
愛任紐 Irenaeus
愛德華滋 Jonathan Edwards
葛理齊 Richard Gaffin Jr.
路德〔馬丁〕Martin Luther

十四劃

蓋士曼 Ernst Kasemann
赫倫 Alasdair I. C. Heron

十五劃

慕悟 Douglas Moo
歐白恩 Peter O'Brien
歐迪奇 Eutyches
潘寧博 Wolfhart Pannenberg
鄧尼 James Denney
墨蘭頓 Philip Melanchthon

十六劃

賴特 George E. Wright
賴德 George Ladd
霍志恒 Geerhardus Vos
霍奇 Charles Hodge
衛斯理〔約翰〕John Wesley

十七劃

戴斯曼 Gustav A. Deissmann
謝潑德 Norman Shepherd
邁爾斯 David Myers

十八劃

魏斯科 Brooke F. Westcott

十九劃

懷特腓德 George Whitefield
羅賓遜〔亨利〕Henry W. Robinson
羅賓遜〔詹姆斯〕James M. Robinson

緊扣時代 服事教會

以文字傳揚基督真道

讀者意見表

衷心多謝你購買本社書籍。本社一直致力以出版事工服事教會，幫助信徒扎根於神的話語，促進靈命增長。為使我們的出版更能滿足你的需要，請填寫下列各項資料，並寄回或傳真予本社。

所購書籍：＿＿＿＿＿＿＿＿＿＿

本書最吸引你的地方：

☐作者　☐適切性　☐文筆　☐設計　☐實用性

☐其他：＿＿＿＿＿＿＿＿＿＿

購買本書地點：

☐基道書樓　☐基督教書店　☐非基督教書店

性別：☐男　☐女　職業：＿＿＿＿＿＿

信仰：☐基督徒　☐非基督徒

年齡：☐ 16 歲或以下　☐ 17～25 歲　☐ 26～35 歲

☐ 36～55 歲　☐ 56 歲或以上

學歷：☐中三或以下　☐中五　☐預科

☐大學　☐研究院

☐我欲更多了解基道出版社的事工及考慮支持，請寄給我下列資料：

☐機構簡介　☐新書資料　☐基道會員通訊

☐《基道文字事工通訊》

姓名：＿＿＿＿＿＿＿＿＿＿電話：＿＿＿＿＿＿

地址：＿＿＿＿＿＿＿＿＿＿＿＿＿＿＿＿

＿＿＿＿＿＿＿＿＿＿＿＿＿＿＿＿

傳真：＿＿＿＿＿＿＿＿　電子郵件：＿＿＿＿＿＿＿＿

其他意見：＿＿＿＿＿＿＿＿＿＿＿＿＿＿

＿＿＿＿＿＿＿＿＿＿＿＿＿＿＿＿＿＿

多謝賜教！

意見表可以傳真（2687-0281）或直接郵寄以下地址：

香港沙田火炭坳背灣街26號富騰工業中心1011室

基道出版社編輯部收